BRIEFE UND GESPRÄCHE
1972 bis 1975/
LETTERS AND CONVERSATIONS
1972 to 1975

Willy Brandt, Bruno Kreisky and Olof Palme

Gretton Books

Cambridge

i

Briefe und Gesprache 1972 bis 1975

German text published 1975
© Europäische Verlagsanstalt

This parallel German text and English translation
published 2024 © Gretton Books Cambridge

A CIP catalogue record for this title is available from the British Library.

ISBN   978-1-7399497-2-3

Printed and bound by 4edge in the UK

CONTENTS

ACKNOWLEDGEMENTS

The agreement of Brigitte Seebacher, Jan Kreisky and Mårten Palme on behalf of respectively Willy Brandt, Bruno Kreisky, Olof Palme and their descendants is hugely appreciated. Without their co-operation, and in some cases contribution, this publication would never have seen the light of day.

Gretton Books would also like to thank Sven Haarmann of the Willy Brandt Archives in Bonn and Maria Steiner of the Kreisky Archives in Vienna for their assistance and help.

An English translation of 'Briefe und Gespräche' has been a long time in coming, nearly fifty years since Brandt, Kreisky and Palme met in Vienna in 1975 and Europäische Verlagsanstalt (EVA) originally published the record of their letters and conversations since 1972 on behalf of the Brandt Archives.

There have been translations into many other European languages in the meantime, but this is the first English one. The help of Irmela Rütters at EVA is also acknowledged.

DANKSAGUNGEN

Die Zustimmung von Brigitte Seebacher, Jan Kreisky und Mårten Palme im Namen von Willy Brandt, Bruno Kreisky, Olof Palme und ihren Nachkommen wird sehr geschätzt. Ohne ihre Mitarbeit und in einigen Fällen auch ihren Beitrag hätte diese Veröffentlichung nie das Licht der Welt erblickt.

Gretton Books dankt außerdem Sven Haarmann vom Willy-Brandt-Archiv in Bonn und Maria Steiner vom Kreisky-Archiv in Wien für ihre Unterstützung und Hilfe.

Eine englische Übersetzung von „Briefe und Gespräche" hat lange auf sich warten lassen, fast fünfzig Jahre sind vergangen, seit sich Brandt, Kreisky und Palme 1975 in Wien trafen und die Europäische Verlagsanstalt (EVA) ursprünglich in ihrem Auftrag die Aufzeichnung ihrer Briefe und Gespräche seit 1972 veröffentlichte des Brandt-Archivs.

Mittlerweile gibt es Übersetzungen in viele andere europäische Sprachen, dies ist jedoch die erste englische. Auch die Hilfe von Irmela Rütters bei EVA wird gewürdigt.

INTRODUCTION TO 2024 EDITION

The original intention was for this Introduction to incorporate the views of some of today's politicians, economists and others who have been influenced by Willy Brandt, Bruno Kreisky and Olof Palme, and the national and international developments they forged. On further reflection, however, this would have been superfluous. If anything, it would detract rather than add to the ideas and proposals discussed in this volume. These are sufficient on their own.

Brandt, Kreisky and Palme's determination to grapple with the critical issues (from party management to the world around them) could be summed up in the pragmatic 'as much market as possible, as much framework planning as necessary' (Brandt, July 1973, p117).[1] Only dogma and intransigence were ruled out automatically; flexibility, of action as well as thought, was key to improving people's lives.

Some examples:

Only if there is this willingness to be open and open-minded, which means accepting those people who are prepared to come part of the way with us, will we protect ourselves from that false exclusivity that large parties can fall victim to as well as small sects. I contend that ... the success of this comprehensive discussion will largely depend on finding ways and means of ensuring maximum participation. (Kreisky, May 1972, p41)

The income gap threatens to widen. A tremendous shift of the population is underway, together with a concentration of capital ... Workers lose their jobs. Our environment is threatened by increasing destruction. These are crucial problems in people's everyday lives, which easily trigger a feeling of insecurity about the future. If democracy cannot cope with them, there is a danger of anarchy, that elitist consciousness will develop or that anti-democratic forces will seize power. (Palme, March 1972, p31)

What's the point of thinking about and discussing a better order in our society if people's living conditions are actually being put at risk and reduced by the unrestrained development of industrial society? ... [E]conomic accounts must be drawn up on new principles, that the concept of gross national product as we now consider it is inherently anti-environmental, and

---

[1] Also Brandt, p233 below: 'Or, as we said in our policy programme: as much competition as possible, planning as necessary.'

that between economics and ecology there is a big gap. (Kreisky, May 1972, p45)

The modern slogan 'from economy to ecology' must not become an 'anti-growth thesis'. (Brandt, September 1972, p63)

In recent years we have all been in the middle of this discussion about growth and its limits, about material progress and the price we pay for it: the greater wear and tear on people and nature. The need to protect our environment and to economise on sensitive natural resources has rightly gained priority in politics. These are very concrete problems for all of us ... (Palme, May 1973, p99)

Gradually ... people realised ... the price that has been paid for growth: people excluded from the work process, environmental destruction, huge structural changes, increasing social disparities in many places, caused by mechanisation and the concentration of economic power. (Palme, April 1974, p167)

... we are of the same view that value-oriented politics must not take a backseat to so-called fact-based politics. (Kreisky, April 1975, p211)

In December 1973 they met at Schlangenbad in West Germany, with their conversation taking place after OPEC had instituted oil price rises earlier in 1973. The three leaders were nervous of the short-term social implications in western countries (including theirs'), but were determined not to miss the opportunity that the crisis offered to refocus priorities on environmentally friendly alternatives to existing transport and energy. The challenges they identified remain much the same today. For example:

Olof Palme:

Western industrial societies are partly built on the availability of cheap energy. ... The time of cheap energy is over. ... [W]here do we want to get our increased prosperity from? It will probably become the case that prosperity will depend less on 'energy-expensive' things and more on other things, for example on social services.
All these problems, both short- and long-term, will lead to a partial restructuring of the economy.

Willy Brandt:

I would like to give two examples: Firstly, a certain reallocation of resources from private transport to local transport ... and a shift in capacity from the

roads to the railways. Both can be accelerated by a crisis of this kind. A process that would otherwise have taken many ... years can now happen more quickly. The expansion of the local transport system will become even more economically viable.

Bruno Kreisky:

I believe that we will have new priorities when it comes to public spending. ... [T]here will have to be a 'renaissance' of the railways not only in terms of local transport, but also in terms of long-distance transport, although I don't believe that modernisation will only be about the question of higher speed. ... I am of the opinion that one should actually calculate what advantages would arise in other areas if one placed less emphasis on speed. There would probably be a whole host of advantages.

A second conversation took place in Vienna in May 1975. Their contributions continue to resonate fifty years on, indeed are pertinent to key issues today, such as:

Olof Palme:

Ten years ago, if you discussed planning or a planned economy, you had all the conservatives against you. However, if we say today that we have to plan for the environment, for energy, for the use of natural resources, we will receive almost unanimous agreement.

Bruno Kreisky:

The question of how much budget deficit a state can ... afford is not an economic question, but rather a question of political judgment.

Willy Brandt:

In any case, what we don't need is the continued socialisation of losses while the privatisation of profits continues unabated. ...
In all our considerations we must not overlook the Soviet Union and Eastern Europe. When it comes to raw materials this is obvious, but it also applies to other issues of world trade. ... In any case, we must not act as if these countries, especially the Soviet Union, were not already a factor in the international economy.

Furthermore,

In [an] interview with German television, Olof Palme pointed out very clearly that even those who want to make a revolution should know that they would have to work as reformers the day after. (Brandt, February 1972, p15)

or as Olof Palme added in his reply to Brandt's letter,

> Because the day after the revolution, everyday work begins. (Palme, March 1972, p23)

In other words, think ahead and don't plan a future without building on, or at least taking account of, the past. Or, to put it colloquially, 'don't throw the baby out with the bathwater'.

By today's standards it is remarkable that these leaders were so far-sighted, well ahead of their time, identifying issues that remain critical today. There are many themes in their letters and conversations that are still being grappled with.

Yet, although this is in one sense impressive, the converse is that, while Brandt, Kreisky and Palme had a huge and generally beneficial impact in the 1970s, this was chiefly in their own countries and has not necessarily lasted. The latter has often been due to political successors with a different ideology who thought they knew best or who were determined to stamp their own mark on history regardless. Unfortunately, their mark often blighted many people's lives, closing down options and snuffing out hope. Never underestimate the vanity of the majority of politicians, heedless (and/or ignorant) of the consequences of their decisions for many other people.

It is therefore also depressing that a number of the issues remain much the same fifty years on. Even more concerning is that some people are turning away from the co-operative, collaborative approaches of social democracy towards an extreme right-wing insularity. Their predominant mindset is finding others to blame rather than seeking solutions for all of us. This is beyond ironic when the challenges that confront us are global (environmental degradation, water and food security as a result of climate crisis, for example) and require international solutions that transcend national interests. As these statesmen point out, this was true in the 1970s too.

"Dare to do more democracy," as Brandt put it in his initial letter (p13).

Hugh Gault
September 2024

page deliberately left blank

Willy Brandt Brief vom 17. Februar 1972

Lieber Bruno, lieber Olof,

wir waren übereingekommen, unsere Meinungen über einige Grundsatzfragen sozialdemokratischer Politik auszutauschen und dabei die Problematik >Parteiprogramme und Regierungspraxis< besonders im Auge zu haben.

Jeder von uns ist Regierungschef und Parteivorsitzender zugleich. Mehr oder weniger häufig müssen wir unsere praktische Politik an der Kritik derer messen, die eine stärkere grundsätzliche Orientierung wunschen. Mir ist solche Kritik in vielen Fällen nicht nur verständlich, sondern auch sympathisch, denn die tägliche Arbeit eines regierenden Sozialdemokraten kann die grundsätzliche Orienterung wohl nicht immer deutlich genug machen.

Mein Einstieg heute soll sich auf drei Themen beziehen: Grundwerte, Staats-verständnis, Politik für den Menschen.

I. *Bedarf es nicht einer neuen, vertiefenden Diskussion über die Grundwerte des demokratischen Sozialismus?*

Laßt mich über ein Stück eigener Erfahrung berichten: Ihr wißt, daß sich die SPD im November 1959 nach gründlicher Diskussion ihr Godesberger Programm gegeben hat. Dieses Programm hat sich bewährt, im Innern und nach außen; es hat mit dazu beigetragen, daß die deutsche Sozialdemokratie Vorurteile abgebaut hat, daß sie stärker wurde und die Führung der Bundesregierung übernehmen konnte. Aber kaum sind zwölf Jahre vergangen, und schon muß man feststellen, daß viele vom Godesberger Programm nicht mehr als Oberflächliches oder Klischeehaftes behalten oder erfahren haben. So stößt man nicht selten auf die banalisierte Version, in Godesberg habe die SPD -- wohl mit dem Blick auf die Wähler -- lediglich den Wunderglauben an die Sozialisierung über Bord geworfen, sich endlich zur Landesverteidigung bekannt und ihren Frieden mit den Kirchen geschlossen. Sie habe sich ideologiefrei gemacht und dem Pragmatismus verschrieben. Sie habe klargestellt, daß sie keine Weltanschauungspartei sein wolle. Das stimmt, wenn man nur gleich hinzufügt, daß wir natürlich nicht haben aufhören wollen, auch als Volkspartei eine Gesinnungsgemeinschaft zu sein.

Willy Brandt letter 17 February 1972

Dear Bruno, dear Olof,

We agreed to exchange our opinions on some fundamental questions of social democratic politics, with a particular focus on the issue of party programmes and government practice.

Each of us is head of government and party leader at the same time.[1] Frequently we have to measure our practical politics against the criticisms of those who want a stronger underlying approach. In many cases I understand such criticism, and sympathise with it, because the daily work of a ruling social democrat cannot always make their basic perspective clear enough.

My introduction today covers three topics: basic values, understanding the state and politics for the people.

I. *Why there is a need for a new, in-depth discussion of the basic values of democratic socialism*

Let me tell you about my own experience: You know that the SPD adopted its Godesberg programme in November 1959 after thorough and far-reaching debate.[2] This programme has proven itself completely; it has contributed to the fact that German Social Democracy has reduced prejudices, has become stronger and is in a position to take over the leadership of the Federal Government. But barely twelve years have passed, and yet it should be noted that much of the Godesberg programme either has not been sustained or is considered superficial and clichéd. So it is not uncommon to come across the 'dumbed down' version, in which the SPD has diluted Godesberg (perhaps with the electorate in mind) and thrown the miracle of socialism overboard, finally becoming known primarily for national defence and making peace with the churches. The SPD have become light on ideology and devoted to pragmatism. They have made it clear that they do not want to be a party that adopts a world-view. This much is true, provided one immediately adds that we naturally did not want to cease to be a community of opinion, even as a People's Party.

Ich will jetzt nicht das Godesberger Programm insgesamt in die Diskussion einbeziehen, sondern mich auf seinen kurzen, aber gewichtigen Grundwerte-Teil konzentrieren. Wir haben dort gesagt, daß Sozialdemokraten oder -- was dasselbe ist -- demokratische Sozialisten eine Gesellschaft erstreben, >>in der jeder Mensch seine Persönlichkeit in Freiheit entfalten und als dienendes Glied der Gemeinschaft verantwortlich am politischen, wirtschaftlichen und kulturellen Leben der Menschheit mirtwirken kann<<. Wir gingen davon aus, daß Freiheit und Gerechtigkeit einander bedingen. Grundwerte sozialistischen Wollens seien Freiheit, Gerechtigkeit und Solidarität, >> die aus der gemeinsamen Verbundenheit folgende gegenseitige Verpflichtung<<.

Weiter sagten wir, der demokratische Sozialismus - >>der in Europa in christlicher Ethik, im Humanismus und in der klassischen Philosophie verwurzelt ist<< - wolle keine letzten Wahrheiten verkünden. Und zwar >> nicht aus Verständnislosigkeit und nicht aus Gleichgültigkeit gegenüber den Weltanschauungen oder religiösen Wahrheiten, sondern aus der Achtung vor den Glaubensentscheidungen des Menschen, über deren Inhalt weder eine politische Partei noch der Staat zu bestimmen haben<<. Wir -- die SPD -- haben uns als die Partei der Freiheit des Geistes erklärt und als eine Gemeinschaft von Menschen, die aus verschiedenen Glaubens -- und Denkrichtungen kommen: >> Ihre Übereinstimmung beruht auf gemeinsamen sittlichen Grundwerten und gleichen politischen Zielen.<< Und schließlich definierten wir den Sozialismus an dieser Stelle als >>eine dauernde Aufgabe-Freiheit und Gerechtigkeit zu erkämpfen, sie zu bewahren und sich in ihnen zu bewähren<<.

Nun, ich sehe nicht, was hieran änderungsbedürftig sein sollte. Ich würde gern sehen, daß dies meiner Partei wieder vorgeschlagen würde, wenn sie heute über ihr Programm zu beschließen hätte. Die Frage ist für mich nicht -- aber dazu hätte ich gern Eure Meinung --, ob dies noch richtig ist, sondern ob es ausreicht. Das Begriffs-Trio -- Freiheit, Gerechtigkeit (Gleichheit), Solidarität (Brüderlichkeit) -- weist uns ja sehr deutlich als Erben der Aufklärung aus, und das ist keine Schande. Aber mir will scheinen, daß eine Weiterführung und Konkretisierung sich lohnen und daß dabei dem Begriff der Solidarität eine Schlüsselrolle zukommen könnte. Im vergangenen Sommer haben Willi Eichler -- der wesentlich am Zustandekommen unseres Grundsatzprogrammes beteiligt war -- und ich darüber gesprochen, daß die Grundwerte einmal deutlicher interpretiert und zum anderen -- auch, damit sie als Maßstab für die Bewertung politischer Einzelentscheidungen kenntlich würden -- härter in die Auseinandersetzung gebracht werden müßten.

4

I do not want to include the Godesberg programme as a whole in our discussion now, but will concentrate instead on the brief but weighty part that focuses on core values. We said ... that social democrats, in other words democratic socialists, strive for a society "in which every person can develop his or her personality in freedom and, as a serving member of the community, has a responsibility to contribute to the political, economic and cultural life of humanity". We assumed that freedom and justice were mutually dependent. The basic values of socialism are freedom, justice and solidarity, i.e., "the mutual obligation resulting from the common bond".

We went on to say that democratic socialism, "which in Europe is rooted in Christian ethics, humanism and classical philosophy", does not want to, nor does it, proclaim ultimate truths - "not out of a lack of understanding and not out of indifference to world views or religious truths, but out of respect for human beliefs, the content of which neither a political party nor the state should determine". We the SPD have declared ourselves as both the party of freedom and a community of people who come from different beliefs and schools of thought: "[Our] agreement is based on common moral values and the same political goals". And finally we defined socialism at this point "as a permanent task to fight for freedom and justice, to preserve them and to prove oneself through them".

Well, I don't see what needs to be changed about this. I would like to see this proposed again if my party had to decide on its programme today. The question for me is not whether this is still correct, but whether it is sufficient. I would like to have your opinion on that. The three terms, freedom, justice (equality) and solidarity (brotherhood), clearly identify us as the heirs of the Enlightenment, and that is not to be scorned. But it seems to me that extending and clarifying this is worthwhile and that the concept of solidarity could be key to this. Last summer, I talked with Willi Eichler, who was critical in creating our basic programme, firstly about interpreting the basic values more clearly and then using them as a yardstick for evaluating individual political decisions.[3]

Eichler, inzwischen allzufrüh verstorben, hielt die weitere und vertiefte Klärung der Grundwerte vor allem auf drei Hauptgebieten für nötig:

a) In der Begründung des demokratischen Sozialismus in seinen Grundwerten;

b) bei deren innerer Verflechtung und mit ihrer allgemeinen begrifflichen Interpretation für die Anwendung in den politischen Entscheidungen der Partei;

c) in der Aufstellung konkreter Ziele der Partei, aus den Grundwerten als nötig begründet und >pragmatisch<, also zeitgerecht und politisch möglich, angesteuert.

Ich habe dem Vorstand meiner Partei vorgeschlagen -- und seine Zustimmung dazu erhalten --, daß wir die hier skizzierte Aufgabe einem besonderen Arbeitskreis übertragen. Darüber, wie die Arbeit - die nicht unter Zeitdruck stehen soll und bei der zu berücksichtigen ist, daß wir 1973 Bundestagswahlen haben - angelegt werden wird, will ich Euch gern auf dem laufenden halten. Inzwischen würde es mich interessieren, ob es ähnliche Fragestellungen und ein entsprechendes Bedürfnis in Euren Parteien gibt. Und ob unsere Freunde hier voneinander profitieren könnten. Mir will es jedenfalls wichtig erscheinen, an den Grundwerten so zu arbeiten, daß sie als die ethische Verankerung unserer Politik und als die moralischen Triebkräfte unseres Handelns - gerade in der Regierungsverantwortung - stärker wirksam und sichtbar werden.

II. *Zur Rolle des Staates.*

In der Geschichte der Sozialdemokratie ist der Begriff der Freiheit dadurch eingeengt worden, daß man ihn häufig nur als das Ergebnis von Veränderungen ökonomischer Strukturen und politischer Institutionen gesehen hat. Heute wissen wir besser als früher, daß es dieser Veränderungen bedurfte und bedarf und daß Freiheit doch nie einfach wird >konstatiert< werden können. Sie muß zwar >organisiert<, aber auch praktiziert und gelebt werden. Sie ist ein Angebot, leider nur eine Möglichkeit. Aber damit der Mensch frei sein kann, muß ihn unsere Politik so behandeln, als ob er von diesem Angebot Gebrauch machen wollte (und könnte). Eine Politik, die sich nicht dauernd um die Voraussetzungen bemüht, dem Mitbürger ein freies Menschsein mit seinen reichen Möglichkeiten zu schaffen und Verhältnisse zu ändern, die dem entgegenstehen, liegt für mich außerhalb der Gedankenwelt des demokratischen Sozialismus.

Nun sind wir alle, zumal wir deutschen Sozialdemokraten, gebrannte Kinder. Und deshalb haben wir im Godesberger Programm einen so eindeutigen Zusammen-

Eichler (who has since died though still young) considered vital the in-depth clarification of basic values in three main areas:

a) in founding democratic socialism on its basic values;

b) in their general conceptual interpretation for use in the political decisions of the party; and

c) in establishing concrete goals for the party, based on the basic values as both necessary and 'pragmatic', i.e. timely and politically possible.

I proposed to the executive committee of my party that we entrust the task to a special working group. They approved this. I would like to keep you up to date on how the work will be organised. It must take into account that we have federal elections in 1973, but other than that should not be under time pressure. In the meantime I would be interested to know whether there are similar questions and a corresponding need in your parties. And whether we could all benefit from learning from each other. In any case, it seems important to me to work on the basic values in such a way that they become more effective and visible as the ethical anchor of our politics and as the moral driving force of our actions, not least with regard to government responsibility.

II. *On the role of the state.*

In the history of social democracy the concept of freedom has been minimised, often being seen to depend purely on changes in economic structures and political institutions. Today we know better that these changes were and are needed, but that freedom can never simply be 'asserted'. It must be 'organised', but it must also be practised and lived. It is an opportunity, not a given - in fact a possibility only. But so that man can be free, our politics must treat him as if he wanted to (and could) make use of this opportunity. A policy that does not constantly strive to develop and create a free existence for our fellow citizens with its rich possibilities, and change conditions that prevent this, is for me not real world democratic socialism.

Now we are all burned children, especially since we are German Social Democrats. And that is why we have established such a clear connection

hang zwischen der Freiheit, den Rechten und der Gewissensentscheidung des einzelnen hergestellt. Es heißt dort: >>Das Leben des Menschen, seine Würde und sein Gewissen sind dem Staat vorgegeben ... Der Staat soll Vorbedingungen dafür schaffen, daß der einzelne sich in freier Selbstverantwortung und gesellschaftlicher Verpflichtung entfalten kann.<< Und an anderer Stelle heißt es, die Demokratie müsse >>die allgemeine Staats- und Lebensordnung werden, weil sie allein Ausdruck des Menschen und seiner Eigenverantwortung ist<<.

Wenn ich diese nach wie vor gültigen Sätze erneut lese, so scheint mir darin doch das wechselseitige Verhältnis zwischen Staat und Bürger etwas zu kurz zu kommen. In der Tat ist es doch wohl so, daß im Denken mancher unserer Freunde -- und nicht nur bei Kritikern dessen, was man in der Regierung zuwege bringen kann -- ein Staatsverständnis mitklingt, das sich aus den Erfahrungen mehrerer Generationen von Sozialdemokraten ergeben hat -- in Schweden verständlicherweise weniger ausgeprägt als in Österreich und in Deutschland. Die Sozialdemokraten haben es sich mit ihrem Verhältnis zum Staat nicht leichtgemacht, und es ist ihnen ja wahrhaftig auch nicht leichtgemacht worden.

Aber daraus ist doch gegenüber dem Staat eine vielfach noch abwehrende oder nur fordernde Haltung geworden, die den heutigen Möglichkeiten und Notwendigkeiten nicht gerecht wird. Ich meine, wir brauchen eine neu durchdachte Einstellung zu jenem Staat, von dem viele erwarten, daß er seine Bürger buchstäblich von der Wiege bis zum Grabe in Obhut nimmt. Der für all das zu sorgen hat, was wir jetzt die Qualität des Lebens nennen. Und der ständig umfassendere Aufgaben übernehmen muß, wenn die Gesellschaft existenzfähig bleiben soll. Über den Durchbruch der politischen Demokratie und den zunehmenden Einfluß auf das wirtschaftliche Geschehen hinaus sind, zumal durch die Gesellschaftspolitik, Veränderungen eingetreten, die dem modernen Staat neue Dimensionen und Qualitäten geben.

Mit schlechtem Gewissen in Sachen Staat läßt sich keine gute Politik machen. Sozialdemokraten müssen ein unverkrampftes, unbefangenes Verhältnis zur staatlichen Macht haben. Bruno Kreisky hat ja einmal darauf hingewiesen, wie wichtig es sei, daß Macht nicht nur kontrolliert, sondern daß sie vor allem auch moralisch determiniert ist.

in the Godesberg programme between freedom, rights and individual choice. It says there: "The life of a person, his dignity and his conscience are given to the state ... The state should create preconditions for the individual to develop in free self-responsibility and social responsibility." And elsewhere it is said, democracy must become "the general order of the state and life, because it is the fundamental expression of people and their personal responsibility".

When I re-read these sentences, valid as they still are, it seems to me that the mutual relationship between the state and its citizens is falling short. In fact it is probably the case that some of our friends, not just critics of what can be achieved in government, reflect an understanding of the state based on the experience of several generations of Social Democrats. This is understandably less pronounced in Sweden than in Austria or Germany. The social democrats have not made it easy for themselves with their relationship with the state, and it really has not been made easy for them either.

But this has resulted in a defensive attitude towards the state, or one that expects the state to deliver. Neither do justice to today's possibilities and necessities. I mean, we need to re-think the role of the state that many expect to literally take care of its citizens from cradle to grave. But who takes care of all that we now call the quality of life? And who constantly has to take on more extensive tasks if society is to remain viable? Beyond the breakthrough of political democracy and an increasing influence on economic events, changes have occurred which give the modern state new dimensions and qualities - especially through social politics.

No good policy can be developed if a bad attitude is directed towards the state. Social democrats must have a relaxed, unbiased relationship with state power. Bruno Kreisky once pointed out how important it is for power not only to be controlled, but above all to be morally determined.

Gustav Heinemann, unser Bundespräsident, hat vor einiger Zeit die einfache Formel geprägt, der Staat seien >> wir alle und jeder einzelne von uns selbst<<. Ich meine, wir müssen den zivilisierten demokratischen Staat verstehen als die organisierte Rechtsgemeinschaft des Volkes, mit dem Auftrag, für Sicherheit, Freiheit und Gerechtigkeit zu sorgen. Und wir müssen Hemmungen und Verkrampfungen auf diesem Gebiet auch mit dem Hinweis darauf zu überwinden suchen, daß es ja gerade einer der historischen Aufträge der Arbeiterbewegung gewesen ist, Millionen von Außenseitern der Gesellschaft zu gleichberechtigten Staatsbürgern zu machen.

Auf unserem außerordentlichen Parteitag in Bonn im November 1971 habe ich mich mit dem Staatsverständnis befaßt. Daran anknüpfend, möchte ich einige Thesen formulieren und in unsere Diskussion einbeziehen:

1. So, wie die Welt nun einmal ist -- so, wie wir Menschen nun einmal sind --, kann sich auch der demokratische Staat nicht ohne Machtstruktur organisieren. Er muß hoheitliche Befugnisse ausüben und gegebenenfalls Machtmittel einsetzen, um den Frieden im Lande zu sichern, die Rechtsordnung zu verteidigen, Kriminalität zu bekämpfen.

2. Von Grenzsituationen, wie Notwehr, abgesehen, ist jedoch nur der Staat mit seinen Organen zur Ausübung von Gewalt befugt, niemand sonst. Sozialdemokraten stehen auf der Seite der Mitbürger, die in Sicherheit leben wollen.

3. Unser Staat -- wachsam und kämpferisch gegenüber den Feinden der Demokratie -- braucht jene Autorität, die auf Überzeugung und Konsensus beruht, die durch Wahl und Ernennung verliehen wird, die Rechenschaft geben muß und die widerruflich ist. Es muß sich um eine Autorität handeln, die sich auch durch moralische Qualifikation und geistige Redlichkeit zu legitimieren hat.

4. Unter den Bedingungen der modernen Industriegesellschaft kann Demokratie nicht von einer grundsätzlichen Trennung zwischen Staat und Gesellschaft ausgehen. Wir verstehen Demokratie als ein umfassendes Prinzip, das allerdings in verschiedenen Bereichen einer unterschiedlichen Ausformung bedarf. (Richard Löwenthal hat in der Festschrift zu Alfred Naus 65. Geburtstag bemerkenswert Kritisches über >Demokratie und Leistung< ausgeführt.) Wer Demokratie grundsätzlich nicht ausdehnen will, trägt dazu bei, daß sie schrumpft.

Gustav Heinemann, our Federal President, coined the simple formula some time ago that the state is "we all, and each and every one of us". I mean, we have to understand the civilised democratic state as the organised legal community of the people with the mandate to ensure security, freedom and justice. And we must try to overcome inhibitions and tensions in this area by pointing out that it was precisely one of the historical tasks of the labour movement to bring millions of outsiders into society as citizens with equal rights.

At our extraordinary party congress in Bonn in November 1971 I set out an understanding of the state. Following on from this, I would like to formulate a few theses and include them in our discussion:

1. The way the world is, and the way we humans are, the democratic state cannot organise itself without a power structure. Sovereign powers must be exercised and, if necessary, power used in order to secure peace in the country, to defend the legal order and to fight against crime.

2. Apart from borderline situations such as self-defence, however, only the state and its recognised organisations are authorised to exercise violence, and no one else. Social democrats stand alongside fellow citizens who want to live in security.

3. Our state, vigilant and combative against the enemies of democracy, depends on authority based on conviction and consensus, which is acquired through election and by appointment. It is both accountable and revocable. It must display an authority that legitimises itself through demonstrations of moral behaviour and spiritual honesty.

4. Under the conditions of modern industrial society, democracy cannot assume a fundamental separation between state and society. We understand the principle of democracy as comprehensive, but it should be adjusted as necessary in different areas. ... Anyone who fundamentally does not want to expand democracy contributes to its shrinking.

5. Die aus Wahlen hervorgegangenen zentralen demokratischen Organe dürfen nicht zum Spielball mächtiger Interessengruppen werden. Oder anders ausgedrückt: Gerade wer die freiheitlichen Funktionen des Pluralismus will, der kann eine ständische Atomisierung der Staatsgewalt nicht zulassen. Das gewählte Parlament muß das letzte Wort behalten.

6. Forderungen an den Staat und die Gesellschaft müssen in ein angemessenes Verhältnis zu dem gebracht werden, was man Staat und Gesellschaft schuldig ist. >Mehr Demoktatie wagen< heißt auch, mehr Mitverantwortung tragen. Wir brauchen auch Gegengewichte gegen jene Zügellosigkeit, die sich bei der rücksichtslosen Vertretung von Gruppeninteressen bemerkbar mact.

Ich weiß wohl, daß zu diesem Thema mehr zu sagen wäre, aber für heute möchte ich es bei diesen Hinweisen belassen.

III. *Wie machen wir noch deutlicher, was >Politik für den Menschen< ist?*

Auch dieses Thema kann ich heute nur andeuten. Wenn ich es anschneide, so natürlich nicht nur wegen des >Verkaufens< der Politik, das wir gewiß nicht unterschätzen sollten, sondern vor allem auch wegen der eigenen Absicherung gegenüber kalter Dogmatik einerseits und blutleerer Technokratie auf der anderen Seite. Ich habe den Eindruck, daß unsere rechten Gegner, die inhaltlich weniger zu bieten haben, es zuweilen besser verstehen, eine Identifikation mit den Wünschen und Interessen vieler einzelner zu erzielen. Andererseits dürfen wir die Frage nach dem Sinn und dem Ergebnis der Politik für den einzelnen Menschen schon deshalb nicht vernachlässigen, weil ihre richtige Beantwortung den fundamentelen Unterschied zwischen uns und den Kommunisten deutlich macht.

Im Sommer vergangenen Jahres habe ich in einer Rede vor dem Politischen Klub der Evangelischen Akademie Tutzing von vornherein eingeräumt, daß sich derjenige einige Skepsis gefallen lassen müsse, der versichere, es gehe ihm in der Politik nur um den Menschen. Allzu viele in alle Teilen der Welt brauchten solche Floskeln als Öl zum Salat, ohne daß sich dadurch an der Qualität des Salats viel ändere. -- Man steht sofort vor der Frage, was denn für den Menschen >gut< ist und wer darüber entscheidet. Und wir vertreten ja gerade nicht eine Ideologie, die dies so genau zu wissen meint, daß ihre Träger sich berechtigt fühlen, die Menschen zu einem Glück zu zwingen, das andere für sie ausgedacht haben.

5. The central democratic groups that emerge from elections must not become the plaything of powerful interest groups. Or, to put it another way, those who want the liberal functions of pluralism cannot allow the atomisation of state power. The elected Parliament must have the last word.

6. Demands on the state and society must be aligned appropriately with what is owed to the state and society. "Dare to do more democracy" also means to bear more responsibility. We also need counterweights against the indulgence of vested group interests.

I know there is more to be said on this subject, but for now I would like to leave it at that point.

III. *How do we make it even clearer what "politics for people" is?*

I can only hint at this topic today. If I touch on it, it is of course not only because of the 'selling' of politics, which we should certainly not under-estimate, but above all because of our own protection against cold dogmatics on the one hand and bloodless technocracy on the other. I have the impression that our right-wing opponents, who have less to offer in terms of content, sometimes understand more clearly how to identify with the wishes and interests of many individuals. On the other hand, we must not neglect the meaning and the outcome of politics for the individual because answering this correctly makes clear the fund-amental difference between us and the communists.

In the summer of last year, in a speech to the Political Club of the Evangel-ical Academy in Tutzing, I admitted from the outset that someone would have to put up with some scepticism if they asserted that politics was only about people. All too many in all parts of the world use such phrases as 'oil for salad', without changing the quality of the salad much. One is immediately faced with the question of what is 'good' for people and who decides it. And we do not represent an ideology that thinks we know this so precisely that its bearers feel entitled to force people to a happiness that others have devised for them. Rather, we are guided by the conviction that free discussion offers the best chance to find out what is

Sondern wir lassen uns von der Überzeugung leiten, daß die freie Diskussion die beste Chance bietet, herauszufinden, was für die Menschen gut ist.

In jener Tutzinger Rede habe ich versucht, unsere praktische Politik und unsere Reformvorhaben an den Grundbedürfnissen der Menschen zu erläutern: nach materiellem Wohlergehen, einschließlich Wohnung, nach Gesundheit, nach Sicherheit, schließlich nach Mitwirkung und Mitbestimmung, was ja nichts anderes heißt als Subjekt, nicht Objekt des wirtschaftlichen und gesellschaftlichen Prozesses zu sein. Ich habe die Rolle der Frau in der heutigen Gesellschaft in diese Betrachtung ebenso einbezogen wie das, was Bloch und moderne Theologen gleichermaßen >das Prinzip Hoffnung< nennen.

Ich würde empfehlen, diesen Ansatz auch in die Erörterung darüber einzuführen, wie die Diskussion um systemüberwindende oder >bloß< systemverbessernde Reformen einzustufen ist. Ich halte dies für eine künstliche Differenzierung, denn es kann ernsthaft nicht bestritten werden, daß jede den Freiheitsraum erweiternde Reform auch ein Element der Systemveränderung enthält. Olof Palme hat kürzlich in seinem Interview mit dem deutschen Fernsehen ja sehr klar darauf hingewiesen, selbst jene, die Revolution machen wollen, müßten wissen, daß sie sich am Tage danach als Reformisten oder Reformer zu betätigen hätten. Auch bei nicht extrem denkenden Jüngeren -- und bei einem Teil traditioneller Sozialdemokraten -- ist noch oder wieder die Vorstellung anzutreffen, man könne am Tage der Regierungsübernahme gewissermaßen alles umkrempeln oder alles auf einmal anpacken.

Vielleicht nimmt Olof Palme diesen Faden wieder auf?

Herzliche Grüße, W.B.

good for people.

In that Tutzing speech, I tried to explain our practical policy and our reform projects in terms of people's basic needs: for material well-being, including housing, for health, for security, and finally for participation and co-determination, which does not mean anything other than to be the subject, not the object, of the economic and social process. I have included the role of women in today's society as well as what Bloch and modern theologians alike call 'the principle of hope'.

I would recommend introducing this approach into the debate about how reforms that transcend the system, or 'merely' improve it, should be classified. I consider this to be an artificial differentiation, because it cannot seriously be denied that every reform that extends the area of freedom also contains an element of systemic change. In his recent interview with German television, Olof Palme pointed out very clearly that even those who want to make a revolution should know that they would have to work as reformers the day after. Even among younger people who do not have a clear view, and some of the traditional Social Democrats, the idea is often to be encountered that on the day of taking over government one could, to a certain extent, turn everything inside out or tackle everything at once.

Perhaps Olof Palme will pick up this thread again?

Best regards, W.B.

Olof Palme replies 17th March (i.e., a month later)

Olof Palme Brief vom 17. März 1972

Lieber Willy, lieber Bruno!

Eine Diskussion über Regierungspraxis und Parteiprogramm erhält ihr besonderes Interesse dadurch, daß die Sozialdemokratie mehr ist als eine Partei, der es obliegt, die Gesellschaft zu verwalten. Unsere Aufgabe ist es vielmehr, sie zu verändern. Durche unsere ganze Geschichte zieht sich eine intensiv ideologische Diskussion über langfristige Zielsetzungen. Wir haben immer mit der Spannung zwischen dem derzeit Möglichen und unseren Zielvorstellungen für die Zukunft gelebt.

Der unmittelbare Anlaß, weshalb ich gerade jetzt das Bedürfnis empfinde, diese Diskussion zu führen, ist jedoch mein Eindruck, daß der demokratische Sozialismus einer Herausforderung gegenübersteht. Kennzeichnend für die derzeitige Gesellschaftsentwicklung sind Konfrontationen, die bei den Menschen Unruhe und Unsicherheit auslösen, sowohl in bezug auf Probleme des Alltags als auch im Hinblick auf Fragen der ferneren Zukunft.

Es besteht kein Zweifel daran, daß die Gesellschaft heute mehr >politisiert< ist als in der Nachkriegszeit. Das Bewußtsein der Menschen hat sich geschärft, für unsere eigenen grundlegenden Probleme ebenso wie für Fragen, die die gesamte Menschheit angehenen. Aber gleichzeitig stellt man eine >apolitische< Tendenz fest, eine Verachtung der Politik, politischer Arbeit und repräsentativer Demokratie. Diese Einstellung machen sich unsere Gegner rechts und links zunutze. So wird von verschiedenen Seiten behauptet, wir beschäftigen uns im Parlament und in politischen Verbänden nur mit unwesentlichen Dingen. Man beschuldigt die Politiker, für den Fortbestand der Menschheit fundamentale Fragen -- wie Bevölkerungszuwachs, Entwicklung der Technologie, Umweltzerstörung -- zu vernachlässigen oder eine klare Stellungnahme zu vermeiden. Gleichzeitig werden offensichtlich auch ganz andere und näherliegende Probleme als ungelöst empfunden -- zum Beispiel Preissteigerungen, Berufsaussichten, Lebensstandard, Sicherung der Familie, Beschäftigungsmöglichkeiten in Abwanderungsgebieten. Es gibt Forderungen, die eine Einschränkung des Wirtschaftswachstums beinhalten, und daneben andere, deren Erfüllung wirtschaftliche Expansion voraussetzt.

Olof Palme letter 17 March 1972

Dear Willy, dear Bruno!

A discussion of government practice and the party programme is of particular interest because social democracy is more than a party that is responsible for administering society. Rather, our job is to change it. Throughout our history there has been an intense ideological discussion about long-term goals. We have always lived with the tension between what is currently possible and our goals for the future.

The immediate reason why I feel the need to have this discussion right now, however, is my impression that democratic socialism is facing a challenge. Characteristic of the current development of society are confrontations that trigger unrest and insecurity in people, both with regard to problems of everyday life and with regard to questions of the distant future.

There is no doubt that society is more 'politicised' today than it was after the war. People have become more aware of their own fundamental problems as well as of questions that concern all humanity. But at the same time there is an 'apolitical' tendency, a contempt for politics, political work and representative democracy. Our opponents on the right and left take advantage of this attitude. Various parties claim that we in Parliament and in political associations only deal with insignificant matters. The politicians are accused of neglecting fundamental questions for the continued existence of mankind - such as population growth, development of technology, environmental degradation - or of avoiding a clear statement. At the same time, quite different and more obvious problems are ... judged to be unsolved - for example, price increases, job prospects, standard of living, supporting families, employment opportunities ... Some ... restrict ... economic growth while others ... demand economic expansion if they are to be met.

Die meisten stimmen wohl darin überein, daß im Krankheitsfall für Pflege gesorgt sein muß, und daß Minderbemittelte dabei nicht schlechtergestellt werden dürfen. Ebenso selbstverständlich finden wir es, daß die Ausbildungschancen eines Kindes oder Jugendlichen nicht vom Einkommen der Eltern abhängen sollten.

Sind wir aber in dieser Hinsicht gleicher Meinung, müßten wir uns auch einig darin sein, daß wir uns damit verpflichtet haben, Opfer für eine Politik der Solidarität zu bringen. Wir erleben heute, wie die Menschen immer größere Ansprüche an die Gesellschaft stellen. Diese Forderungen sind berechtigt. Es geht ja um vernünftige Dinge, die mehr Sicherheit und mehr Gleichberechtigung gewährleisten. Aber gleichzeitig fällt es schwer, klarzumachen, daß der Gesellschaft die Mittel gegeben werden müssen, die sie benötigt, um ihre Verpflichtungen erfüllen zu können. Es ist Aufgabe der Demokratie und des Sozialismus, diese verschiedenen und teilweise gegensätzlichen Ansprüche deckungsgleich zu machen, und zwar durch eine konstruktive Politik ebenso wie durch einen demokratischen Prozeß, der den Menschen eine größere Perspektive gibt und die Probleme von heute mit denen der Zukunft verbindet.

Der demokratische Sozialismus ist eine Freiheitsbewegung. Das Streben der Arbeiterklasse nach Befreiung fand seinen organisatorischen Ausdruck in der Arbeiterbewegung. Diese Bestrebung hatte mehrere Aspekte. Vor allem ging es darum, die Produktion zu steigern, sie effektiver zu gestalten und sie anders zu organisieren. Ebenso wichtig war es, eine gerechtere Verteilung des Sozialprodukts zu erreichen: durch Steuerpolitik, durch die Gesetzgebung, durch sozialpolitische Maßnahmen für die Sicherheit und Gleichberechtigung aller Staatsbürger.

Aber die Freiheitsbestrebungen führten noch weiter. Die Arbeiterklasse wollte sich von der Unterdrückung befreien, die die Kapitalisten in der Industrie mit Hilfe ihrer wirtschaftlichen Macht ausübten. Die Demokratie in allen Bereichen der Gesellschaft zu verwirklichen, Machtausübung durch demokratische Arbeitsformen und demokratische Gemeinschaft zu ersetzen, war und bleibt Kernstück des demokratischen Sozialismus.

Die konservativen Parteien sind zwar bereit, ein Stück dieses Weges mitzugehen. Aber da sich jede ihrer Stellungnahmen auf eine liberal-kapitalische Ideologie gründet, ist ihr Wille und ihre Möglichkeit, in das Wirtschaftsleben einzugreifen,

Most people probably agree that care must be provided in the event of illness, and that the poor should not be placed at a disadvantage. They also find it self-evident that the educational opportunities of a child or young person should not depend on the income of the parents.

But if everyone is of the same opinion in this respect, we should also agree that we have committed ourselves to making sacrifices for a policy of solidarity. Today we experience how people put ever greater demands on society. These claims are justified. It's about sensible things that guarantee more security and more equality. But at the same time it is difficult to make it clear that society must be given the resources it needs to meet its obligations. It is the task of democracy and socialism to make these different and sometimes conflicting claims congruent, through a constructive policy as well as through a democratic process that gives people a broader perspective and connects the problems of today with those of the future.

Democratic socialism is a freedom movement. The striving for liberation of the working class found its organisational expression in the labour movement. There were several aspects to this endeavour. Above all, it was about increasing production, making it more effective and organising it differently. It was just as important to achieve a fairer distribution of the national product: through tax policy, through legislation, through social policy measures for the security and equality of all citizens.

But the aspirations for freedom continued. The working class wanted to free itself from the oppression that the capitalists exercised in industry with the help of their economic power. Realising democracy in all areas of society, replacing the exercise of power with democratic forms of work and democratic community was, and remains, the core of democratic socialism.

The conservative parties are ready to go some way along this path. But since each of their positions is based on a liberal-capitalist ideology, their will and ability to intervene in economic life is limited, even if full employment and security of the citizens ... requires such intervention.

begrenzt, auch wenn Vollbeschäftigung und Sicherheit der Bürger solche Eingriffe erfordern würden.

Das Streben des demokratischen Sozialismus nach Demokratie in allen Gesellschaftsbereichen bedeutet, daß wir, im Gegensatz zum Konservatismus, ein positives und optimistisches Menschenbild vertreten. Der Konservatismus sieht den Menschen als ein Geschöpf, das auf verschiedene Art und Weise von einer Elite von Machthabern, von der Hierarchie der Klassengesellschaft kontrolliert werden muß. Die wirtschaftliche und soziale Schichtung wird als Mittel benutzt, diese Kontrolle auszuüben. Nach unserer Auffassung führt dies zu einer Verengung des Menschen, begrenzt seine Möglichkeiten zur Selbstverwirklichung und verhindert, daß eine wirkliche Gemeinschaft in der Gesellschaft entsteht und sich vertieft. Natürlich ist der demokratische Sozialismus zugleich eine Ideologie, die Forderungen stellt. Sie verlangt, daß die eigene Verantwortung erweitert wird und das Gemeinwohl, das Gemeinsame in den Vordergrund gerückt werden. Sie stellt große Ansprüche an die Solidarität. Aber nur dadurch kann der Mensch sein Schicksal selbst in die Hand nehmen, seine eigene Zukunft aufbauen. Andernfalls muß er zusehen, wie diese Zukunft von anonymen Kräften, von Tecknokraten oder wirtschaftlichen Machtstrukturen gestaltet wird.

Wir Sozialdemokraten müssen formulieren, worin die Aufgabe des demokrat-ischen Sozialismus liegt. Gelingt uns das nicht, verliert unsere Gesellschaft die einzig mögliche politische Alternative zum Konservatismus und Kapitalismus. Ich glaube, daß die Diskussion, die aufzugreifen Willy Brandt mich bittet, mit dem Begriff Demokratie und mit der Fragestellung >Reformismus oder Revolution, systemverändernde oder systemverbessernde Reformen< beginnen muß.

Demokratie und Sozialismus sind für uns untrennbar. Unsere Parteien haben früh ihren Weg gewählt, und wir besitzen eine lange Tradition, aus der wir schöpfen können. Ich halte es jedoch für unerläßlich, immer wieder an die grundlegende Haltung der Arbeiterbewegung und an die Bedingungen, unter demen die Wahl getroffen wurde, zu erinnern. Wir glauben vielleicht, daß die Demokratie ein für allemal verwirklicht ist. Die bewegte Debatte, die wir in den letzten Jahren erlebten, zeigt jedoch, daß Bedeutung und Forderungen der Demokratie und des Reformismus jeder neuen Generation klargemacht werden müssen. Die Geschichte der schwedischen Arbeiterbewegung ist vom Kampf für die Demokratie, vom unerschütterlichen Festhalten an ihr gekennzeichnet. Ihre

The striving of democratic socialism for democracy in all areas of society means that, in contrast to conservatism, we represent a positive and optimistic view of humanity. Conservatism sees man as a creature that must be controlled in various ways by an elite of rulers, by the hierarchy of class society. Economic and social stratification is used as a means to exert this control. In our opinion this restricts the human being, limiting their possibilities for self-realisation and preventing a real community in society from developing and deepening. Of course, democratic socialism is also an ideology that makes demands. It demands that personal responsibility be expanded and that the common good be brought to the fore. It places great demands on solidarity. But only in this way can people take their fate into their own hands and build their own future. Otherwise their ... future will be shaped by anonymous forces, by technocrats or economic power structures.

We Social Democrats must formulate what the task of democratic socialism is. If we fail to do this, our society will lose the only possible political alternative to conservatism and capitalism. I believe that the discussion that Willy Brandt asks me to take up must begin with the term democracy and the question 'reformism or revolution, system-changing or system-improving reforms?'.

For us, democracy and socialism are inseparable. Our parties chose their path early on and we have a long tradition from which we can draw. However, I consider it essential to continually bear in mind the basic attitude of the labour movement and the conditions under which the choice was made. We may believe that democracy has been achieved once and for all. The turbulent debate that we have seen in recent years shows, however, that the importance and demands of democracy and reformism must be made clear to every new generation. The history of the Swedish labour movement has been marked by the struggle for democracy, by unshakeable adherence to it. Its starting point was the same as that of the organised labour movement in other countries.

Ausgangssituation war die gleiche wie die der organisierten Arbeiterbewegung in anderen Ländern.

Ein rauhes soziales Klima prägte den Alltag der Menschen. Die Arbeiterbewegung hatte eine Weltanschauung, mit deren Hilfe sich die herrschenden Verhältnisse erklären ließen und die den Weg zu einem besseren Gesellschaftssystem aufzeigte.

Protest allein genügte nicht. Daher schuf man eine Organisation, die diese Veränderung bewerkstelligen sollte. Soweit war man sich einig. Aber die Meinungsverschiedenheiten über den Weg waren groß. Es gab Gruppen, die mit dem totalen Zusammenbruch der Gesellschaft rechneten und aktiv dazu beitragen wollten. Die Revolution sollte ihnen zur Macht verhelfen, um dann auf den Trümmern der alten eine neue Gesellschaft zu errichten.

Andere wollten die Gesellschaft mit friedlichen Mitteln verändern. Man sprach von Geduld und Verantwortung, agitierte aber gleichzeitig für Veränderung, für Entschlossenheit und Festigkeit in der Zielsetzung. Daß man sich für den Weg des Reformismus entschied, lag zum Teil in den historischen Traditionen und in den tatsächlichen Gegebenheiten begründet. So hatte die allgemeine Volksbildung bessere Voraussetzungen für demokratische Arbeit geschaffen.

In Schweden spielten die demokratischen Volksbewegungen eine entscheidende Rolle. Wir hatten Zeit, eine demokratische Tradition aufzubauen, und wir hatten Erfolg damit.

Diese Erfahrung hat unsere Einstellung zur revolutionären Gewalt geprägt. Wir sind natürlich bereit einzuräumen, daß es Situationen gibt, in denen Gewalt als letzter, verzweifelter Ausweg zu betrachten ist. Viele Staaten haben ihre nationale Befreiung auf diese Weise erlangt. Aber selbst im Kampf gegen Fremdherrschaft hat man die Gewalt als letzten Ausweg angesehen, oft erst nach jahrelangen Versuchen, mit Worten und Argumenten zu überzeugen, weil man eben Gewalt vermeiden wollte. Man erkannte auch ohne jede Illusion, daß ein Kampf ungeheure Opfer kosten, unheilbare Wunden aufreißen würde, daß man vielleicht eine ganze Generation dabei opfern müßte. Ich habe Staaten besucht, die lange mit Waffengewalt für ihre Befreiung kämpfen mußten. Wer an einer Revolution teilgenommen hat, romantisiert sie nicht. Zu den Waffen hat man nicht um des Kampfes willen gegriffen, sondern weil man Voraussetzungen für den Aufbau schaffen wollte. Denn am Tag nach der Revolution beginnt die Arbeit des Alltags.

A rough social climate shaped the everyday life of the people. The labour movement had a world-view with the help of which the prevailing conditions could be explained and which showed the way to a better social system.

Protest alone was not enough. So an organisation was created to bring about this change. So far they were agreed. But the differences of opinion about the route were great. There were groups who anticipated the total collapse of society and wanted to actively contribute to it. The revolution was supposed to bring them to power and then to build a new society on the ruins of the old one.

Others wanted to change society through peaceful means. One spoke of patience and responsibility, but at the same time agitated for change, for determination and firmness in setting goals. The choice of reformism was partly due to historical traditions and realities. The general education of the people created better conditions for democratic work.

In Sweden the popular democratic movements played a decisive role. We had time to build a democratic tradition, and we succeeded in doing it.

This experience has shaped our attitude towards revolutionary violence. We are ready to admit, of course, that there are situations in which violence is seen as a desperate last resort. Many states have obtained their independence in this way. But even in the fight against foreign rule, violence was seen as the last resort, often only after years of trying to convince with words and arguments, because one wanted to avoid violence. It was recognised ... that a fight would cost immense sacrifices, open incurable wounds; that perhaps a whole generation would have to be sacrificed in the process. I have visited states which would have to fight for their liberation for a long time by force of arms. Anyone who has taken part in a revolution does not romanticise it. One did not take up arms for the sake of the fight, but because one wanted to create the conditions for reconstruction. Because the day after the revolution, everyday work begins.

Interessant ist, daß in vielen Ländern der Dritten Welt nach Wegen gesucht wird, demokratische Prozesse in diese Aufbauarbeit einzuführen. Wir können ja nicht erwarten, daß Länder, die nicht unsere demokratische Tradition besitzen, die koloniale Unterdrückung und blutige Diktaturen erlebt haben und in denen die Bevölkerung in tiefster Armut lebt, sich plötzlich zu Demokratien in unserem Sinne entwickeln. Vielmehr müssen wir die Bestrebungen, den Massen Einfluß auf das System zu gewähren, als positiv betrachten.

Für uns besteht eine Trennungslinie jenen gegenüber, die die Gewalt romantisieren, für die sie ein willkommenes Mittel im politischen Kampf ist.

Gewaltakte -- in Wort und Tat -- sind Ausdruck einer revolutionären Putschtaktik von Minderheiten.

Jene, die in den Industrieländern Westeuropas revolutionäre Gewalt als notwendiges Mittel zur Umgestaltung der Gesellschaft berfürworteten, haben fast ausnahmslos elitäre Ansichten vertreten, ob sie sich nun Kommunisten oder Anarchisten nannten. Sie waren und sind der Aufassung, daß die Arbeiterklasse von einer hart geschulten Elitepartei mit sorgfältig ausgewählten Mitgliedern vertreten werden solle. Das entspricht nicht etwa dem Wunsch der Arbeiter, sondern sie maßen sich diese Rolle an, weil sie aufgrund ihrer Kenntnis des Marxismus-Leninismus meinen, über ein sehr viel größeres Wissen zu verfügen.

Hier stoßen wir wieder auf die Trennungslinie. Die Sozialdemokratie ist keine elitäre Partei und ist es nie gewesen. Wir sind und bleiben eine Volksbewegung. Die Veränderung der Gesellschaft muß mit dem Einverständnis der größtmöglichen Anzahl von Menschen erfolgen. Dieser Gedanke ist im Sozial-ismus tief verwurzelt. Das aktive Engagement der Menschen für die Demokratie hat einen Eigenwert. Nichts bewerten wir so hoch wie die Leistungen, an denen wir selber mitgewirkt haben. Die Zukunft von einem Despoten oder einer vermeintlich aufgeklärten Elite gestalten zu lassen, ist nicht besser, als wenn dies durch anonyme Kräfte geschieht.

Es war für mich immer schwer verständlich, warum Elitedenker und Anhänger von revolutionärer Gewalt sich als Träger einer sozialistischen und marxistischen Tradition, die ihre Wurzeln in Westeuropa und in dessen Humanismus hat, haben bezeichnen können. Da sie ihren Anspruch, die Arbeiterklasse zu vertreten, mit

It is interesting that in many countries of the third world ways are being sought to introduce democratic processes into this reconstruction work. We cannot expect that countries that do not have our democratic tradition, have experienced colonial oppression and bloody dictatorships, and in which the population lives in the deepest poverty will suddenly develop into democracies in our sense. Rather, we must regard the efforts to give the masses influence over the system as positive.

We distinguish those who romanticise violence, and those for whom it is a last resort in political struggle.

Acts of violence - in word and deed - represent a revolutionary putsch tactic by minorities.

Those who advocated revolutionary violence in the industrialised countries of Western Europe as a necessary means of transforming society have almost invariably held elitist views, whether they called themselves communists or anarchists. They were and are of the opinion that the working-class should be represented by a hard-trained elite party with carefully selected members. This does not correspond to the wishes of the workers, but they assume this role because, based on their knowledge of Marxism-Leninism, they think they have a superior understanding at their disposal.

Here we come across the dividing line again. Social democracy is not and never has been an elitist party. We are and will remain a popular movement. The change in society must take place with the consent of the greatest possible number of people. This idea is deeply rooted in socialism. The active engagement of the people for democracy has an intrinsic value. We value nothing as highly as the services to which we have contributed ourselves. Having the future shaped by a despot or a supposedly enlightened elite is no better than if this is done through anonymous forces.

It has always been difficult for me to understand why elite thinkers and supporters of revolutionary violence can call themselves bearers of a socialist and Marxist tradition that has its roots in Western Europe and its humanism. Since they justified their claim to represent the working class

ihrem besseren Verständnis und ihrer größeren Kenntnis der >wahren< Lehrinhalte von Marx und insbesondere Lenin begründeten, wetteiferten die Gruppen darum, bessere Exegeten zu sein als die anderen. Das führte zu Spaltung und Sektenbildung.

In einem Artikel hat Professor Robert Heilbroner kürzlich auf die Tendenz gewisser Marxisten hingewiesen, Philosophie in Theologie zu verwandeln und alle anderen als die von ihnen selber befürworteten Wege überheblich zu verwerfen. So wird Marxismus zum Dogma.

Aus dieser Einstellung folgt, daß alle durchgeführten Reformen verworfen werden. Der Grund für diese Ablehnung ist jedoch nicht in der tatsächlichen Bedeutung der Reformen für die Gesellschaft oder für den einzelnen zu suchen. Er liegt vielmehr darin, daß die Reformen von Reformisten, von demokratischen Sozialisten, durchgeführt werden, für die sie von vornherein nur system-verbessernde Qualität haben. Denn das einzige, was das System verändern könnte, ist dessen völlige Beseitigung. Was nach der Revolution kommt, wird außer acht gelassen. Robert Heilbroner nennt das, sich der Revolution als >Erlösung des Augenblicks< zu bedienen.

Die Demokratie, die Volksbewegung auf breiter Ebene, der Reformismus hängen zusammen und bedingen einander wechselseitig. Wir haben diese Ideen nach allen Richtungen verteidigt. Die Treue zur Demokratie, der Respekt vor gesetzlich begründeter Ordnung, die Ablehnung von Gewalt als politischem Kampfmittel, die Forderung, daß die Politik in einer Diskussion auf breiter Ebene gestaltet werden soll - all dies haben die Menschen in Schweden als etwas erlebt, das ihnen Sicherheit bietet. Sie wissen, daß man sich in diesen für die Gesellschaft entscheidenden Fragen auf die Sozialdemokratie verlassen kann.

Unser Ziel ist es, den Demokratisierungsprozeß auf immer neue Bereiche auszudehnen. Das darf aber nicht dazu führen, daß wir dabei unsere Verpflichtung gegenüber der Demokratie auch nur einen Augenblick vergessen. Zu bewahren, was man sich an Demokratie erkämpft hat, ist eine Voraussetzung dafür, daß das Wirkungsfeld der Demokratie auf andere Teile des gesellschaftlichen Lebens erweitert werden kann.

Die Anhänger der Revolution in unserer Gesellschaft haben sich in den vergangenen Jahren in immer mehr und immer kleinere Sekten gespalten, in denen

with their better understanding and their greater knowledge of the 'true' doctrinal contents of Marx, and especially Lenin, the groups vied to be better disciples than the others. This led to division and the formation of sects.

In an article Professor Robert Heilbroner recently pointed out the tendency of certain Marxists to transform philosophy into theology and to arrogantly reject all paths other than those advocated by themselves. This is how Marxism becomes dogma.

It follows from this attitude that all reforms that have been carried out will be rejected. The reason for this rejection, however, is not to be found in the real significance of the reforms for society or for the individual. Rather, it lies in the fact that the reforms are carried out by reformists, by democratic socialists, for whom they only have a system-improving quality from the outset. Because the only thing that could change the system is its complete elimination. What comes after the revolution is ignored. Robert Heilbroner calls it using the revolution as 'redemption of the moment'.

Democracy, the popular movement on a broad scale, and reformism are inter-related and mutually dependent. We have defended these ideas everywhere. Loyalty to democracy, respect for legally established order, rejection of violence as a means of political warfare, the demand that politics should be shaped in a broad-based discussion - the people of Sweden experienced all of this as something that offered them security. They know that social democracy can be relied on in these crucial issues for society.

It is our aim to expand the democratisation process into new areas. But that must not lead to our forgetting our commitment to democracy for even a moment. Preserving what ... has been fought for is a prerequisite for being able to expand the field of activity of democracy to other parts of social life.

The supporters of the revolution in our society have split in the past few years into ... more and ... smaller sects in which they ... feud about the

sie ihre inneren Fehden um die >reine Lehre< austragen. Wir haben keine Zeit für revolutionäre Traumtänzerei. Denn wir haben viel zuviel zu tun, um die Gesellschaft zu verbessern. Wir können uns keine opportunistischen Spiele mit der Gewalt leisten, weder in Worten noch in Taten. Uns geht es vor allem darum, die Sicherheit der Menschen und ihr Vertrauen in friedliches Zusammenleben und demokratisch getroffene Entscheidungen zu schützen.

Doch während die Demokratie Sicherheit bedeutet, ist sie in sich auch eine systemverändernde Kraft. Wenn sie einmal Wurzeln geschlagen hat, gibt es keinen Weg zurück. Es stellt sich vielmehr die Frage: Weshalb sollen gewisse Gebiete der Gesellschaft demokratischer Transparenz und demokratischer Kontrolle verschlossen bleiben? Wie soll die Demokratie erweitert werden und zu neuen Formen finden?

Wer demokratische Arbeit ablehnt, verliert letzlich die Chance, die Gesellschaftsentwicklung auf das Engagement und das Vertrauen des Volkes zu gründen und die Möglichkeiten der Demokratie als systemverändernder Kraft zu nutzen. Damit bezeugt man zudem Gleichgültigkeit gegenüber den Problemen der Durchschnittsbürger. Wir leben in einem Kulturkreis, dessen Tradition von Ideen und ethischen Werten bestimmt ist. Der demokratische Sozialismus ist in Europa, wie Willy Brandt aus dem Godesberger Programm zitiert, >>in christlicher Ethik, im Humanismus und in der klassischen Philosophie verwurzelt<<. Diese Tradition ist bei uns tief verankert.

Aber was der Mensch in erster Linie erlebt, sind die Probleme des Alltags. Eine abstrakte Idee allein ist für ein Engagement nicht ausreichend. Der Zusammenhang zwischen Ideen und praktischen Fragen muß geklärt werden. Man muß Wege weisen, wie man sie lösen kann. Ein armes Entwicklungsland erstrebt seine Selbständigkeit nach Jahren der Kolonialherrschaft. Weshalb kann das Volk für das Prinzip der nationalen Unabhängigkeit gewonnen werden? Weil es daraus die praktische Möglichkeit ableitet, die Gesellschaft aufzubauen und sich von der Armut zu befreien. Es reicht nicht, zu sagen: Wir müssen das System verändern. Jedes Bestreben in dieser Richtung muß mit der Lösung der Probleme der Menschen, mit ihrem Bedürfnis nach Sicherheit, Fortschritt und Entwicklung verbunden und begründet werden.

Das hängt mit unserem Bemühen um eine Gesamtschau zusammen. Der Sozialismus stellt als politische Ideologie und Philosophie hohe intellektuelle

'pure doctrine'. We don't have time for such revolutionary 'dream dances', not least because we have way too much to do to improve society. We cannot afford opportunistic … violence, whether in words or deeds. Our main concern is to protect people's security and justify their trust in peaceful coexistence and democratic decisions.

But while democracy means security, it is also in itself a system-changing force. Once it takes root, there is no going back. Rather, the question arises: Why should certain areas of society remain closed to democratic transparency and democratic control? How should democracy be expanded and find new forms?

Those who reject democracy ultimately lose the chance to base social development on the commitment and trust of the people and to use the possibilities of democracy as a system-changing force. This also shows indifference to the problems of the average citizen. We live in a culture whose tradition is determined by ideas and ethical values. In Europe, as Willy Brandt quotes from the Godesberg programme, democratic socialism is "rooted in Christian ethics, humanism and classical philosophy". This tradition is deeply embedded in us.

But what people experience first and foremost are the problems of everyday life. An abstract idea alone is not enough for … commitment. The relationship between ideas and practical issues needs to be clarified. One must show ways … to solve them. A poor developing country seeks independence after years of colonial rule. Why can the people be won over to the principle of national independence? Because … it is then practical to build society and get rid of poverty. It is not enough to say 'we have to change the system'. Every effort in this direction must be connected and justified with the solution of people's problems, with their need for security, progress and development.

That has to do with our endeavours to get an overall picture. As a political ideology and philosophy, socialism makes high intellectual demands, but

Ansprüche. Er ist aber zugleich auch ungemein praktisch. Die Verbindung zwischen der schwierigen Theorie und der praktischen Arbeit können wir durch die demokratische Diskussion auf breiter Ebene erreichen. In den dreißiger Jahren gelang es der schwedischen Sozialdemokratie, diese Gesamtschau bei der Lösung der Beschäftigungskrise in die Praxis umzusetzen. Dadurch wurde der Grund gelegt für den Einsatz unserer Partei bei der Umgestaltung der Gesellschaft.

Die Arbeitslosigkeit der dreißiger Jahre war nicht nur ein wirtschaftliches Problem, sondern zugleich eine Krise der Demokratie. Die Demokratie muß soziale Tatkraft zeigen. Aber das liberale Demokratieverständnis bedeutete auch eine Begrenzung. Danach sollte der demokratische Staat nicht in die Marktwirtschaft eingreifen, um Arbeit und Sicherheit für seine Bürger zu gewährleisten. Die durchgeführte Lösung bedeutete in der Praxis, daß sich die Demokratie aus dieser Einschränkung befreite. Wir stehen jetzt wieder vor der gleichen Problematik.

Die Einkommensunterschiede drohen sich zu vergrößern. Ein ungeheurer Umsiedlungsprozeß der Bevölkerung, eine Konzentration von Kapital und Menschen sind im Gange. Arbeitnehmer verlieren ihre Beschäftigung. Unsere Umwelt wird von zunehmender Zerstörung bedroht. Das sind einschneidende Probleme im Alltag der Menschen, die leicht ein Gefühl von Unsicherheit der Zukunft gegenüber auslösen. Falls die Demokratie sie nicht bewältigen kann, besteht die Gefahr der Anarchie, die Gefahr, daß sich elitäres Bewußtsein entwickelt oder antidemokratische Kräfte die Macht an sich reißen.

Es gilt, die Demokratie an der Basis zu beleben und zu erneuern. Die demokratische Entscheidungsstruktur, die sich am Alltag der Menschen orientiert, läuft Gefahr zu verfallen: infolge des technischen Wandels, der wirtschaftlichen Konzentration, der raschen Bevölkerungsumsiedlung und der schwierigen administrativen Prozesse. Die Entwicklung der industriellen Demokratie wird somit zur Kernfrage.

Die Demokratie muß auch auf nationaler Ebene auf neue Gebiete ausgedehnt werden. Die technischen und wirtschaftlichen Kräfte sind für die Gestaltung der Zukunft entscheidend. Wollen die Menschen dies selber übernehmen, so müssen diese Kräfte demokratisch gesteuert und kontrolliert werden. Das bedeutet, daß wir mit mehr Planwirtschaft zu rechnen haben. Als Beispiel sei erwähnt, daß wir in Schweden zur Zeit einen Plan ausarbeiten, wie der gesamte Grund und Boden des Landes genutzt werden soll.

it is also extremely practical. We can achieve the connection between difficult theory and practical work through democratic discussion on a broad scale. In the 1930s the Swedish Social Democrats managed to put this whole picture into practice in solving the employment crisis. This laid the foundation for our party's commitment to transforming society.

Unemployment in the 1930s was not just an economic problem, it was also a crisis of democracy. Democracy must show social drive. But the liberal understanding of democracy also meant a limitation. According to this, the democratic state should not intervene in the market economy in order to guarantee work and security for its citizens. The solution implemented meant in practice that democracy freed itself from this restriction. We are now facing the same problem again.

The income gap threatens to widen. A tremendous shift of the population is underway, together with a concentration of capital ... Workers lose their jobs. Our environment is threatened by increasing destruction. These are crucial problems in people's everyday lives, which easily trigger a feeling of insecurity about the future. If democracy cannot cope with them, there is a danger of anarchy, that elitist consciousness will develop or that anti-democratic forces will seize power.

It is important to revive and renew democracy at the grassroots level. The democratic decision-making structure, which is based on people's everyday lives, runs the risk of deteriorating: as a result of technical change, economic concentration, rapid population relocation and difficult administrative processes. The development of industrial democracy thus becomes a key issue.

Democracy must also be extended to new areas at the national level. The technical and economic forces are decisive for shaping the future. If people want to do this themselves, then these forces must be democratically managed and controlled. That means that we have to reckon with a more fully planned economy. As an example, it should be mentioned that we in Sweden are currently working out a plan for how all the land in the country should be used.

Meiner Meinung nach kann die Marktwirtschaft für diese Probleme keine Lösung bieten. Wir stehen vor Aufgaben, die für die Entwicklung der Gesellschaft von größter Bedeutung sind. Die zu treffenden Entscheidungen können nicht privatwirtschaftlichen Interessen überlassen werden. Wir können nicht zulassen, daß Gewinnstreben und Konkurrenzdenken über die Gestaltung der Umwelt, über die Sicherheit der Arbeitsplätze oder über die technische Entwicklung entscheiden. Es geht nicht um Planwirtschaft und mehr Demokratie im Wirtschaftsleben, sondern darum, wie diese Planwirtschaft aufgebaut und wie der demokratische Einfluß organisiert werden soll.

Herzliche Grüße, O.P.

In my opinion, the market economy cannot provide a solution to these problems. We are facing tasks that are of the greatest importance for the development of society. The decisions to be made cannot be left to private sector interests. We cannot allow the pursuit of profit and competitiveness to determine the design of the environment, job security or technical development. It is not a question of a planned economy and more democracy in economic life, but of how this planned economy should be built up and how democratic influence should be organised.

Best regards, O.P.

Bruno Kreisky responds 2nd May (i.e., more than six weeks later)

Bruno Kreisky Brief vom 2. Mai 1972

Lieber Willy, lieber Olof!

Zum ersten Fragenkomplex in unserem Meinungsaustausch über Grundsatzfragen sozialdemokratischer Politik möchte ich Euch heute meinen Beitrag übermitteln.

Es scheint mir für die Sozialdemokraten der Gegenwart kennzeichnend zu sein, daß sie von einem bemerkenswerten Mut zur Verantwortung erfüllt sind. Nicht der Macht >an sich< wegen, sondern aus dem Bewußtsein, daß die Verantwortung zur Verwirklichung der Ideen der Sozialdemokratie in dieser Phase der Entwicklung unserer Gesellschaft geradezu ein historischer Auftrag ist.

So wurde die sozialdemokratische Minderheitsregierung in Österreich nicht zu dem Zweck gebildet, ein kurzfristiges, durch das Scheitern der Regierungsverhandlungen entstandenes Vakuum auszufüllen. Wie wenig wir die Minderheitsregierung als Verlegenheitslösung ansahen, läßt sich an der Regierungserklärung erkennen, die in einem weit ausholenden *grand design* die Grundsätze sozialdemokratischer Regierungstätigkeit unter den gegebenen politischen Verhältnissen darstellte. Der österreichischen Öffentlichkeit sollte die Lust der SPÖ, Verantwortung zu tragen, demonstriert werden; es herrschte damals zum geringen Teil Furcht, zum größeren Teil Überraschung. Den eigenen Parteifreunden wiederum wollten wir mit unserer Regierungserklärung die realpolitischen Grenzen unserer Aktivät deutlich machen.

Dem Wort >Taktik< haftet in der Politik häufig etwas Anrüchiges an. Diese Einstellung scheint mir dann vollkommen unberechtigt zu sein, wenn Taktik dem, was Max Weber >Gesinnungsethik< nennt, sichtbar untergeordnet bleibt. Wir wollten die Chance wahrnehmen, der Mehrheit des österreichischen Volkes die Scheu oder gar die Angst vor einer sozialdemokratischen Regierung zu nehmen, denn offenbar muß beides während der letzten 25 Jahre der Grund dafür gewesen sein, daß uns das österreichische Volk zwar von Zeit zu Zeit stärker machte, uns aber die Mehrheit versagte. Es kam uns und kommt uns auch heute darauf an, nicht >die Macht zu ergreifen<, sondern zu regieren, so zu regieren, daß sich die Mehrheit der österreichischen Bevölkerung mit unseren Absichten jeweils zu identifizieren bereit ist. Darin lag unser Mut, er war begründet im Verant-

Bruno Kreisky letter 2 May 1972

Dear Willy, dear Olof!

Here is my contribution ... to the first set of issues in our exchange of views on fundamental questions of social democratic politics.

In my opinion it is characteristic of today's Social Democrats that they show remarkable courage in taking on responsibility. The attraction is not power for its own sake, but rather an awareness that ... realising the ideas of social democracy in this phase of the development of our society is fundamentally a task of historic proportions.

For example, the social-democratic minority government in Austria was not formed to fill a short-term vacuum created by the failure of government negotiations. We did not see this minority government as a makeshift solution, as is evident from the government's declaration. This presented the principles of social-democratic government activity under the existing political conditions but with a far-reaching *grand design*. The Austrian public had to be shown the SPÖ's willingness to take responsibility; and while a few might be fearful, more were surprised. With our government statement, we wanted to make the political limits of our activities clear to our own party friends.

In politics, the word 'tactics' often has a disreputable quality. This ... seems to me ... completely unjustified when tactics remain visibly subordinate to what Max Weber called 'ethics of conviction'. We wanted to seize the opportunity to remove most of the Austrian people's anxiety about, even their fear of, a social-democratic government. Both obviously must have been the reason why, over the last 25 years ... a winning majority escaped us. It ... is still important to us not to 'seize power', but to ... govern in such a way that the majority of the Austrian people can identify with our intentions. Therein lay our courage, ... based on a sense of responsibility towards the country, ... far from any reckless boldness or

wortungsgefühl dem Lande gegenüber, und jede machtgierige Kühnheit lag uns fern. Wir mußten ganz einfach die Schallmauer der Vorurteile durchstoßen -- und es gelang.

Am 10. Oktober hat die SPÖ die Mehrheit der Stimmen und Mandate erhalten, und die Öffentlichkeit hat mit der größten Selbverständlichkeit zur Kenntnis genommen, daß die Konsequenz nur eine Alleinregierung der SPÖ sein könne. Die Regierungserklärung vom 5. November 1971 schloß mit den Worten - und das war das Neue:
>>... sie - die Bundesregierung - will aber nicht leugnen, daß sie sich bei ihrer Reformarbeit von sozialdemokratischen Grundsätzen leiten läßt, von Ideen, die in den letzten 100 Jahren in so maßgebender Weise die Entwicklung der modernen Demokratie beeinflußt und immer wieder zu einer tiefgreifenden Humanisierung unseres gesellschaftlichen Lebens geführt haben.<<

Diese Formulierungen provozierten vollkommen zu Recht die Frage nach den Grundsätzen sozialdemokratischer Politik. Und wenn sie auch in der Regel in provokanter Absicht gestellt wurde und propagandistischen Zwecken dienen sollte, haben wir dennoch die Pflicht, diese Frage ernst zu nehmen. Wir wären aber auch dann verpflichtet, sie zu beantworten, wenn sie uns nicht tagtäglich vom politischen Gegner gestellt würde, nämlich unserer eigenen Parteifreunde wegen. Denn früher oder später werden wir immer wieder mit dem Problem konfrontiert werden, inwieweit wir uns in der praktischen Politik von unseren Grundsätzen leiten lassen. Ohne Zweifel sollte die Arbeit regierender Sozialdemokraten die Orientierung an den Grundwerten des demokratischen Sozialismus deutlich zutage treten lassen. Aber diese Grundwerte des demokratischen Sozialismus selber bedürfen einer klärenden und vertiefenden Diskussion. >Was soll eine theoretische Diskussion heute<, mag mancher fragen, da >wir doch so viel zu tun haben?< Die politische Theorie scheint da und dort auch in unseren Reihen eine Art Therapie der Pause und vor allem nur für die dazusein, die nicht zu regieren haben. Der nächste Einwand folgte auf dem Fuß. Wir haben doch unsere Programme nach langen Diskussionen erarbeitet und beschlossen, sie gelten: Aber wir dürfen nicht vergessen, daß sie entstanden sind nach einer Zeit gesellschaft-politischen Burgfriedens, der durch den Kalten Krieg, durch die Bedrohung der Demokratie motiviert war. Damals flüchteten sich die Parteien zuerst unter den Schirm einer Art Überideologie, der Demokratie schlechthin. Nach dem Abflauen des Kalten Krieges -- ein Symptom dafür war unter anderem der Abschluß des österreichischen Staatsvertrages -- begann aufs neue ein

heedless audacity. We simply had to break the sound barrier of prejudice - and we succeeded.

On October 10, the SPÖ received the majority of the votes and the public appreciated that there could only be government by the SPÖ alone. The government's declaration of November 5, 1971 ended with the words - and this was the new thing:
"... they - the federal government - do not want to deny that their reform work is guided by social-democratic principles, by ideas that have had such a decisive influence on the development of modern democracy over the last 100 years and have repeatedly led to a far-reaching ... humanisation of our social life."

These formulations quite rightly raised questions about the principles of social democratic politics. And even if it was usually asked to provoke and ... to serve propaganda purposes, we still have a duty to take the question seriously. We would be obliged to answer it even if it weren't put to us every day by our political opponents, ... because of our own party friends. ... Sooner or later we will always be confronted with the problem of how far we let our principles guide our practical politics. There is no doubt that the work of ... a social democratic government should make the ... basic values of democratic socialism explicit. But these basic values of democratic socialism themselves require clarifying and an in-depth discussion. "What's the point of a theoretical discussion today", some might ask, since "we have so much to do?" Here and there, political theory seems to be a kind of therapy for the divisions in our ranks, ... particularly for those who don't ... govern. The next objection followed immediately. We worked out our programmes after lengthy discussions and decided how to apply them; but we mustn't forget that they came about after a period of socio-political truce motivated by the Cold War and the threat to democracy. At that time the parties first took refuge under the umbrella of a kind of super-ideology of democracy per se. After the end of the Cold War (one symptom of which was the conclusion of the Austrian State Treaty) a new process of political differentiation began in the democratic states, and the Social Democratic parties in almost all European countries gave themselves new basic programmes.

politischer Differenzierungsprozeß in den demokratischen Staaten, und die sozialdemokratischen Parteien in fast allen Ländern Europas gaben sich neue Grundsatzprogramme.

Seitdem wir uns unsere Programme gegeben haben, ist viel, sehr viel in der Welt passiert. In diesen wenigen Jahren sind Entwicklungen vor sich gegangen, von einer gesellschaftlichen Tiefenwirkung wie kaum je zuvor in der Geschichte.

In unserem Wiener Programm heißt es: >>Die Sozialisten wollen eine Gesellschaftsordnung, also eine Ordnung der Lebensverhältnisse und der Beziehungen der Menschen zueinander, deren Ziel die freie Entfaltung der menschlichen Persönlichkeit ist. Sie wollen die Klassen beseitigen und den Ertrag der gesellschaftlichen Arbeit gerecht verteilen. Sozialismus ist uneingeschränkte politische, wirtschaftliche und soziale Demokratie: Sozialismus ist vollendete Demokratie.<<

Die Frage, die sich nun stellt, ist, wie man einen solchen Zustand, eine solche Ordnung unserer Gesellschaft zu erreichen vermag.

Max Adler spricht in seiner >Staatsauffassung des Marxismus< von der >Notwendigkeit der begrifflichen Verbindung von Demokratie und Sozialismus<. Er trennt die politische und soziale Deomokratie und hat mit dieser Trennung - sowenig man sich deshalb mit seinen sonstigen Schlußfolgerungen identifizieren muß - heute mehr recht denn je. Denn Sozialismus ist - wie das Wiener Programm von 1958 festellt - die >uneingeschränkte politische, wirtschaftliche und soziale Demokratie<. Es handelt sich bei der Verwirklichung der sozialen Demokratie um einen ununterbrochenen dialektischen Prozeß. Und ich sage das bewußt. Die kommende Gesellschaft ist - und hier scheue ich mich nicht, ein Wort von Marx zu gebrauchen - das Ergebnis >>einer ganzen Reihe geschichtlicher Prozesse, durch welche die Menschen, wie die Umstände gänzlich umgewandelt werden<<.

Gewiß, wir müssen an alle diese Aufgaben herangehen mit dem Wissen um die Realität und die relativen Möglichkeiten, die wir haben, frei von jener intellektuellen Überheblichkeit, mit der manche alles in Frage stellen, sich aber ersparen, auf das, was sie in Frage stellen, eine Antwort zu geben. Aber wir müssen uns auch gegen jene alles simplifizierende Art wenden, mit der uns die Anhänger des Kommunismus auf alles und jedes eine Antwort zu geben wissen.

A ... lot has happened in the world since we gave each other our programmes. In these few years, social developments have taken place with implications hardly ever ... seen before in history.

Our Vienna programme says: "The socialists want a social order, i.e. an order in living conditions and in the relationships between people, the aim of which is the free development of human personality. They want to eliminate classes and distribute the fruits of social labour fairly. Socialism is unrestricted political, economic and social democracy: Socialism is perfect democracy."

The question that now arises is how one can achieve such a state, such an order in our society.

In his book 'The Marxist Conception of the State', Max Adler[4] wrote of the 'need for a conceptual connection between democracy and socialism'. He separated political and social democracy, a separation that still applies today, regardless of one's view of his other conclusions. ... Socialism is - as the Vienna Programme of 1958 states - 'unrestricted political, economic and social democracy'. Realising social democracy requires an uninterrupted dialectic process. And I say that consciously. The society to come is - and here I am not afraid to use a word from Marx - the result "of a whole series of historical processes through which people and circumstances are completely transformed".

Certainly, we must approach all these tasks bearing in mind both reality and the possibilities open to us, free from that intellectual arrogance with which some question everything but refrain from ... answering anything. But we must also turn against that all-simplifying way in which communist supporters know how to give us an answer to anything and everything.

Ich habe unlängst von dem Mut zum Unvollendeten gesprochen, den man in der Politik haben muß. Vielen, denen dieser Mut gefehlt hat, blieb die Kraft versagt, das Notwendige zu tun - ja viele sind davor zurückgeschreckt, es auch nur zu beginnen.

Wir müssen ständig darauf bedacht sein, weder in der Verwaltungs -- und Organisationsroutine zu erstarren noch in den hergebrachten Denkkategorien. Und wir sollten die umfassende Diskussion über die Grundwerte des demokratischen Sozialismus nicht nur im engsten Kreis unserer Parteigenossenschaft führen, sondern in der ausdrücklichen Hoffnung, den Kreis unserer Gesinnungsgemeinschaft zu vergrößern, auch alle die einladen, die mit uns an der Lösung der Probleme dieser Zeit arbeiten wollen. Wir sollten die Partei nach allen Seiten hin offenhalten: Der Komplex der sozialdemokratischen Zielvorstellungen ist *nicht* unteilbar. Denn es gibt viele, die mit uns ein großes Stück des Weges gehen wollen, die mit uns an der Lösung so mancher Fragen arbeiten wollen, ohne daß sie sich vorerst deshalb zur Gänze unseren Zielvorstellungen zu verschreiben wünschen. Nur wenn es diese Bereitschaft zur Offenheit und Aufgeschlossenheit gibt, die es mit sich bringt, daß bei uns auch Menschen Anerkennung finden, die nur ein Stück des Weges mit uns zu gehen bereit sind, werden wir uns vor jener falschen Exklusivität bewahren, der nicht nur die kleinen Sekten zum Opfer fallen, sondern vor deren Anfechtungen auch große Parteien nicht gefeit sind. Ich behaupte, daß viel für den Erfolg dieser umfassenden Diskussion davon abhängen wird, ob wir Formen und Wege finden, sie unter maximaler Beteiligung zu führen.

Wir bekennen uns zum Prinzip der Demokratisierung unserer Gesellschaft. Um aber diese Demokratisierung zu ermöglichen, bedarf es der Bereitschaft und der Fähigkeit der Menschen, an diesem ständigen Prozeß der Willensbildung auch teilzunehmen. Wenn man weiß, daß zwar nahezu 90 Prozent der Bevölkerung bereit sind, an Wahlen teilzunehmen, daß aber ungefähr 40 Prozent der erwachsensen Bevölkerung nicht bereit sind, politische Informationen entgegenzunehmen und mitentscheiden zu wollen, dann wissen wir, daß wir hier eine Aufgabe haben. Wir können die Anforderungen, die die ununterbrochene Verlebendigung der Demokratie stellt, nicht erfüllen, wenn wir den Menschen nicht die Möglichkeit bieten, sich die Kenntnisse zu erwerben, die für eine solche Partizipation erforderlich sind. Wir wissen aus unserer eigenen Praxis viel zu gut, wie schwer uns manchmal Entscheidungen fallen und wie wichtig es ist, daß wir dabei die bewußte Mitwirkung einer möglichst großen Zahl von Menschen finden. Hier scheiden sich die Geister: in diejenigen, die für die elitäre Auslese sind, weil nur so der >>wahre Wille des Volkes erkannt und der Verwirklichung zugeführt werden kann<<, und in jene, zu deren politischem Grundsatz es gehört, immer mehr Menschen am Willensbildungsprozeß direkt teilnehmen zu lassen.

I recently spoke of the courage one must have in politics to do something incomplete. Many who have lacked this courage have not had the strength to do what is necessary - indeed many have shied away from even beginning.

We must constantly be careful not to get bogged down in administrative and organisational routines or traditional patterns of thought. And we should not restrict comprehensive discussion about the basic values of democratic socialism to the narrowest circle of our party community, but invite all those who are working with us to solve the problems of our time, so as to expand the breadth of opinion. We should keep the party open to all-comers; ... social-democratic objectives are not all or none. ... There are many who want to go a large part of the way with us, who want to work with us to solve a number of questions, but do not want to commit themselves completely to our goals as yet. Only if there is this willingness to be open and open-minded, which means accepting those people who are prepared to come part of the way with us, will we protect ourselves from that false exclusivity that large parties can fall victim to as well as small sects. I contend that ... the success of this comprehensive discussion will largely depend on finding ways and means of ensuring maximum participation.

We are committed to the principle of the democratisation of our society. But in order to make this ... possible, people must be willing and able to participate constantly in the process of decision-making. ... While almost 90 percent of the population are willing to take part in elections, around 40 percent of the adult population want to have a say in decision-making but are not ready ... to receive political information. So ... we know ... we have a job on our hands. We cannot ensure the continued vitality of democracy if we do not give people the opportunity to acquire the skills needed for their participation. From our own practice we know far too well how difficult it is to make decisions and how critical it is that ... as many people as possible participate. This is where opinions differ: some are for elitist selection, because this is the only way the "true will of the people can be recognised and brought to fruition"; others, whose political principle it is, argue that an increasing number should participate directly in the decision-making process.

Für den, der die soziale Demokratie verwirklichen will, der haben will, wie ich es einige Male formuliert habe, daß alle gesellschaftlichen Bereiche von den Ideen der Demokratie durchflutet werden, muß eine unabdingbare Voraussetzung gerade in dieser Zeit die Forderung nach Einbeziehung einer möglichst großen Zahl von Menschen in Information und Mitentscheidung sein. Nur dann, wenn diese Aufgabe der Information mit neuen Methoden geleistet wird, kann die Mitbestimmung sinnvoll gestaltet werden, wird so durch beides die Weiterentwicklung der Demokratie gewährleistet. Der große französische Liberale und Demokrat Edouard Herriot hat einmal festgestellt, daß die Demokratie nur gefestigt werden kann, wenn man sie ununterbrochen in Bewegung hält, das heißt, sie entwickelt. Ich behaupte nun, daß jeder Verbesserung der Demokratie in Richtung auf mehr Information und mehr Mitbestimmung zwangsläufig der Charakter einer gesellschaftspolitischen Strukturreform zukommt. Die Qualität einer Demokratie, ihre Vitalität und Entwicklungsfähigkeit, hängt nicht zuletzt davon ab, inwieweit sich der einzelne gegen autoritäre Entscheidungen der Verwaltung zu wehren in der Lage ist.

Und so möchte ich mich nun anderen Fragen sozialdemokratischer Politik zuwenden. Der wirtschaftliche Konzentrationsprozeß erfährt gegenwärtig eine besondere Ausprägung durch das Entstehen der multinationalen Konzerne, eine Tendenz, die ohne Zweifel durch die wirtschaftliche Integration Europas stark gefördert wird. In Westeuropa gehören etwa 25 Großkonzerne dem exklusiven Klub der >Multinationalen Gesellschaften< an. Diese Konzerne sind tatsächlich >multinational<, weil sie in den verschiedensten Ländern produzieren, ihre Investitionen auf dem Weltmarkt finanzieren und in steigendem Maß ihr Management aus verschiedenen Nationalitäten rekrutieren.

Der Kontrolle der wachsenden Macht international tätiger Großkonzerne stehen die nationalen Grenzen, die diese fast mühelos überspringen, als Hindernis entgegen. Zu den wichtigsten Aufgaben der nationalen und internationalen sozialdemokratischen Politik gehört daher die Herstellung einer >multinationalen< oder -- besser -- einer internationalen öffentlichen Meinung, die als Korrektiv dieser Machtentfaltung entgegenwirken kann.

Ich möchte noch kurz auf die Idee der Planwirtschaft eingehen, die leider eine weithin sichtbare und tiefgreifende Abwertung durch die kommunistische Praxis erfahren hat. So manche in unseren Reihen haben sie sogar etwas übereilt abgeschrieben, manche sie sogar in aller Form für obsolet, für hinfällig erklärt.

For anyone who wants to implement social democracy, who wants ... all areas of society to be permeated with democratic ideas ...., a prerequisite, especially at this time, is the ... involvement of as large a number as possible ... The great French liberal and democrat Edouard Herriot[5] once observed that democracy can only be consolidated by keeping it constantly moving, that is by developing it. I now assert that every improvement in democracy in the direction of more information and more co-determination inevitably has the character of a socio-political structural reform. The quality of a democracy, its vitality and ability to develop, depends not least on the extent to which the individual is able to defend himself against the authoritarian decisions of the administration.

... I would now like to turn to other questions of social democratic politics. The process of economic concentration is ... particularly marked by the emergence of multinational corporations, a trend which is undoubtedly ... greatly encouraged by the economic integration of Europe. In Western Europe about 25 large corporations belong to the exclusive club of 'multinational companies'. These corporations are indeed 'multinational' because they produce in different countries, finance their investments on the world market and, to an increasing extent, recruit their management from different nationalities.

National borders, which they cross almost effortlessly, are an obstacle to controlling the growing power of internationally active large corporations. One of the most important tasks of national and international social-democratic politics is therefore the creation of a 'multinational' or - better - an international public opinion which can act as a corrective to this development of power.

... To briefly refer to the idea of the planned economy, the credibility of which ... communist practice has undermined. Some in our ranks even wrote it off ... and others ... formally declared it obsolete - both a little too hastily it transpired. This is an example of an idea being reduced to

Hier ist ein Beispiel dafür, wie eine Idee durch eine unzulängliche politische Praxis und nicht durch die ihr innewohnende Widersprüchlichkeit ad absurdum geführt worden ist. Heute erleben wir angesichts des Umfanges und der Kompliziertheit wirtschaftlicher Vorgänge eine Rehabilitierung der Idee der Planung in einem Ausmaß, von dem sich sozialistische Theoretiker und Praktiker nichts träumen ließen. Allerdings muß ich hinzufügen, daß uns heutzutage durch die Kybernetik wissenschaftliche Methoden für Planung und Programmierung zur Verfügung stehen, ja ich möchte sogar so weit gehen zu behaupten, daß die Idee der Planung für alle Bereiche unseres gesellschaftlichen Lebens dadurch erst von der Theorie zur praktikablen Wirklichkeit geworden ist. Das gilt aber nicht nur für die Planung im Detailbereich, für die Unternehmensplanung, für die Verwaltungs-planung, das gilt heute auch für die gesllschaftliche Planung überhaupt. Und so erkennt man heute praktisch uneingeschränkt eine gesellschaftliche Aufgaben-stellung an, die man lange Zeit hindurch abgelehnt hat.

Unlängst hat eine Reihe britischer Gelehrter einen >Blueprint for Survival<, einen Plan zum Überleben, veröffentlicht und dabei alarmierende Tatsachen festgestellt: so, daß der Umweltverschleiß um etwa 5 bis 6 Prozent im Jahr steigt und daß mit dem Wachstum der Weltbevölkerung immer neue Ansprüche an die Umwelt gestellt werden - und das alles auf einem Planeten mit begrenzten Ressourcen. Sie behaupten, daß die Zeit für radikale Lösungen gekommen sei, wollten wir nicht bereits in einem überschaubaren Zeitraum vor unerträglichen Belastungen biologischer, medizinischer, wirtschaftlicher, politischer und sozialer Art stehen. Der Umweltschutz kann aber nicht nur als hygienisches Problem gesehen, sondern er muß als gesellschaftpolitische Aufgabe von elementarer Bedeutung erkannt werden. Was soll es denn für einen Sinn haben, über eine bessere Ordnung unserer Gesellschaft nachzudenken und zu diskutieren, wenn die Lebensbedingungen der Menschen überhaupt durch die hemmungslose Entwicklung der Industriegesell-schaft in Frage gestellt sind? Ich glaube, daß es hier eine Lücke in unserem Problembewußtsein gibt, denn irgendwo muß auf diesem Gebiet das Bündnis der sozialistischen Politik mit der Wissenschaft zur höchsten Entfaltung gebracht werden. Dieses Problem ist auch aus einem anderen Grund ein gesellschaft-politisches erster Ordnung. Denn es stellt mit aller Deutlichkeit die Frage nach der Rentabilität. Die Gelehrten, die den >Blueprint for Survival< geschrieben haben, stellen fest, daß die wirtschaftliche Gesamtrechnung nach neuen Prinzipien erstellt werden muß, daß der Begriff des Bruttonationalprodukts, wie wir ihn jetzt betrachten, seiner Art nach umweltfeindlich ist und daß zwischen Ökonomie und Ökologie eine große Kluft besteht.

absurdity by inadequate political practice rather than by its inherent inconsistency. Today, given the scale and complexity of economic processes, we are witnessing a rehabilitation of the idea of planning to an extent that socialist theorists and practitioners could not have dreamed of. However, I must add that scientific methods for planning and programming are now available to us thanks to cybernetics, and I would even go so far as to say that it is this that has moved the idea of planning into all areas of our social life ... from theory to practicable reality ... However, this ... applies not only to planning in detailed areas, to corporate and administrative planning, but to social planning in general. And so today one accepts without reservation a social task that has been rejected for a long time.

Recently, a number of British scholars published a 'Blueprint for Survival'[6] and found alarming facts: that environmental degradation is increasing by about 5 to 6 per cent a year and that as the world's population grows, new demands continue to be made on the environment - and all on a planet with limited resources. They claim that the time has come for radical solutions if we do not want to face intolerable biological, medical, economic, political and social burdens in the foreseeable future. ... Environmental protection cannot only be seen as a problem of physical hygiene and good housekeeping; it is also a socio-political task of the greatest importance. What's the point of thinking about and discussing a better order in our society if people's living conditions are actually being put at risk and reduced by the unrestrained development of industrial society? I believe that there is a gap in our awareness of the problem, and somehow an alliance between socialist politics and science must be fully developed. This ... is also a socio-political problem of the first order for another reason: ... it poses the issue of profitability clearly. The scholars who wrote 'The Blueprint for Survival' state that economic accounts must be drawn up on new principles, that the concept of gross national product as we now consider it is inherently anti-environmental, and that between economics and ecology there is a big gap.[7]

Die Demokratie räumt jedermann, wie es die europäische Menschen- rechts- konvention ausdrückt, die Freiheit ein >>zum Empfang von Nachrichten und Ideen ohne Eingriff öffentlicher Behörden<<. Wir wissen aber, daß diese Freiheit genauso problematisch sein kann wie jene berühmte Gleichheit vor dem Gesetz, von der Anatol France sagt, daß das Gesetz in seiner majestätischen Gleichheit den Armen und Reichen verbietet, unter Brücken zu schlafen, wenn sie obdachlos sind, und Brot zu stehlen, wenn es sie hungert. Wir wissen indes, daß das Angebot der Nachrichten und der Informationen sich gleichfalls an höchst materiellen Gesichtspunkten orientiert. Da wir aber andererseits von der Bedeutung der Massenmedien für das politische Bewußtsein wissen, drängt sich uns geradezu das Problem der Massenmedien auf. Sozialdemokratische Politik darf nicht rütteln an dem Grundsatz der Freiheit der Presse, ganz im Gegenteil -- sie muß, so, wie sie es immer war, ihr entschlossenster Wortführer sein. Aber ebenso darf sie nicht blind sein für das, was man heute Manipulation nennt. Wir haben in den letzten Wochen erlebt, wie das in der Praxis gehandhabt wird.

Gegenwärtig vollzieht sich in allen demokratischen Staaten ein stiller, aber unaufhörlicher Kampf der Massenmedien gegeneinander und untereinander. Rundfunk und insbesondere das Fernsehen stellen eine wachsende Konkurrenz für die Presse dar; vor allem dort, wo die Werbung im Rundfunk möglich ist, kämpfen sie mit den Zeitungen um die Werbeetats der Firmen. Auf der anderen Seite erleben wir innerhalb des Pressewesens den wenig erfreulichen Prozeß der Verdrängung jener Zeitungen, die Organe der politischen Parteien sind.

Wenn es richtig ist, daß es in der Demokratie die politischen Parteien geben muß, daß sie geradezu eine Voraussetzung der Demokratie darstellen, daß ihnen die Willensbildung obliegt, dann muß es bedenklich sein, wenn die Parteien der eigenen Kommunikationsbasis entraten müssen.

Abschließend möchte ich mich noch der Frage zuwenden, wie es um das Verhältnis von Sozialdemokratie und Religionsgemeinschaften bestellt ist. Die Sozialisten achten das Bekenntnis zu einem religiösen Glauben wie zu einer nicht religiösen Weltanschauung als innerste persönliche Entscheidung jedes einzelnen.

Diese Grundhaltung hat zu einem neuen Verhältnis zwischen der Kirche und der sozialistischen Bewegung geführt.

Democracy grants everyone, as the European Convention on Human Rights puts it, the freedom "to receive news and ideas without interference from public authorities". But we know that this freedom can be just as problematic as that famous 'equality' before the law ... which forbids the poor and rich to sleep under bridges when they are homeless and to steal bread when they're starving (as Anatol France pointed out). Yet we know that the range of news and information is also ... highly materialistic. But since we know about the importance of the mass media for political consciousness, the problem of the mass media forces itself on us. Social-democratic politics must not limit the principle of freedom of the press, quite the opposite - rather it must be, as it always has been, its most resolute advocate. But it must not be blind to what is now called manipulation. In the last few weeks we have seen how this is handled in practice.

In all democracies at present there is an unspoken but relentless struggle amongst the mass media for supremacy. Radio and especially television represent growing competition for the press; when radio advertising is allowed, they compete with the newspapers for the advertising budgets of the companies. On the other hand, within the press system we are witnessing the unpleasant spectacle ... of those newspapers that are organs of the political parties being suppressed.

If it is the case that there cannot be democracy without political parties, that they are in fact a prerequisite for democracy, that they are responsible for the formation of opinions, then it must be questioned whether parties should do without their own basis of communication.

Finally, I would like to turn to the question of the relationship between social democracy and religion .... The socialists regard the commitment to a religious faith as each individual person's decision - as they do a non-religious world view.

This basic attitude has led to a new relationship between the church and the socialist movement.

Die Kirche -- ich spreche hier vor allem von der römisch-katholischen -- hat eine doppelte Erscheinungsform: Sie ist einerseits die Gemeinschaft der Gläubigen, aber die Kirche betätigt sich auch sehr aktiv im gesellschaftpolitischen Bereich. Am ausgeprägtesten und fortschrittlichsten in Lateinamerika. Dort wirkt Bischof Dom Helder Camara und mit ihm eine wachsende Zahl von Bischöfen, Priestern und Laienchristen. Sie verbreiten ihren Glauben an des Evangelium als Botschaft der Befreiung des Menschen von einer geistigen und materiellen Not. Sie bekämpfen das menschenunwürdige Elend und die Ausbeutung und setzen sich bewußt für eine neue, gerechtere Gesellschaftsordnung ein. Sie wollen diese Gesellschaftsordnung in Zusammenarbeit mit anderen Gruppen errichten, und sie bekennen sich - das kann man wohl sagen - zu einem demokratischen, humanist-ischen, unabhängigen, den lateinamerikanischen Ländern und ihrer Bevölkerung angepaßten Sozialismus. Dom Helder Camara und seine Mitstreiter sind der Überzeugung, daß eine solche Gesellschaftsordnung nur durch friedliche Mittel unter Beteiligung breiter Volksschichten verwirklicht werden kann. Dom Helder Camara spricht von der Spirale von Gewalt und Gegengewalt, an deren Ende eine neue Diktatur steht. Es gelte, sie zu unterbrechen, mit neuen menschlichen Methoden den Befreiungskampf zu führen.

Darüber sollten wir uns einmal sehr viel gründlicher miteinander unterhalten -- denn hier liegen Bündnismöglichkeiten von geradezu historischer Bedeutung vor.

Herzliche Grüße, B.K.

The Church - ... particularly ... the Roman Catholic Church - ... is not only a community of believers, but ... is also very active in the socio-political area - most notably in Latin America. Bishop Dom Helder Camara[8] works there and with him a growing number of bishops, priests and lay Christians. They spread their faith in the gospel as a message of liberation from the past and from poverty and material misery. They fight ... exploitation and consciously campaign for a new, more just, social order. They want to establish this social order in co-operation with other groups, and subscribe to ... a democratic, humanitarian, independent socialism adapted to the Latin American countries and their people. Dom Helder Camara and his allies are convinced that such a social order can only be realised through peaceful means with the participation of broad sections of the population. He speaks of the spiral of violence and counter-violence, at the end of which there is a new dictatorship. It is necessary to break this chain of events, and to lead the liberation struggle with new humane methods.

We should talk to each other much more thoroughly about this - because here there are opportunities for alliances of ... historic importance.

Best regards, B.K.

Willy Brandt responds four months later

Willy Brandt Brief vom 17. September 1972

Lieber Bruno, lieber Olof,

während der Sommerferien habe ich an der Rede gearbeitet, die ich am 20. August aus Anlaß des 20. Todestages von Kurt Schumacher zu halten hatte. Ihr werdet vielleicht gesehen haben, daß das, was ich dort zum >Auftrag des demokratischen Sozialismus< ausgeführt habe, mit der Thematik unseres Briefwechsels in Verbindung steht. Nun schreibe ich Euch am Wochenende vor der Vertrauens-frage, die ich dem Bundestag stellen werde, weil dies nach unserem Grundgesetz die einzige Prozedur ist, durch die ich die Auflösung des Parlaments erreichen und dann die eigentliche Vertrauensfrage an die Bürger richten kann. Als ich diesen Briefwechsel am 17. Februar einleitete, ging ich davon aus, daß wir - nach Ablauf einer vierjährigen Legislaturperiode - im Herbst 1973 wählen würden. Ihr habt auf Abstand mitverfolgen können - und wir hatten ja auch zwischendurch ein paarmal Gelegenheit, hierüber jeweils zu zweit miteinander zu sprechen -, welche Verhärtungen sich bei uns in der Bundesrepublik ergeben haben. Das Mißtrauens-votum im April scheiterte, die Ostverträge wurden im Mai ratifiziert, aber die kleine Zahl von Mandatsüberträgern führte zu einem Patt, das die sachliche Parlamentsarbeit lähmte. Deshalb ist es notwendig, den Wähler entscheiden zu lassen.

Ohne wechselseitiges Selbstlob: ich stimme Bruno zu, wenn er in seinem Brief einleitend feststellt, für die Sozialdemokraten der Gegenwart sei es kennzeichnend, daß sie von Mut zur Verantwortung erfüllt sind und es ihnen dabei nicht um die Macht >an sich< gehen kann. Für mich wirken natürlich auch die Lehren nach, die sich aus dem Schicksal der Weimarer Republik ergeben haben. Aber ich stimme durchaus der Auffassung zu, daß sich die anzuwendende Taktik sichtbar dem unterzuordnen hat, was Max Weber >Gesinnungsethik< nennt. Verantwortung muß sich auf Gewissen gründen. Die Schärfung der Gewissen-haftigkeit ist kein Planziel, das in einer Regierungserklärung abgesteckt werden könnte. Aber wenn ich im Oktober 1969 von unserem Bemühen sprach, >>ein Volk der guten Nachbarn zu werden, im Innern und nach außen<<, so war für mich dieser Hinweis auf die Friedenspolitik und die inneren Reformen zugleich auch der Hinweis auf ein geistig-moralische Programm.

Willy Brandt letter 17 September 1972

Dear Bruno, dear Olof,

During the summer vacation I worked on the speech I had to give on August 20 to mark the 20th anniversary of Kurt Schumacher's death.[9] You may have seen that what I said there on the 'mission of democratic social-ism' is relevant to our correspondence. Now I am writing to you over the weekend before the vote of confidence that I am going to put to the Bundestag, because according to our basic law, this is the only procedure through which I can get Parliament dissolved and then address the actual vote of confidence to the citizens.[10] When I began this exchange of letters on February 17, I assumed that we would be voting in the fall of 1973 after a four-year legislative period. You were able to follow from a distance … what rifts there were in the Federal Republic. The vote of no confidence in April failed, the Eastern treaties were ratified in May, but the small number of parliamentarians who changed parties led to a stale-mate that paralysed … parliamentary work. That is why … the electorate must now decide.

Without indulging in mutual back-slapping, I agree with Bruno when he begins his letter by stating that it is characteristic of today's Social Democrats that they have the courage to take responsibility, and that they are not concerned with power 'for its own sake'. Of course the lessons I learned from the fate of the Weimar Republic are still with me. But I entirely agree that the tactics to be used must be visibly subordinate to what Max Weber called 'ethics of conviction'. Responsibility must be based on conscience. Raising people's consciences is not a goal that could be set out in a government statement, but when I spoke in October 1969 of our efforts to "become a people of good neighbours, both internally and externally", for me this reference to the peace policy and … internal reforms was at the same time a reference to a spiritual, moral programme.

Das Thema Neuwahlen war für mich auf der Tagesordnung, seit es Ende April - am Tage nach dem gescheiterten Mißtrauensvotum - der Opposition durch Stimmengleichheit gelang, die Behandlung des Bundeshaushalts zu blockieren. Es galt jedoch, dreierlei zu bedenken: Wenn irgend möglich, mußten die Verträge von Moskau und Warschau - und damit die Berlin-Regelung - über die Hürden gebracht werden, obwohl aller demoskopische Rat dafür zu sprechen schien, die Ostpolitik in den Mittelpunkt des Wahlkampfes zu rücken. Dann, nachdem die Verträge ratifiziert waren, mußte es der Opposition so schwer wie möglich gemacht werden, für den Rest der Legislaturperiode doch noch die Regierung in die Hand zu bekommen. Und dann war natürlich auch zu bedenken, welchen Termin für Neuwahlen man der Koalition -- vor allem auch dem Koalitionspartner -- zumuten konnte. Das Ergebnis aller dieser Überlegungen war, daß Walter Scheel und ich Ende Juni unsere gemeinsame Absicht bekanntmachten und daß ich nun am 20. September mit der Vertrauensfrage vor den Bundestag trete; und zwar in der erklärten Absicht, die Frage *nicht* positiv beantwortet zu bekommen und damit dem Bundespräsidenten die Auflösung des Parlaments vorschlagen zu können. Dabei ist mir immer bewußt gewesen, was ich im Frühjahr vor dem Führungsköperschaften meiner Partei so ausgedrückt habe: >>Von der SPD wird viel erwartet. Wahrscheinlich noch mehr, als sie geben kann. Wir müssen unseren Freunden nachdrücklich klarmachen, daß die Welt auf uns blickt und daß wir nicht nur einer nationalen, sondern auch einer internationalen Verantwortung gerecht zu werden haben.<<

I.

Ich möchte nun, was unseren Meinungsaustauch angeht, zunächst an Olof Palmes Brief anknüpfen. Auf den Demokratiebegriff und auf die Fragestellung >Reformismus und Revolution - systemverbessernde und systemüberwindende Reformen< werden wir ja vermutlich noch einige Male zurückkommen. Angesichts der großen Diskussion, die darüber in den letzten Jahren wieder aufgeflammt ist, haben wir die Aufgabe, die Bedeutung und die Forderungen der Demokratie und des >Reformismus< jeder neuen Generationen wieder klarzumachen. Und tatsächlich müssen gerade die regierenden Sozialdemokraten für die Grundfragen Zeit haben, unbeschadet aller praktisch-politischen Aufgaben.

Wir werden in unserem Denken und bei unserem Handeln immer in der Spannung zu leben haben, die sich zwischen unseren langfristigen Zielen und dem jeweils Möglichen ergibt. Auf dieser Einsicht basiert unser Godesberger Programm. In

The topic of new elections had been on my agenda since the end of April, the day after the failed vote of no confidence when the opposition managed to block the ... federal budget with a tied vote. However, three things had to be considered: the Moscow and Warsaw agreements, and ... the Berlin settlement, had to get through the obstacles if at all possible. Yet all opinion polls suggested Ostpolitik should be at the centre of the election campaign.[11] Then, after the treaties were ratified, it had to be made as difficult as possible for the opposition to get hold of government for the remainder of the legislature. And then, of course, it was also necessary to consider the date for new elections ... - agreeing this with the coalition partner. The result of all these considerations was that Walter Scheel and I announced our common intention at the end of June.[12] ... I will now appear before the Bundestag on September 20 to call a vote of confidence in my own government, with the aim of being ... able to propose the dissolution of parliament to the Federal President. I was always aware of what I said to the leadership of my party in the spring: "A lot is expected of the SPD. Probably even more than she can give. We must emphatically make it clear to our friends that the world is looking at us and that we have not only a national but also an international responsibility to live up to."

I.

As far as our exchange of views is concerned, I would like to start with Olof Palme's letter. We will probably come back several times to the concept of democracy and the question of 'reformism and revolution - reforms that improve and overcome the system'. In view of the great debate that has flared up again in recent years, the onus is on us to clarify for each new generation the meaning and demands of democracy and 'reformism'. And in fact the governing Social Democrats must address the basic questions, whatever the other practical-political tasks.

In our thinking and in our actions, we will always have to cope with the tension that arises between our long-term goals and what is possible in each case. Our Godesberg programme is based on this insight. In my

meiner Rede zum 20. Todestag von Kurt Schumacher habe ich denn auch bewußt hervorgehoben, demokratischer Sozialismus sei eine dauernde Aufgabe, nämlich die Aufgabe, >>Freiheit und Gerechtigkeit zu erkämpfen, sie zu bewahren und sich in ihnen zu bewähren<<. Gerhard Weisser, der über Jahre hinweg auf die Programmarbeit der SPD wesentlich Einfluß genommen hat, schrieb einmal sinngemäß, selbst wenn der demokratische Sozialismus strategisch gesiegt habe, bleibe er eine ständige Aufgabe.

1959, bei der Verabschiedung unseres Programms, haben wir es unterlassen, diesen vorgesehenen >i-Punkt< zu machen, dieses Ausrufezeichen hinter die in der Sache von unserem Selbstverständnis her inhaltlich geklärte Diskussion über >Weg und Ziel< des demokratischen Sozialismus zu setzen. Sie ist gedanklich zwar sehr verwandt mit der berühmten, zu Beginn unseres Jahrhunderts vor allem zwischen Eduard Bernstein, Karl Kautsky und August Bebel geführten Diskussion über Revisionismus und Revolution, läßt sich jedoch nicht ganz in die oft zitierte und fast ebenso oft mißverstandene Formel von Bernstein fassen: >>Das Ziel ist nichts, die Bewegung ist alles.<< Ich bin daher der Auffassung, wir sollten auch hier offen die logischen, sachlichen und praktischen Konsequenzen ziehen und nicht nach dem berühmten Rat von Ignaz Auer an Eduard Bernstein verfahren: >>Ede, so etwas tut man, sagt es aber nicht!<<

Im Unterschied zu den Kommunisten verschiedenster Couleur sollten demokratische Sozialisten bei der rationalen, d. h. theoretischen Begründung ihrer Zielvorstellungen und ihres Handelns *bewußt* darauf verzichten, sich auf eine einzige und alleinverbindliche politische Theorie oder Philophie zu beziehen, denn sie vertreten in meinem Verständnis *keine* geschlossene Ideologie oder gar Weltanschauung. Hierauf beziehen sich auch meine wenigen Einwände gegen Olof Palmes Darlegungen, mit dem ich in allen anderen wichtigen Fragen in inhaltlicher und begrifflicher, ja weithin auch terminologischer Hinsicht übereinstimme.

Nur, im Unterschied zu ihm, bei dem wohl gerade hier eine starke Verankerung in den angelsächsischen Traditionen des Denkens deutlich wird, ist es für mich nicht so schwer verständlich, >>warum Elitedenker und Anhänger von revolutionärer Gewalt sich als Träger einer sozialistischen und marxistischen Tradition, die ihre Wurzeln in Westeuropa und in dessen Humanismus hat, haben bezeichnen können<<. Es gibt doch ohne Zweifel eine blanquistische und eine jakobinische Tradition des sozialistischen Denkens im westlichen Europa. Marx und Engels

speech on the 20th anniversary of Kurt Schumacher's death, I deliberately emphasised that the task of democratic socialism never ends, combining as it should "fighting for freedom and justice, preserving them and proving oneself in them". Gerhard Weisser, who for years had a significant influence on the programming work of the SPD, once wrote that even if democratic socialism had triumphed strategically, it would remain a permanent task.[13]

In 1959, when our programme was passed, we failed to ... put the intended exclamation mark after the discussion about the 'path and goal' of democratic socialism, the content of which had been clarified .... Although it is conceptually close to the famous discussion about revisionism and revolution that was conducted at the beginning of this century, above all between Eduard Bernstein, Karl Kautsky and August Bebel, it cannot be fully summed up in Bernstein's formula, which is often quoted and almost as often misunderstood: "The goal is nothing, the movement is everything."[14] Consequently, I am of the view that we should be open about the logical, factual and practical conclusions ... and follow the famous advice of Ignaz Auer to Eduard Bernstein: "Ede, you do something like that, but don't say it!"[15]

In contrast to communists of various persuasions, democratic socialists should ... deliberately refrain from referring to a single and solely binding political theory or philosophy for the theoretical justification of their goals and their actions. That is because, in my understanding, they do not represent a closed ideology or even world view. My few objections to Olof Palme's explanations also refer to this, with whom I agree on all other important questions in terms of content and concepts, even terminology to a large extent.

In contrast to Palme, who is clearly anchored in the Anglo-Saxon traditions of thought ..., it is not so difficult for me to understand "why elite thinkers and supporters of revolutionary violence see themselves as bearers of a socialist and Marxist tradition, which has its roots in Western Europe and in its humanism". There is undoubtedly a Blanquist and a Jacobean tradition of socialist thought in Western Europe.[16] Although Marx and Engels ... distanced themselves from this, ... they also remained

haben sich davon deutlich abgesetzt, aber sie blieben in der Auseinandersetzung auch zu einem Teil dieser Tradition verhaftet. Und Lenin hat besonders an diese Verbindungsstücke angeknüpft - nicht nur, als er 1902 in >Was tun?< die Lehre von der Kaderpartei und die eines Sozialismus entwickelte, der von außen in die Arbeiterklasse hineingetragen werden müsse, sondern von allem auch, als er 1917 in >Staat und Revolution< die Strategie und Taktik zur Eroberung der politischen Macht entwickelte.

Rosa Luxemburg mit ihrer großen analytischen Begabung, ihrer scharfen Beobachtungsgabe und ihrer genauen Kenntnis der geistigen und politischen Traditionen der SPD war es, die in ihrer >Kritik der Russischen Revolution< Lenin und seine Freunde davor warnte, jakobinisches Denken und Handeln auf sein Land -- eine rückständige, feudalistische Agrargesellschaft -- zu übertragen. Sie hat die Konsequenzen des >demokratischen Zentralismus<, nämlich den Stalinismus, vorausgesehen -- sie hatte sich aber 1912 auch von den >Glocken in Basel< nicht über das Unvermögen der Parteien der I. Internationale täuschen lassen, den >großen Kladderadatsch< zu verhindern. Die Spuren jakobinischen und elitären Denkens bei den >Klassikern< des Sozialismus habe ich bewußt nicht verwischen wollen, als ich im vergangenen Dezember in Oslo sagte: >>Auch in der Tradition der europäischen Demokratie lebt neben dem humanitären ein doktrinärer Zug, der zur Tyrannis führt. Befreiung wird dann zur Knechtschaft.<<

Ich würde auch weniger unbefangen formulieren, wenn es um das >optimistische Menschenbild< geht; oder um die Wendung, natürlich sei der demokratische Sozialismus >zugleich eine Ideologie, die Forderungen stellt<; oder den Satz, der Sozialismus stelle >als politische Ideologie und Philosophie< hohe Ansprüche. Meinen Erfahrungen und meinen Überlegungen entspricht es eher, davon zu sprechen, daß wir demokratische Sozialisten ein realistisches Menschenbild im Sinne des >Prinzips Hoffnung< vertreten, weil wir die Widersprüchlichkeit des Menschen und seine Grenzen kennen und dennoch von der optimistischen Arbeitshypothese ausgehen, daß der Mensch fähig ist, sich vernünftig und in Freiheit zu entscheiden.

Dazu habe ich in Oslo gesagt: >>Heute wissen wir, wie reich und begrenzt zugleich der Mensch in seinen Möglichkeiten ist. Wir kennen ihn in seinen Aggressionen und in seiner Brüderlichkeit. Wir wissen, daß er imstande ist, seine Erfindungen für sein Wohl, aber auch selbstzerstörerisch gegen sich anzuwenden. Nehmen wir Abschied von all den schrecklichen Überforderungen. Ich glaube an

part of this tradition. Lenin particularly drew on these links - not only when he developed the theory of the cadre party and of socialism that had to permeate the working class from outside (in his 1902 book 'What is to Be Done?'), but also by ... the strategy and tactics he developed for conquering political power in 'State and Revolution' (1917).

It was Rosa Luxemburg, with her great analytical talent, her keen powers of observation and her precise knowledge of the intellectual and political traditions of the SPD, who in her pamphlet 'Critique of the Russian Revolution' warned Lenin and his friends against bringing a Jacobin stance to his country - a backward, feudalistic, agrarian society. Her pamphlet foresaw the consequences of 'democratic centralism', namely Stalinism - but in 1912 it had not let itself be deceived by the 'bells in Basel' about the inability of the parties of the First International to prevent the 'great Kladderadatsch'.[17] I deliberately did not want to erase the traces of Jacobin and elitist thinking in the 'classics' of socialism when I said in Oslo last December: "Even in the tradition of European democracy there is a doctrinaire streak alongside the humanitarian one, which leads to tyranny. Liberation then becomes bondage."

... of course, democratic socialism is 'at the same time an ideology that makes demands'; ... But ... my experience and my reflections indicate that we democratic socialists represent a realistic view ... on the basis of the 'principle of hope', because we know the contradictions and limitations of mankind and yet we start from the optimistic working hypothesis that each person is able to make reasonable and free decisions.

I spoke about this in Oslo: "Today we know how rich, and yet at the same time limited, human potential is. We know ... both man's aggression and his brotherhood. We know that he is capable of using his inventions for his own good as well as against himself, self-destructively. Let's get rid of all the terrible excessive demands. I believe in active compassion and

tätiges Mitleid und also an die Verantwortung des Menschen. Und an die unbedingte Notwendigkeit des Friedens. Als demokratischer Sozialist zielen mein Denken und meine Arbeit auf Veränderung. Nicht den Menschen will ich ummodeln, weil man ihn zerstört, wenn man ihn in ein System zwängt, aber ich glaube an die Veränderbarkeit menschlicher Verhältnisse.<<

So sehr ich nun Bruno Kreisky darin zustimme, daß es sich bei der Verwirklichung der sozialen Demokratie um einen ununterbrochenen dialektischen Prozeß handelt -- im Sinne: dialektisch gleich widersprüchlich, also nicht im Sinne dessen, was in das Korsett einer Geschichtsauffassung gezwängt worden ist --, so stark würde ich die Berufung auf Marx relativieren, wenn es sich darum handelt, die >kommende Gesellschaft< als Ergebnis einer ganze Reihe >geschichtlicher Prozesse< zu verstehen, durch welche die Menschen wie die Umstände gänzlich umgewandelt würden. In dieser Marxschen Vision spukt mir zu stark der Hegelsche >Weltgeist< herum, und es könnte bei unseren Anhängern der historische Prozeß auch wieder so mißverstanden werden, >in letzter Instanz< gebe es das bequeme Umschlagen von Quantität in Qualität und den berühmten Engelsschen Sprung aus dem Bereich des Notwendigen in das >Reich der Freiheit<.

Zu Beginn einer neuen Zeitrechnung, nach der >Großen Sonnenfinsternis<, nach Auschwitz und Hiroshima, nach Nürnberg und My Lay, haben wir doch gelernt, in welche Barberei der Mensch zurückfallen kann, welch starke Kräfte der Organisierung des Friedens und einer menschenwürdigen Gesellschaft entgegenstehen. Weder ein hohes wirtschaftliches Niveau noch eine glanzvolle Entfaltung der Kultur schließt mit Sicherheit aus, daß aus Menschen Haß hervorbrechen kann, daß Völker ins Unheil gestürzt werden, daß das Gewebe der internationalen Beziehungen zerrissen und lebenswerte, menschenwürdige Ordnung zerstört wird.

Ich meine, wir sollten dem Traum von einer Zukunftsgesellschaft entsagen, die *gänzlich* anders ist und deren Menschen vor allem *gänzlich* andere Menschen sind als die bisherigen und die heutigen. Wir müssen lernen, mit dem Zweifel zu leben, denn er ist produktiv. Wir müssen Abschied nehmen von der Suche nach der *einen* Wahrheit und lernen, mit *den Wahrheiten* zu leben. Wir müssen mit moralischer Stärke, Standhaftigkeit und Überzeugungstreue wachsam und selbstbewußt mit den Konflikten -- internationalen wie gesellschaftlichen -- leben und uns beharrlich bemühen, daß diese Konflikte geregelt, daß sie friedlich ausgetragen werden.

therefore in human responsibility. And the imperative of peace. As a democratic socialist, my thinking and my work are aimed at change. I don't want to remodel people because you destroy them if you force them into a system, but I believe ... human relationships can be changed."

As much as I agree with Bruno Kreisky that the realisation of social democracy is an uninterrupted dialectical process, ... I would strongly qualify the reference to Marx when it comes to understanding the 'coming society' as the result of a whole series of 'historical processes' through which people and circumstances would be completely transform- ed. The Hegelian 'world spirit' haunts me too much in this Marxian vision, and our adherents could again misunderstand the historical process to mean that 'ultimately' there is the convenient transition from quantity to quality and the famous Engels-type leap from the realm of necessity into the 'realm of freedom'.

At the beginning of a new era, after the 'Great Solar Eclipse', after Auschwitz and Hiroshima, after Nuremberg and My Lai, we learned what barbarism man can fall back into, what strong forces oppose ... peace and a society worthy of humanity. Neither an advanced economic level nor a well-developed culture definitely excludes hatred breaking out between people, ... peoples plunged into disaster, ... the fabric of international relations torn apart and a liveable, humane order destroyed.

I think we should renounce the dream of a future society that is complet- ely different and whose people are ... completely different people ... from now. We must learn to live with doubt because it is productive. We must say goodbye to the search for one truth and learn to live with many truths. We must be vigilant ... with conflicts - both international and social - and tackle them with moral strength, steadfastness and loyalty to our convictions, making persistent efforts to ensure that ... conflicts are settled ... peacefully. Precisely because we ... want to ensure the contin-

Gerade weil wir nicht nur das Fortbestehen einer menschlichen Existenz für den einzelnen und für die Völker sichern, sondern auch ein menschenwürdiges Leben für alle schaffen wollen, gerade weil wir an unser Denken und Handeln hohe Ansprüche stellen, stützen wir uns als demokratische Sozialisten bewußt auf die unverzichtbaren Grundwerte der Würde des Menschen, der Freiheit, der Gerechtigkeit und Solidarität. Wir brauchen nicht den fragwürdigen Schutz einer geschlossenen Ideologie oder Weltanschauung, um in dieser Zeit dem Auftrag des demokratischen Sozialismus gerecht zu werden.

II.

In diesem zweiten Teil meines Briefes möchte ich etwas über die Bedrohungen sagen, von denen ich meine, daß sich die Menschen ihnen heute ausgesetzt sehen, und über die Orientierung, die wir ihnen angesichts von Unruhe und Unsicherheit geben können. Unsere Haltung kann weder die eines blauäugigen Optimismus sein, noch dürfen wir natürlich einer pessimistischen Resignation Vorschub leisten. Nur wenn die Menschen offen mit einer existenzbedrohenden Herausforderung konfrontiert werden, können sie ihr wirksam begegnen.

Man hat die Pest überwunden, in vielen Ländern den Hunger gebannt, den Kapitalismus gezähmt, und auch die Gefahr eines alles vernichtenden Krieges ließe sich jetzt politisch unter Kontrolle bringen. Nach dem Beitrag zur Entspannung, den die deutsche Politik hat leisten können -- und bei dessen Einleitung Ihr mich so hilfreich unterstützt habt --, weiß ich noch besser als zuvor, wie notwendig es ist, die Probleme immer wieder neu zu durchdenken.

Historisches Bewußtsein bewahrt uns davor, Angst vor der Zukunft zu empfinden. Heute denkt bei uns kaum noch jemand an die vorindustrielle Welt, an die ausweglose Armut, die gesetzlose Gewalt, die Seuchen, die damals auch in unserem Teil der Welt die Menschen plagten. Was hat der Frühkapitalismus angerichtet, und wieviel Not, Elend und Tod brachten die Weltkriege und das Dritte Reich! Sozialdemokratische Verantwortung für den Menschen hat dazu beigetragen, unmenschliche Zustände abzubauen, und es entsteht kein Bruch in unserer Politik, wenn wir wesentlich stärker als bisher auch die Verantwortung für die technologische Entwicklung übernehmen müssen, damit weder der Mensch noch die Natur von ihr überrollt wird.

ued existence of humanity ..., and ... create a dignified life for everyone, precisely because we place high demands on our thoughts and actions, we, as democratic socialists, consciously base ourselves on the indispensable basic values of human dignity, freedom, justice and solidarity. We do not need the dubious protection of a cohesive ideology or world-view to do justice to the mandate of democratic socialism at this time.

II.

In this second part of my letter I would like to say something about the threats I believe people are facing today and the guidance we can give them in the face of turmoil and uncertainty. Our attitude cannot be that of starry-eyed optimism, nor, of course, can we encourage a resigned pessimism. Only when people are openly confronted with a challenge that threatens their very existence can they meet it effectively.

The plague has been overcome, hunger has been eliminated in many countries, capitalism has been tamed, and the danger of an all-destroying war can now be brought under political control. After the contribution to détente that German politics has been able to make - and in the initiation of which you have been so helpful in supporting me - I know even better than before how necessary it is to think through the problems continuously.

Historical awareness keeps us from feeling fear of the future. Today hardly anyone thinks of the pre-industrial world, of the hopeless poverty, the lawless violence, the epidemics that plagued people in our part of the world at the time. What did early capitalism do, and how much hardship, misery and death did the world wars and the Third Reich bring! Social democratic responsibility for people has helped to reduce inhumane conditions, and ... our politics will not waver if we have to assume more responsibility in the future for technological progress, so that neither mankind nor nature is overwhelmed by it.

Die mit Computern rechnenden Wissenschaftler des M.I.T. haben mit ihrer Arbeit eine heilsame und fruchtbare Diskussion in Gang gesetzt; auch in der Wahlplattform, an der wir hier in Bonn gerade arbeiten, werden die >limits of growth<, wird die >quality of life< ihren Niederschlag finden. In seiner pessimistischen Prognose über die Zukunft der Menschheit hat der >Club of Rome< jedoch zwei entscheidende Faktoren nicht berücksichtigt oder nicht berücksichtigen wollen. Einmal: die Fähigkeit des Menschen, durch Erfindungen und Entdeckungen Probleme zu lösen; zum anderen: den individuellen und gesellschaftlichen Willen, erkannten Gefahren entgegenzutreten.

Nur wenn das gesellschaftliche Bewußtsein mit der technischen und wissenschaftlichen Entwicklung Schritt hält, ja, eines Tages den Naturwissenschaften vorauseilt, wird es dauerhaft gelingen, die Welt humaner zu gestalten. Den alten, fast blinden Fortschrittsglauben hat die Sozialdemokratie aufgrund bitterer Erfahrungen längst überwunden, aber sie >glaubt< auch heute an eine bessere Zukunft und kann sich nicht dazu verstehen, unter dem Schlagwort >Stabilität< eine stationäre Wirtschaft oder Gesellschaft anzustreben. Stabilität kann nur heißen, daß wir in den ständigen Prozeß der Veränderungen, der sich - gewollt oder ungewollt - ohnehin vollzieht, Stetigkeit hineinbringen und Katastrophen antizipieren, um sie zu verhindern.

Das moderne Schlagwort >von der Ökonomie zur Ökologie< darf nicht zur >Anti-Wachstumsthese< werden. Gewiß aber werden wir unser Wirtschaftswachstum umpolen, es qualitativ verbessern müssen. Das geht natürlich nicht, wenn wir Vorstellungen von einer bewußten Minderung des Leistens um sich greifen lassen. Nur, daß die Dienlichkeit der Leistungen für die Allgemeinheit Maßstab zu sein hat, darum kommen wir nicht herum. Im übrigen wird der Bau von Kläranlagen und Luftfiltern, von Krankenhäusern und Schulen von der volkswirtschaftlichen Gesamtrechnung ebenso als >wachstumssteigernd< erfaßt wie die Produktion umwelt*schädlicher* Anlagen. Sie haben auch die gleichen positiven Auswirkungen auf die Beschäftigung. Allerdings stoßen wir bei einem offenen Weltmarkt beispielsweise auf das Problem, daß wir internationale Normen auch für den Umweltschutz brauchen.

Als ich vor zwölf Jahren im Wahlkampf sagte, die Probleme der Umwelt und der Stadterneuerung würden in naher Zukunft eine ähnliche Bedeutung erlangen wie die Massenarbeitslosigkeit in den dreißiger Jahren, da haben viele dies nicht verstanden. Und als ich sagte, der Himmel über der Ruhr müsse wieder blau

Computer scientists at Massachusetts Institute of Technology (M.I.T.) have prompted a salutary and fruitful discussion through their work; the 'limits of growth' and the 'quality of life' will also be reflected in the SPD election platform that we are currently working on ... In its pessimistic prognosis about the future of mankind, however, the 'Club of Rome' did not take into account, or did not want to take into account, two crucial factors. First, the human ability to solve problems through inventions and discoveries; second, the individual and societal determination to counter recognised dangers.[18]

Only if social consciousness keeps up with technical and scientific developments, if one day it even rushes ahead of the natural sciences, will it be possible to make the world more humane in the long term. Because of bitter experience, social democracy has long since overcome its old, almost blind, belief in progress, but even today it 'believes' in a better future and cannot imagine itself striving for a stationary economy or society under the slogan 'stability'. Stability can only mean that we bring consistency to the constant process of change and anticipate catastrophes in order to prevent them. Change is taking place anyway – intentionally or unintentionally.

The modern slogan 'from economy to ecology' must not become an 'anti-growth thesis'. But we will certainly have to reverse the thrust and direction of our economic growth and improve it qualitatively. Of course, this is not possible if we permit notions of reduced performance to come to the fore. The only thing we can't get around is that the usefulness of the services for the general public has to be the benchmark. In other words, building sewage treatment plants ..., hospitals and schools is recorded by the national accounts as 'growth-enhancing' just as much as the production of environmentally harmful industrial plants. They also have the same positive impact on employment. But with an open world market we ... also need international standards for environmental protection.

When I said twelve years ago during the election campaign that the problems of the environment and urban renewal would soon acquire a similar importance to mass unemployment in the 1930s, many people did not understand this. And when I said that the sky over the Ruhr had to

werden, war die Reaktion noch Unverständnis oder spöttische Ironie. Das Bewußtsein hat sich seitdem gewandelt. Es wird nun für notwendig und möglich gehalten, die bisherige Entwicklung umzukehren. Aber wir sollten mit Nachdruck betonen: Umweltschutz ist eine der dringenden Aufgaben eines internationalen solidarischen Verhaltens, und man hat ja auch in diesem Jahr auf der internationalen Konferenz in Stockholm erste Markierungen für den notwendigen Weg registrieren können.

Vieles, was wir erreichen wollen, geht uns häufig zu langsam. Aber die Geschichte und unsere eigenen Erfahrungen bewahren uns davor, mutlos zu werden. Die skrupellose Ausbeutung der Arbeiter stieß zwar zuerst nur auf den Widerstand weniger, aber der Auflehnung der wenigen folgten die Ablehnung der vielen, die moralische Verurteilung, dann die soziale Gesetzgebung. Bei der ökologischen Frage scheint mir der Vorgang ähnlich zu sein. Die wirtschaftliche Gesamtrechnung muß nach neuen Prinzipien erstellt werden. Wir müssen vieles verändern, gerade um Lebenswichtiges zu erhalten, zu bewahren, wiederzugewinnen. Und die Möglichkeiten der praktischen Politik werden stets dort größer sein, wo uns das gesellschaftliche Bewußtsein zu Hilfe kommt. Ich stimme völlig zu, daß der Gesellschaft selber die Möglichkeiten gegeben werden müssen, damit der Widerspruch zwischen ihrer apolitischen Tendenz -- wie Olof Palme es nennt -- und ihrem motivierten politischen Beruhigtsein überwunden wird. Das schafft Vertrauen zur Demokratie und wird manchen zur aktiven Teilnahme bewegen. Das heißt, wir brauchen eine besser informierte Gesellschaft.

Es kommt auf die aktive Mitarbeit der vielen an. Dazu gehören - wie Bruno Kreisky schreibt - unabdingbar, >>die Bereitschaft und die Fähigkeit der Menschen, an diesem ständigen Prozeß der Willensbildung teilzunehmen<<.

Bildung ist dafür eine wesentliche Voraussetzung. Die Bildungsreform auf allen Ebenen -- Vorschulerziehung, Gesamtschule, berufliches Bildungswesen, Hochschulen, Erwachsenenbildung -- ist deshalb eine Sache, die wir weiterhin ernst nehmen müssen.

Unter >Demokratisierung< verstehe ich nicht zuletzt den systematischen Abbau von Privilegien. Dazu gehören zentral die Verbesserung der individuellen Lebenschancen, die Entfaltung aller im Volk vorhandenen Begabungen, die Mitbestimmung in ihren vielfältigen Formen als Mittel zur Mitverantwortung und zum friedlichen Austragen gesellschaftlicher Konflikte. Es scheint mir nicht nur

turn blue again, the reaction was incomprehension or mocking irony. Consciousness has changed since then. It is now considered vital and feasible to reverse the previous changes. But we must emphasise that environmental protection is one of the urgent tasks of international solidarity, and this year at the international conference in Stockholm we were able to register the first steps along this path.[19]

Much of what we want to achieve comes too slowly for us. But history and ... experience keep us from being discouraged. At first the unscrupulous exploitation of the workers only met ... resistance from a few, but the rebellion of the few was followed by the rejection of the many, then moral condemnation and eventually social legislation. In the case of the ecological question, the process seems to me to be similar. The economic accounts must be drawn up according to new principles. We have to change many things, precisely in order to preserve ... and regain what is vital. And the possibilities of practical politics will always be greater where social consciousness comes to our aid. I fully agree that society itself must be given the opportunity to overcome the contradiction between its 'apolitical tendency' - as Olof Palme calls it - and ... political calm. This creates trust in democracy and will motivate some to actively participate. That means we need a better informed society.

It depends on the active co-operation of the many. This includes - as Bruno Kreisky writes - "the willingness and ability of people to take part in this ongoing process of decision-making".

Education is an essential prerequisite for this. Education reform at all levels - pre-school education, comprehensive school, vocational training system, universities, adult education - is therefore something that we must continue to take seriously.

By 'democratisation' I mean not least the systematic dismantling of privileges. Central to this are the improvement of individual life chances, the development of all the talents that exist in people, co-determination in its many forms as a means of shared responsibility, and the peaceful resolution of social conflicts. It seems to me not just an assertion but a

eine Behauptung, sondern eine nachweisbare Tatsache zu sein, daß jeder Verbesserung der Demokratie in Richtung auf die Verwirklichung des Bürgerrechts auf Bildung, mehr Information und mehr Mitbestimmung >>zwangsläufig der Charakter einer gesellschaftlich-politischen Strukturreform zukommt<<. Das erklärt doch gerade den Widerstand der rechtskonservativen Kräfte gegen die Verwurzelung von Prinzipien der politischen Demokratie im sozialen und wirtschaftlichen Bereich sowie im Bildungswesen. Dieses Problem mag bei uns größer sein als in Schweden, weil wir eine stark gebrochene Tradition der Demokratie haben. Aber ich stimme zu: Überall dort, wo die Demokratie einmal Wurzeln gefaßt hat, wird der Weg zurück erschwert. Das wissen die selbsternannten >Revolutionäre<, das wissen auch die Rechtskonservativen. Aus dieser Wurzel entspringt ihr paralleler Widerstand gegen eine Politik der realen Reformen.

Veränderungen und Reformen müssen von solidarisierten Mitstreitern als Notwendigkeit und als gemeinschaftliche Aufgabe begriffen, eingesehen und vorangetrieben werden. Das setzt freilich voraus, daß die Sozialdemokratie -- und hier möchte ich einen wichtigen Hinweis Bruno Kreiskys nachdrücklich unterstreichen -- die Bereitschaft zur Offenheit, Aufgeschlossenheit und Toleranz aufbringt, um auch diejenigen zu ermutigen, die zunächst zwar nur bereit sind, ein Stück des Weges mit ihr zu gehen, die aber ihre praktische Politik für einen bestimmten Zeitraum -- zum Beispiel für den einer Legislaturperiode – unterstützen. Das zielt auf Konsens und Solidarisierung gerade auch im Moralischen. Der Komplex sozialdemokratischer Zielvorstellungen ist *nicht* unteilbar. Er kann es angesichts der Fülle und Unvorhersehbarkeit vieler Probleme unserer Zeit auch gar nicht sein. Und der Mut zum Unvollendeten gehört zu einer Politik, die es mit dem Notwendigen aufnimmt.

Die Rechtskonservativen haben die neuen Probleme nicht angepackt oder gar in den Griff bekommen, teils, weil sie es nicht gewollt, teils, weil sie es nicht gekonnt haben. Ich nenne nur neben dem Umweltproblem und dem Bildungsproblem den Stadt-Land-Konflikt, die gesellschaftliche Integration der Generationen, insbesondere der älteren Mitbürger, die Gefährdung der menschlichen Würde durch die Ansprüche der arbeitsteiligen Gesellschaft und schließlich die großen außenpolitischen Fragestellungen, vom Ost-West-Problem bis zu den Spannungen zwischen den hochindustrialisierten Staaten und der Dritten Welt. Das sind die Realitäten, denen gegenüber eine politische Praxis sich bewähren muß. Es kommt darauf an, die Einsicht genügend zu verbreiten, daß

demonstrable fact that every improvement in democracy towards realising every citizen's right to education, more information and more co-determination "inevitably has the character of a socio-political structural reform". That explains precisely the resistance of the right-wing conservative forces to rooting the principles of political democracy in the social and economic spheres and in education. This problem may be bigger in Germany than in Sweden because our tradition of democracy has been badly disrupted. But I agree, wherever democracy has taken root, the way back is made more difficult. The self-proclaimed 'revolutionaries' know that, and so do the right-wing conservatives. From this root springs the resistance of both to ... real reforms.

Change and reform must be understood, acknowledged and promoted as a necessity and as a shared task between those campaigners who show solidarity. This presupposes, of course, that social democracy - and here I would like to emphasise an important point made by Bruno Kreisky - has the willingness to be open, open-minded and tolerant, in order to encourage those who are initially only willing to go part of the way with it, but who support the outcome for a certain period of time - for example for that of a legislative period. This aims at consensus and solidarity, especially in moral matters. The complex of social-democratic objectives is not indivisible. In view of the abundance and unpredictability of many of the problems of our time, it cannot be. And the courage to do the incomplete is part of an approach that tackles what is necessary.

The right-wing conservatives have not tackled the new problems or even managed to get them under control, partly because they don't want to and partly because they can't. In addition to the environmental problem and the educational problem, there is urban-rural conflict, the social integration of the generations, especially our older fellow citizens, human dignity put at risk through the demands of a society based on the division of labour, and finally major foreign policy issues, from the East-West problem up to the tensions between highly industrialised countries and the third world. These are the realities against which politics ... must prove itself in practice. It is important to ... widen understanding that

diese Probleme nicht beliebig aufschiebbar sind, und die Gesellschaft zur Teilnahme an ihrer Lösung zu befähigen, um ihr die reale Chance zur Verwirklichung ihrer Freiheit zu geben.

III.

In diesem dritten Teil möchte ich einige Gedanken zur Lage und Arbeitsweise der Sozialistischen Internationale in unsere Diskussion einführen. Auf dem letzten Kongreß der Internationale vor der Sommerpause in Wien haben wir festhalten können, daß sozialdemokratische Politik einiges dazu beigetragen hat, das, was heute fast selbstverständlich Friedenspolitik genannt wird, zu konzipieren, zu artikulieren und zu praktizieren. Der gemeinsame Dienst am Frieden, an der Völkerverständigung, an der internationalen Solidarität hat in unseren Parteien eine feste und gute Tradition. Dabei soll es auch bleiben, denn keine Enttäuschung darf das Ziel verrücken oder den Kompaß stören. Gerade auf diesem Hintergrund möchte ich einige Bemerkungen zur Zusammenarbeit der sozialdemokratischen Parteien machen. Es ist doch zweifellos so, daß viele Mitglieder unserer Parteien -- und zahlreiche Freunde darüber hinaus -- an den Zusammenschluß, den wir Sozialistische Internationale nennen, Hoffnungen knüpfen, die weithin enttäuscht werden.

Was ist die Realität der Sozialistischen Internationale? Es ist die Realität einer großen, wenn auch nicht ungetrübten Tradition. Die Realität von Grundüberzeugungen und eines in allem Wesentlichen tragenden Programms. Die Realität von Parteien, die in Westeuropa einen wesentlichen Einfluß auf die Entwicklung ihrer Staaten ausüben. Und die Realität, daß es auch in anderen Teilen der Welt sozialdemokratische Parteien gibt, in noch stärkerem Maße aber Parteien und Bewegungen, die nicht eigentlich zur Sozialdemokratie in unserem Sinne gehören, aber mit ihr verwandt sind.

Aus diesem Hinweis möchte ich etwas ableiten, was sich teils auf die Struktur und teils auf die Arbeitsweise unserer Internationale bezieht: Der Wunsch nach weltweitem Zusammenschluß darf uns meines Erachtens nicht daran hindern, das -- und vor allem auch das -- zu tun, was vor unserer Haustür notwendig und möglich ist, um der *europäischen* Sozialdemokratie zu verstärkter Konsistenz und verbesserter Qualität zu verhelfen. Und wenn ich von der europäischen Sozialdemokratie spreche, dann meine ich im operativen Sinne die Parteien in der sich direkt und indirekt erweiternden Gemeinschaft. Sozialdemokratische Parteien

these problems cannot be put off indefinitely, and to enable society to participate in solving them, so that it has a real chance of realising its freedom.

III.

In this third part I would like to introduce some thoughts on the ... functioning of the Socialist International into our discussion. At the last congress of the International in Vienna before the summer break, we were able to establish that social-democratic politics have contributed to the conception, articulation and practice of what is today almost taken for granted as peace politics. The central objective for peace, for international understanding, for international solidarity has a substantial ... tradition in our parties. It should stay that way, because no disappointment should shift the goal or disturb the compass. It is precisely against this background that I would like to make a comment on the co-operation of the social democratic parties. It is undoubtedly the case that many members of our parties - and numerous friends beyond them - attach hopes to the union we call the Socialist International but are largely disappointed.

What is the reality of the Socialist International? ... a great if not untroubled tradition; ... of core beliefs and an all-encompassing programme. The reality of parties in Western Europe that exert a significant influence on the development of their countries. And the reality that there are social-democratic parties in other parts of the world, as well as parties and movements that do not really belong to social-democracy in our sense, but are related to it.

I would like to deduce something from this ... which relates ... to both the structure and ... the workings of our International: In my opinion the desire for global unity should not prevent us from doing what is necessary and possible on our doorstep ... in order to help European social democracy improve consistency and ... quality. And when I speak of European social democracy I mean ... the parties in the ... expanding community. While social democratic parties also have certain tasks to perform together within the organised community, most of the issues are those

haben zwar auch innerhalb der organisierten Gemeinschaft bestimmte Aufgaben gemeinsam zu erfüllen, aber die meisten Fragen sind solche, in denen die Parteien im erweiterten Kreis -- also einschließlich derer, die auf die eine oder andere Weise mit der Gemeinschaft verbunden sind -- zusammenwirken könnten und sollten.

Was nun die eigentliche Internationale, den über Europa hinausreichenden Zusammenschluß, angeht, so wäre ich der letzte, der die Partnerschaft mit irgendeiner genuinen und lebendigen sozialdemokratischen bzw. sozialistischen Partei abschwächen wollte. Auch will ich nicht die Solidarität mit den Gesinnungsfreunden abschwächen, die verfolgt werden oder im Exil wirken müssen; ganz im Gegenteil. Was ich sagen will, ist dies: Eigenes Programm und eigene europäische Parteierfahrung dürfen uns nicht daran hindern, mit solchen Parteien und Bewegungen in anderen Teilen der Welt in ein engeres Verhältnis zu kommen, die mit uns und mit denen wir eine gutes Stück Weges gemeinsam gehen können und wollen; und solche gibt es in beiden Teilen Amerikas, in Afrika, auch in Asien. Hieraus würden sich praktische Folgerungen ergeben. Wir müßten beispielsweise Konferenzen veranstalten, auf denen sozialdemokratische und ihnen verwandte fortschrittliche Parteien aus aller Welt offen, frei und freundschaftlich darüber beraten würden, was sie meinen, miteinander tun zu können.

Was die Arbeitsweise unserer Internationale angeht -- bei allem Respekt vor dem, was geleistet wird, und vor denen, die es leisten --, scheint es mir darauf anzukommen, daß wir den Hang zum Resolutionären zurückdrängen. Er bewirkt wenig und kann sogar Spott hervorrufen. Statt dessen sollte man sich in gemeinsamen Aussagen auf Wesentliches konzentrieren und gleichzeitig mehr tatsächliche Koordination zustande bringen. Also weniger Resolutionen und mehr praktische Kleinarbeit. Die gelegentlichen, im wesentlichen auf Europa bezogenen Parteiführer-Konferenzen haben hier schon einen der gangbaren Wege gewiesen.

Man wird zunehmend lernen müssen, sich der Klaviatur der zur Verfügung stehenden Möglichkeiten zu bedienen. Die nahestehenden Verbände, Institutionen und Stiftungen wären dabei einzubeziehen. Ich kann auch nicht einsehen, warum es nicht möglich sein sollte, eine europäisch-internationale Zeitschrift zu schaffen.

Niemand von uns glaubt an einen internationalen >Generalstab< der Sozialdemokraten. Unsere Parteien müssen sich, gestützt auf weithin gemeinsame

on which the parties at large - that is, including those linked in one way or another with the community - could and should work together.

As far as the International itself is concerned, a union that goes beyond Europe, I would be the last person to want to weaken the partnership with any genuine and vibrant social democratic or socialist party. Nor do I want to weaken solidarity with like-minded friends who are being persecuted or who have to work in exile. On the contrary, what I want to say is this: our own programme and our own European party experience must not prevent us from developing closer relationships with parties and movements in other parts of the world that share many of our beliefs, and with whom we can and want to work together; and there are such in both parts of America, in Africa, also in Asia. This would have practical implications. For example, we should hold conferences where social-democratic and related progressive parties from around the world would discuss openly, freely and amicably what they think they can do together.

As far as the working methods of the International are concerned (with all due respect for what is being achieved and for those doing it), it seems to me that it is important that we curb the tendency to make resolutions. It does little and can even provoke ridicule. Instead we should concentrate on the essentials in joint statements and at the same time bring about more actual co-ordination. So fewer resolutions and more work on the practical detail ... The occasional party leader conferences, which are essentially related to Europe, have already pointed out one viable approach.

We increasingly have to learn to use the full range of available possibilities. The affiliated associations, institutions and foundations would have to be involved. Nor can I see why it shouldn't be possible to create a European *International* journal.

None of us believe in an international 'general staff' for the Social Democrats. Our parties must be guided by ... their countries or regions,

Überzeugungen, an den Bedingungen ihrer Länder oder Regionen orientieren und können sich keiner Direktive von außen unterwerfen. Gleichwohl gebietet diese Situation, daß wir prüfen, ob wir, was die Effizienz der Zusammenarbeit angeht, auch nur einigermaßen auf der Höhe der Zeit sind. Ob wir nicht mehr tun müssen, um das Gewicht unserer Parteien auf wesentlichen Gebieten in eine gemeinsame Waagschale zu werfen. Ich bin überzeugt, daß wir die gemeinsamen Ziele wesentlich fördern können, wenn sich die Sozialdemokraten dafür durch ihren europäischen Zusammenschluß und im internationalen Zusammenwirken weit stärker als bisher einsetzen. Die Internationale muß und kann mehr seriöse Ergebnisse ihrer Arbeit erbringen.

Dieser Brief ist mir unter der Hand länger geworden, als er es ursprünglich hätte sein sollen. Dabei bin ich mir darüber im klaren, daß ich auf wichtige, von Euch erwähnte Probleme nicht eingegangen bin, andere Fragen nur beiläufig angesprochen habe. Wichtig scheinen mir die aufgeworfenen Fragen des wirtschaftlichen Konzentrationsprozesses zu sein, der sich im westlichen Europa durch das Enstehen der multinationalen Konzerne vollzieht; weiterhin das Verhältnis zwischen Demokratie und Marktwirtschaft, der Konzentrationsprozeß im Pressewesen sowie die Fragen der Raumordnung und der Nutzung von Grund und Boden im Interesse der Gesellschaft.

Mich beschäftigen weiter besonders die durch den Terrorismus aufgeworfenen zusätzlichen Sicherheitsfragen, die Probleme der Konferenz über Sicherheit und Zusammenarbeit in Europa, die Vorbereitung auf das Gipfeltreffen im Oktober und -- last not least -- die Konzentration auf die offensive Auseinandersetzung mit den innenpolitischen Gegnern. Ich würde es begrüßen, wenn Ihr den Meinungsaustausch bald weiterführen würdet.

Mit herzlichen Grüßen, W.B.

based on widely shared convictions, and cannot submit to any external directive. Nonetheless, this ... requires us to check whether we are keeping abreast of efficient co-operation ... Whether we don't have to do more to adopt a common approach in key areas. I am convinced that we can significantly promote common goals if the Social Democrat parties work far more closely than before through their European union and in international co-operation. The International must and can produce more serious results from its work.

This letter has ... become longer than intended. Yet even so I am aware that I have not dealt with important problems to which you have referred, and have only touched on other questions in passing. The points raised about the process of economic concentration, which is taking place in Western Europe through the emergence of multinational corporations, seem important to me; as do the relationship between democracy and the market economy, ... press mergers and amalgamations, and questions of regional planning and the use of land in the interest of society.

I continue to be pre-occupied and concerned with additional security issues generated by terrorism, the problems of the Conference on Security and Co-operation in Europe, preparing for the summit meeting in October and - last but not least - ... the ... confrontation with internal political opponents. I would appreciate it if you would continue the exchange of views soon.

Sincerely, W.B.

Bruno Kreisky replies eight months later

Bruno Kreisky Brief vom 8. Mai 1973

Lieber Olof, lieber Willy!

Im letzten Brief hat Willy Brandt unter anderem angeregt, unsere Diskussion über das Verhältnis von Demokratie und Marktwirtschaft zu vertiefen. Mir scheint dies ein guter Ausgangspunkt für eine Reihe von Überlegungen zu sein, die ich diesmal zur Diskussion stellen möchte. Zunächst will ich kurz auf die Entstehungsgeschichte dieses Verhältnisses eingehen. In der revolutionären Epoche des Bürgertums richteten sich dessen Forderungen nach Gleichheit der Menschen und nach individueller Freiheit gegen den Adel, die Kirche und den absolutistischen Staat. Die Ziele der Aufklärung und des Humanismus wurden im Namen aller Menschen verfochten. Das liberale Wirtschaftssystem sollte die Gewähr für eine Gesellschaft bieten, in der die Konkurrenz gleicher und freier Wirtschaftssubjekte, die ihr Privatinteresse verfolgen, zur Wohlfahrt aller führt. Im klassischen Parlamentarismus fanden diese Vorstellungen ihre politische Entsprechung.

Die Bindung der politischen Mitentscheidungsmöglichkeit an Besitz und Bildung schloß zunächst die entstehende Lohnarbeiterschaft von der parlamentarischen Einflußnahme aus.

Die historische Leistung der Arbeiterbewegungen ist es, diese Schranke durch die Erkämpfung des allgemeinen Wahlrechtes überwunden zu haben.

Allerdings haben sich im Spätkapitalismus neue Machtstrukturen entwickelt, die zu einer Veränderung konventioneller parlamentarischer Grundsätze führten; ich denke hier etwa an die Trennung von Legislative und Exekutive, die -- betrachtet man die Zusammensetzung der heutigen europäischen Parlamente -- weitgehend obsolet erscheint. Solch eine Personalunion, die am Beispiel mancher Kammerfunktionäre oder Beamten besonders deutlich wird, wirft natürlich erneut die Frage einer funktionierenden Machtkontrolle auf.

Schon an diesem Beispiel zeigt sich die Notwendigkeit einer ständigen Überprüfung der Funktionsweise unserer Demokratie, in der das Parlament fraglos eine zentrale, aber eben keine ausschließliche Aufgabe erfüllen kann. Auch außerhalb

Bruno Kreisky letter 8 May 1973

Dear Olof, dear Willy!

In his last letter, Willy Brandt suggested among other things that we develop our discussion of the relationship between democracy and the market economy. This seems to me a good starting point for a number of considerations that I would like to propose for discussion this time. First I want to go into the history ... of this relationship. In the revolutionary epoch ..., demands for human equality and individual freedom were directed against the nobility, the church and the absolutist state. The goals of enlightenment and humanism were championed on behalf of all people. The liberal economic system should guarantee a society in which competition between equal and free economic subjects who pursue their private interests leads to the well-being of all. These ideas found their political equivalent in classical parliamentarism.

Linking ... political representation to property and education at first excluded the emerging wage labour force from parliamentary influence.

It is the historic achievement of the labour movement to have overcome this barrier by gaining universal suffrage.

More recently new power structures have developed ... leading to a change in conventional parliamentary principles. I'm thinking here, for example, of the separation of the legislative from the executive which - considering the composition of today's European parliaments - seems largely obsolete. ... this naturally raises the question of who controls the power to act.

This example demonstrates the need to constantly monitor how our democracy works. ... Parliament ... undoubtedly fulfils a central role, but not exclusively so. Occasions for political confrontation have also arisen

des Parlaments entstanden und entstehen laufend Anlässe zur politischen Konfrontation, deren Wahrnehmung ich für eine wesentliche Aufgabe der modernen Sozialdemokratie halte. Wollen wir unseren Anspruch auf fortschreitende Demokratisierung aller Lebensbereiche konsequent erfüllen, so werden wir uns sehr ernsthaft mit neuen Methoden der Kontrolle über die sich verändernden Machtstrukturen zu befassen haben.

Wir wissen, daß in früherer Zeit das Privateigentum an den Produktionsmitteln im Zentrum der politischen Überlegungen zur Machtkontrolle stand, weil dies die realen Bedigungen erforderten.

Diese Voraussetzungen haben sich ja heute in vielen Ländern grundlegend verändert. Bestimmte Wirtschaftsbereiche -- zum Beispiel die Schwerindustrie -- wurden verstaatlicht oder werden gemeinwirtschaftlich betrieben, das klassische Modell des Privateigentums an den Produktionsmitteln ist also zum Teil hinfällig geworden und durch neue Herrschaftsformen ersetzt worden. So gesehen, ist also der Marxsche Begriff der >Expropriation der Expropriateure< gar nicht mehr anwendbar.

Viele Großbetriebe in einigen Sektoren der Wirtschaft werden durch Staatsaufträge und Investitionshilfen belebt, wie etwa in der Flugzeugindustrie, der elektronischen Industrie und in den Bereichen der Atomenergie. Für unsere Zeit ist es eben kennzeichnend, daß verschiedene Eigentumsformen nebeneinander existieren.

Dies heißt selbstverständlich nicht, daß die Frage nach der Verfügungsgewalt über die Produktionsmittel und den Funktionsprinzipien der Wirtschaft überflüssig geworden ist, ganz im Gegenteil. Galbraith und eine Reihe anderer Autoren kommen in den Studien über die Machtstruktur in der modernen Industriegesellschaft zu dem Schluß, daß die übergroße Mehrheit der in der Wirtschaft tätigen Menschen sich in einem Verhältnis des Unterworfenseins unter jene befindet, die über die Produktionsmittel der Gesellschaft verfügen, ohne deshalb auch deren Eigentümer zu sein. Im Kapitalismus neuen Typs besteht die Herrschaft der Manager, die eine >oligarchisch sich selber ergänzende Gruppe< darstellen. Wenn diese Macht des Industriemanagements außerdem noch durch das Zusammenwirken mit der modernen Hochbürokratie potenziert wird, dann gibt es eben das, was zur Allmacht derer wird, die zur herrschenden Klasse gehören, und zur Nullifizierung des Individuums, des Staatsbürgers, in der

outside Parliament, and I consider them ... essential to modern social democracy. If we want to meet our claim to progressive democratisation of all areas of life consistently, we will have to deal very seriously with new methods of controlling the ... power structures as they change and develop.

We know that in the past the private sector was at the centre of political considerations of power ... because real conditions demanded it.

These conditions have changed fundamentally in many countries today. Certain sectors of the economy - for example, heavy industry - have been nationalised or are run on a non-profit basis, so the classic model of private ownership of the means of production has become obsolete and has been replaced by new forms of governance. Seen in this way, Marx's concept of the 'expropriation of the expropriators' is no longer applicable.

Many large companies in some sectors of the economy are stimulated by government contracts and investment aid, such as in the aircraft industry, the electronics industry and some areas of nuclear energy. It is characteristic of our time that different forms of property exist side by side.

Of course, this does not mean that ... the power to dispose of the means of production and the functional principles of the economy have become superfluous, quite the opposite. Galbraith and a number of other authors, in their studies on the power structure in modern industrial society, conclude that the vast majority of those engaged in economic activity find themselves in a relationship of subservience to those who control society's means of production - unless they are also the owner. In the new type of capitalism managers dominate ... If ... industrial management is further empowered by interacting with the top echelons of modern bureaucracy, there follows the omnipotence of those who belong to the ruling class and the nullification of the individual, the citizen, in the economy.

Wirtschaft führt.

In >Wirtschaft, Friede und Gelächter< spottet Galbraith sogar darüber, daß die Mächtigen der Wirtschaft in den USA dann, wenn sie am Ende ihres Lateins sind, Zuflucht nehmen zu der bewährten Methode, ihre gefährdeten Unternehmungen der Sozialisierung zu überantworten.

Die Marktwirtschaft existiert nur mehr für die Klein- und Mittelbetriebe -- und das bloß noch zum Teil --, und diese Betriebe wiederum sind in den ökonomischen Randbezirken angesiedelt. Die berühmte Wahlfreiheit des Käufers am Markt wird eingeengt durch die >Manipulation des Konsumverhaltens<.

Innerhalb unseres Wohlfahrtsstaates sind neue Konfrontationen entstanden. Der Bürger im Wohlfahrtsstaat -- und zwar sowohl der Arbeiter und Angestellte wie der Selbständige -- befindet sich in fast täglicher Konfrontation mit den Einrichtungen des Wohlfahrtsstaates und ihren Verwaltern.

Ein weiterer Punkt, der für die abnehmende Bedeutung des Eigentums an den Produktionsmitteln beziehungsweise der >Stellung der Menschen im Produktions-prozeß< im Sinne von Marx spricht, ist, daß die konkrete Lebenssituation der Menschen in zunehmendem Maße von Faktoren bestimmt wird, die nicht von der Höhe der individuellen Löhne und Gehälter abhängen, sondern von gesellschaft-lichen Leistungen. Wenn zum Beispiel Arbeiter, Angestellte, kleine Bauern freie Schulfahrten, freie Schulbücher und Schülerbeihilfen erhalten, wie wir das erst in den letzten Jahren in Österreich durchgesetzt haben, so sind das Faktoren des Einkommenszuwachses gerade für die Gruppen der sozial weniger gut Gestellten. Analoges gilt für andere Bereiche gesellschaftlicher Leistungen, wie etwa den Gesundheits- und Umweltschutz. Das sind Einkommenssteigerungen, die weit über die üblichen jährlichen Zuwachsraten hinausgehen. Die relativ lange Dauer wirtschaftlicher Prosperität, die nur durch kurzfristige Rezessionen unterbrochen wurde und gekennzeichnet ist durch das bisherige Ausbleiben >>unentrinnbarer kapitalistischer Krisen<<, hat in ungeahnter Weise den wissenschaftlichen und technologischen Fortschritt in der Wirtschaft ermöglicht. Der Siegeszug der Elektronik und ihres Instrumentariums schafft neue Entscheidungsmöglichkeiten und verbessert unsere Entscheidungsfähigkeit.

In fact ... Galbraith scoffs at the fact that when business leaders in the United States are at their wits' end, they resort to the tried and tested method of handing over their endangered ventures to the public sector.

The market economy only exists for small and medium-sized enterprises - and then only partially and on the fringes of the economy. A buyer's famous freedom of choice in the market is curtailed by the 'manipulation of consumer behavior'.

New confrontations have arisen within our welfare state. ... both the blue-collar worker and the self-employed find themselves in almost daily confrontation with ... welfare state institutions and their administrators.

Another point that speaks for the decreasing importance of ownership of the means of production, or the 'place of people in the production process' in Marx's sense, is that people's ... living conditions are increasingly being determined by factors other than ... individual wages and salaries, such as social services (in the widest sense). If, for example, workers, employees, small farmers receive free school fees, free textbooks and student grants, as we have ... achieved in Austria in recent years, then these contribute to income ..., especially for ... those who are less well off socially. The same applies to other areas ... such as health and environmental protection. Increases in 'income' in these areas far exceed the usual annual growth rates. The relatively long duration of economic prosperity, which has only been interrupted by short-term recessions and is notable for the absence of '... capitalist crises' so far, has made scientific and technological progress in the economy possible in an unexpected way. The triumph of electronics ... creates new decision-making options and improves our ability to make decisions.

Dies alles hängt eng zusammen mit dem wirtschaftlichen Konzentrationsprozeß, der in Europa in der Ausformng der Europäischen Wirtschaftsgemeinschaft seine historisch-politische Dimension erhält.

An dieser Stelle sei vermerkt, was ich auch beim Kongreß der Sozialistischen Internationale im Vorjahr in Wien gesagt habe: Daß man auch im europäischen Osten, in den kommunistischen Staaten, langsam zu erkennen beginnt, daß die Europäische Wirtschaftsgemeinschaft, der inzwischen 300 Millionen Menschen angehören, nun langsam zur Realität wurde und daß der so oft angekündigte Zerfall, das >Auseinanderbersten dieser Ausgeburt des Spätkapitalismus< offenbar nicht eingetreten ist. Hätten sich die Theoretiker in den kommunistischen Staaten stärker bewährter marxistischer Methoden bedient, so hätten sie schon früher festgestellt, daß die Festigung der Europäischen Wirtschaftsgemeinschaft ein Nachvollzug einer Entwicklung ist, die dem heutigen Stand der Produktivkräfte in dieser Region entspricht, also der modernen Industriegesellschaft adäquat ist.

Diese tiefgreifenden Entwicklungen zusammenfassend, kann festgestellt werden, daß die Voraussetzungen für die politische Demokratie in jenen Staaten, in denen sie verwirklicht wurde, ohne Zweifel der Liberalismus geschaffen hat. Allerdings hat sich in den westlichen Demokratien die politische Demokratie als nicht ausreichend erwiesen. Sie kann dort nur funktionieren, wenn sie in eine neue, nächsthöhere Phase eintritt, nämlich in die der gesellschaftlichen, der sozialen Demokratie, das heißt, daß man den Grundsätzen der Demokratie Entfaltungsmöglichkeiten in allen Bereichen gibt und sie nicht in den engen Kreis der Politik verbannt.

Wie ich bei unserem Parteitag im Vorjahr ausführlich referierte, hat in der alten Sozialdemokratie zwischen den beiden Weltkriegen diese Frage eine entscheidende Rolle gespielt. Damals gab es für uns - um mit den Worten Max Adlers zu sprechen - nur den Gegensatz zwischen Revolution und Reform; es wird >>mit dem ersteren die Veränderung und der Bruch mit dem bisherigen Zustand, mit dem letzteren die Veränderung innerhalb des Zustandes bezeichnet<<.

Wie überwand man nun innerhalb der Partei den Widerspruch, der enstehen mußte zwischen der reformistischen Praxis des demokratischen Alltags, der Loyalität gegenüber den Gesetzen des bürgerlichen Rechts- und Verfassungsstaates und der

All this is closely connected with the process of economic concentration, the historical-political dimension of which in Europe ... is the formation of the European Economic Community.

At this point it should be noted that, as I ... said at the congress of the Socialist International last year in Vienna, people in Eastern Europe, ... in the communist states, are slowly beginning to realise that the European Economic Community of ... 300 million people is becoming real ... and that the disintegration so often predicted (the 'bursting apart of this offspring of late capitalism') apparently did not occur. If the theoreticians in the communist states had made use of tried-and-tested Marxist methods, they would have found earlier that the consolidation of the European Economic Community reflects the current level of productive forces in the region. In other words, it is appropriate and adequate for modern industrial society.

Summarising these far-reaching developments: ... the conditions for political democracy in those states (where it was realised) were undoubtedly created by liberalism. However, in western democracies, political democracy has proved insufficient. It can only work there if it enters a new, higher phase, namely that of social democracy, which means that the principles of democracy are given opportunities to develop in all areas and are not banished to the narrow circle of politics.

As I reported in detail at our party congress last year, this question played a decisive role in the old social democracy between the two world wars. At that time there was for us - to use the words of Max Adler - only the contrast between revolution and reform, ... 'the former designating ... a break from the previous state, the latter change within the state'.

How did one overcome the contradiction within the party ... between the reformist practice of everyday democracy, loyalty to the laws of the bourgeois constitutional state and the realisation that the path to social-

Erkenntnis, daß der Weg zum Sozialismus nur der revolutionäre sein kann? Oskar Pollak, langjähriger Chefredakteur der sozialistischen >Arbeiterzeitung<, hat 1930 zu diesem Widerspruch zwischen Theorie und Praxis so Stellung genommen: >>Die gegenwärtige geschichtliche Situation der internationalen Arbeiterbewegung ist der Stellungskrieg im Klassenkampf, die politische >Pause< zwischen Revolution und Revolution, während unterdessen die neue industrielle Revolution bereits am Werk ist, die Formen der Wirtschaft und damit die Bedingungen der Politik umzuwälzen.<<

Wir haben im weiteren Verlauf der Geschichte gesehen, wie beide unrecht behielten. Die Reformisten deshalb, weil ihr ganzer Eifer vergeblich war und all ihre Bemühungen sinnlos wurden in der Zeit der furchtbaren Wirtschaftskrise mit ihren vielen Millionen von Arbeitslosen, mit ihrem beispiellosen Elend und einer Hoffnungslosigkeit, in der sich die Verzweiflung der breiten Massen bemächtigte und sie zu willfährigen Opfern der faschistischen Diktaturbewegungen werden ließ. Und die Revolutionäre bekamen unrecht, weil diese ungeheure Weltkrise nicht zur Krise des Kapitalismus wurde und nicht in die Revolution mündete. An ihrem Ende stand vielmehr die faschistische Diktatur, stand der Krieg.

Nicht einmal nach dem Krieg, also als die Niederlage da war, gab es in den westlichen Industriestaaten eine revolutionäre Bewegung, sondern den militärischen Sieg der großen kapitalistischen Mächte. Und im europäischen Osten wurde der Kommunismus auch nur durch die militärische Präsenz der Sowjetunion an die Macht gehoben.

Nachdem beide sozialdemokratischen Perspektiven, die reformistische wie die revolutionäre, in eine Sackgasse geführt haben, ergibt sich die Notwendigkeit, zu einer neuen Konzeption zu gelangen, mittels derer der Prozeß der Demokratisierung aller gesellschaftlichen Bereiche weitergeführt werden kann. Hier hilft uns meines Erachtens die heute vieldiskutierte Unterscheidung zwischen systemverändernden und systembewahrenden Reformen, eine der Sozialdemokratie adäquate Perspektive zu entwickeln. Die Sozialdemokratie hat dort, wo sie zur Erkenntnis kommt, daß Reformen notwendig sind, die über den üblichen Rahmen der Sozialpolitik hinausgehen, diese auch durchzusetzen; das heißt, daß sie systemverändernde Reformen grundsätzlich anstreben muß, dort, wo sie es aus gesellschaftspolitischen Erwägungen für erforderlich hält.

ism can only be revolutionary? Oskar Pollak, longtime editor-in-chief of the socialist *Arbeiterzeitung*, commented on this contradiction between theory and practice in 1930: "The current historical situation of the international workers' movement is trench warfare in the class struggle, the political 'pause' between revolution and revolution ..., meanwhile the new industrial revolution is already at work to overthrow the forms of the economy and with it the conditions of politics."[20]

... Both of them have been shown to be wrong as the story progressed. The reformists because all their zeal was in vain and all their efforts became meaningless at the time of the terrible economic crisis, with many million unemployed, with unprecedented misery and a hopelessness in which desperation took hold of the ... masses and made them compliant victims of the fascist dictatorships. And the revolutionaries were wrong because this enormous world crisis did not become a crisis of capitalism and did not lead to revolution. At the end of the day there were the fascist dictatorships and the war.

Not even after the war ... was there a revolutionary movement in the western industrialised countries, but rather the military victory of the great capitalist powers. And in Eastern Europe, communism was only brought to power by the military presence of the Soviet Union.

After both social-democratic perspectives, the reformist and the revolutionary, have led to dead ends, it is necessary to arrive at a new conception by means of which the process of democratisation of all areas of society can be continued. In my opinion, the much-discussed distinction between system-changing and system-preserving reforms helps us to develop a perspective that is pertinent for social democracy. Wherever social democracy realises that reforms are necessary that go beyond the usual framework of social policy, they must implement them. This means that it must fundamentally strive for system-changing reforms wherever it deems it necessary for socio-political reasons.

Nun stellt sich natürlich die Frage: Wo ist die Grenze zwischen einer system-bewahrenden und einer systemverändernden Reform? Dafür gibt es, wie ich glaube, eine relativ einfache Antwort, die sich von dem alten dialektischen Prinzip herleiten läßt: Die Summe der Reformen oder die Intensität einer Reform ist von der Quantität nicht ganz zu lösen, und irgendwann schlägt die Quantität in Qualität um. Allerdings stimme ich Willy Brandt zu, wenn er meint, daß dies nicht als bequeme Automatik mißverstanden werden darf, sondern nur Ergebnis immerwährender Bemühungen sein kann, jeder neuen Generation unsere Forderungen nach politischer, wirtschaftlicher und sozialer Demokratie klarzumachen. Es ist interessant, daß auch einige linke Denker, wie Lucien Goldmann und André Gorz, eine ganz neue Haltung gegenüber der Reform einnehmen. In diesem Sinn ist meiner Meinung nach die Sozialdemokratie keine revolutionäre Kraft im Sinne klassischer Vorstellungen, sondern in höchstem Maß eine Reformbewegung.

Was die kommunistischen Staaten betrifft, könnte man sagen, daß sich dort im Zuge der Machtergreifung durch die Partei respektive Militärs der absolute Primat der Politik gegenüber dem Ökonomischen durchgesetzt hat. Abgesehen von den Ineffektivitäten der staatsbürokratischen Erstarrung des Wirtschaftprozesses, die sich unter anderem in einem empfindlichen Mangel an Konsum- und Investitions-gütern ausdrücken, hat sich dort gezeigt, daß die sogenannte Diktatur des Proletariats in Wirklichkeit die Politik einer privilegierten Gruppe ist und im Grunde nur eine neue Abart des aufgeklärten Absolutismus darstellt. Dies ist übrigens nicht nur die Einschätzung seitens der Sozialdemokraten, wie in den dreißiger und vierziger Jahren der Abfall vieler marxistischer Intellektueller, Wissenschaftler und Künstler vom >roten Gott< gezeigt hat. Eine neue Form der Machtballung ist entstanden, die durch eine Pseudoideologie abgesichert wird, eine machtpolitisch motivierte Resistenz beweist und eine Gesellschaftsform sui generis entstehen läßt. Hier zeigt sich in aller Eindringlichkeit, ja Tragik, wie recht Max Adler hatte, als er - wie ich bereits im letzten Brief anführte - von der >>Notwendigkeit der begrifflichen Verbindung von Demokratie und Sozialismus<< sprach.

Wie können nun die neuen Herrschaftsformen in der modernen Industriegesellschaft wirksam kontrolliert werden? Ich meine, daß man sich vor allem mit brauchbaren Formen der Mitbestimmung in Betrieben und Institutionen beschäftigen muß.

But, of course, where is the boundary between a system-preserving and a system-changing reform? I believe there is a relatively simple answer to this, which can be derived from the old dialectical principle: the sum of reforms or the intensity of a reform cannot be completely separated from quantity, and at some point quantity turns into quality. However, I agree with Willy Brandt when he says that this should not be misunderstood as ... automatic; it can only ... result from constant efforts to make our demands for political, economic and social democracy clear to every new generation. It is interesting that some left-wing thinkers, such as Lucien Goldmann and André Gorz, also adopt a completely new attitude towards the reform.[21] So, in my opinion, social democracy is not a revolutionary force in the classical sense, but a reform movement of the most advanced type.

As far as the communist states are concerned, ... in the course of the seizure of power by the party or the military, the absolute primacy of politics prevailed over economics. Apart from the ineffectiveness of the bureaucratic state paralysis of the economic process, which is expressed among other things in a severe shortage of consumer and capital goods, it has been shown ... that the so-called dictatorship of the proletariat is in reality the policy of a privileged group and is basically just a new ... variety of enlightened absolutism. Incidentally, this is not just the opinion of the social democrats, as the defection of many Marxist intellectuals, scientists and artists from the 'red god' in the 1930s and 1940s showed. A new form of concentration of power has emerged, ... secured by a pseudo-ideology, demonstrating resistance and motivated by power politics, ... allowing a form of society of only one kind to emerge. This shows in all intensity, even tragedy, how right Max Adler was when he - as I already mentioned in the last letter - spoke of the "need for the conceptual connection between democracy and socialism".

How can the new forms of rule in modern industrial society be effectively controlled? I think that we must above all deal with usable forms of co-determination in companies and institutions.

Diese Mitbestimmung ist als Teil eines gesamtgesellschaftlichen Demokrat-isierungsprozesses zu sehen, wie er sich ja auch in Schulen, Universitäten, Parteien und anderen Organisationen vollziehen wird. Insofern wäre es also falsch, von einer >Appeasementpolitik< gegenüber dem Kapitalismus zu sprechen, wie man es in den dreißiger Jahren tat; es geht schließlich nicht darum, Willensbildung lediglich an zentralistische Gremien zu delegieren, die dann für sich in Anspruch nehmen, alle Bedürfnisse und Interessen der Basis zu kennen. Was uns von der Phase des aufgeklärten Absolutismus zu unterscheiden hat, sind unsere unermüdlichen Bemühungen, die Masse der Betroffenen in einem umfassenden Prozeß der politischen Information und Bildung zu autonomen Entscheidungen zu befähigen; der Umstand, daß dies nicht von heute auf morgen zu verwirklichen ist, darf uns nicht dazu verleiten, diese entscheidende sozialdemokratische Zielvorstellung aus den Augen zu verlieren.

Es müssen neue Formen der Wissensvermittlung gefunden werden, die von noch größerer Bedeutung sind als seinerzeit die Volksbildungsbewegung, die ja steckengeblieben ist und sich nur in Randgebieten angesiedelt hat. Von besonderer Bedeutung scheint mir hier die neue Blüte der Gesellschaftswissenschaften, die in dieser Zeit begonnen hat und deren Ernte erst noch eingebracht werden muß. Wir müssen der Möglichkeit und Notwendigkeit Rechnung tragen, daß viele Hunderte, vielleicht sogar Tausende von Menschen über neue Vermittlungsformen mit den Erkenntnissen der modernen Soziologie, der modernen Politikwissenschaft, der modernen Nationalökonomie konfrontiert werden. Worauf es hier ankommt, ist, daß diejenigen, die in den verschiedenen Bereichen der Verwaltung, der Interessenvertretungen usw. wirken, die Möglichkeit haben sollen, der Erkennt-nisse teilhaftig zu werden, die die neue Blüte der Gesellschaftswissenschaften hervorbringt.

An dieser Stelle möchte ich auf ein Problem eingehen, über das ich eine Auffassung habe, die von der Euren abweicht. Ich glaube nicht daran, daß überall dort, wo die Demokratie >>einmal Wurzeln gefaßt hat<<, wie Olof Palme schreibt, es keinen Weg mehr zurück gibt. Auch wenn wir in der modernen Industriegesellschaft gewisse demokratische >Grundpositionen< bereits errichtet haben und es den Anschein hat, daß wesentliche Voraussetzungen für eine Weiterentwicklung der Demokratie gegeben sind, so möchte ich doch vor einem allzu großen Optimismus warnen, was die Bestandfähigkeit demokratischer Einrichtungen in einer sich vor allem ökonomisch und technologisch rasch verändernden Welt betrifft.

This co-determination is to be seen as part of a process of democratis-ation in society as a whole, as it will take place in schools, universities, [political] parties and other organisations. To that extent it would be wrong to speak of a 'policy of appeasement' towards capitalism, as was done in the 1930s. After all, it is not a matter of merely delegating decision-making to centralised bodies which then claim to know all the needs and interests of the grassroots. What distinguishes us from ... enlightened absolutism is our tireless efforts to enable ... those affected to make their own decisions after a comprehensive process of political information and education; the fact that this cannot be achieved over-night should not mislead us into losing sight of this crucial ... objective of social democracy.

New forms of knowledge transfer must be found that are of even greater importance than the popular education movement of today. This ... has got stuck and has only had an impact in marginal areas. The new blossom-ing of the social sciences, ... whose harvest has yet to be brought in, seems to me to be of particular importance. We must take account of the possibility and necessity that many hundreds, perhaps thousands, of people will be confronted with the findings of modern sociology, modern political science and modern economics through new forms of commun-ication. What matters here is that those who work in the various areas of administration, interest groups, etc. should have the opportunity to share in the knowledge that the new flowering of social science is bringing about.

At this point I would like to address an issue where I have a different view to yours. I don't believe that wherever democracy 'once took root', as Olof Palme writes, there is no way back. Even if we have already established certain democratic 'basic positions' in modern industrial society and it seems that the essential prerequisites for the further development of democracy are in place, I would like to warn against being overly optimistic about the sustainability of democratic institutions in ... a rapidly changing world, both economically and technologically.

Jeder Machtausübung haftet die Gefahr an, daß sie sich unter dem Einfluß verschiedener Faktoren gegen jene wendet, die diese Macht demokratisch begründet haben. Soll Macht nicht degenerieren, dann bedarf sie des Korrelats der wirksamen Machtkontrolle. Deshalb muß im eigensten Interesse der Sozialdemokratie ihre Machtausübung einer immer wirksameren Kontrolle unterworfen werden. Nur so kann jener schöpferische Zustand erreicht werden, den die Partei braucht, um im Spannungsfeld der Meinungsbildung zu bestehen. Wir müssen uns immer wieder uneingeschränkt zum Prinzip eines echten geistigen Wettbewerbs zwischen den politischen Parteien bekennen! Das ist es, was unsere politischen Gegner einfach nicht wahrhaben wollen: Daß wir uns eine bessere Kontrolle der politischen Macht nicht nur gefallen lassen, sondern sie sogar fördern. Sie verstehen nämlich nicht, daß wir über Legislaturperioden hinausdenken, daß wir Parteien im historischen Sinn sind. Daß wir vor allem von der Sorge erfüllt sind, nicht in der Verwaltungsroutine und in hergebrachten Denkschablonen zu erstarren. Sonst käme bald der Tag, an dem wir von der Erfüllung der Regierungsaufgaben enthoben werden. Sind wir jedoch bereit, uns im Streit der Meinungen zu behaupten, uns ständig zu stellen, dann erhalten wir uns auch die Fähigkeit, die geistige Auseinandersetzung in immer überlegenerer Weise zu führen. Und dies werden wir dringend brauchen, denn ich halte die Zukunft nicht für krisenfrei.

Ich glaube allerdings, daß wirtschaftliche Krisen, wie man sie noch in den dreißiger Jahren gekannt hat, nicht mehr unabwendbar sind. Heute verfügen wir sehr wohl über das Instrumentarium, die Entstehung solch schwerer wirtschaftlicher Krisen zu unterbinden, allerdings muß man dazu den politischen Willen haben. Immer mehr zeigt sich, daß sich auch in dieser Frage die Geister scheiden: Man weiß von Rezepten zur Bewältigung etwa der Preisentwicklung, die unweigerlich zur Arbeitslosigkeit, zur Stagflation führen müssen, auch wenn das natürlich nicht zugegeben wird.

In der Frage des Beschäftigungsniveaus gelange ich allmählich zu der Auffassung, daß wir in der modernen Industriegesellschaft in die Phase eintreten, in der gewisse Gruppen von Beschäftigten einfach durch den technologischen Entwicklungsprozeß beschäftigungslos werden: entweder in Branchen, die in den hochentwickelten Industriestaaten ökonomisch nicht mehr vertretbar sind, oder in Bereichen, in denen starke Rationalisierungsmaßnahmen möglich werden, wie etwa im Bankgewerbe. Am Beispiel der USA, aber auch anderer Länder sehen wir, daß eine neue Art struktureller Arbeitslosigkeit auf uns zukommt, die uns

The inherent danger in every exercise of power is that, under the influence of various factors, it can turn against those who have establish-ed this power democratically. If power is not to degenerate, it ... must be subjected to increasingly effective controls. This is the only way to achieve that creative state which the party needs in order to survive ... Again and again we must unreservedly commit ourselves to the principle of genuine intellectual competition between the political parties! This is what our political opponents simply refuse to admit: that we not only put up with better control of political power, we actually encourage it. They don't understand that we think beyond legislative periods, that we are parties in the historical sense. That we are concerned above all with not getting bogged down in administrative routine and traditional ways of thinking. Otherwise the day would soon come when we would be relieved of the responsibility of government. However, if we are willing to assert ourselves in the battle of opinions, to stand up for ourselves constantly, then we also retain the ability to conduct the intellectual debate in an increasingly effective manner. And we will urgently need this, because I do not believe that the future will be free of crises.

I do believe, however, that economic crises of the kind we were still familiar with in the 1930s are no longer inevitable. Today we ... have the tools to prevent such serious economic crises from occurring, but you have to have the political will to do so. It is becoming increasingly apparent that opinions are divided on this issue as well: techniques ... for dealing with price developments, for example, though these can lead to unemployment or stagflation, even if this is ... not acknowledged.

Regarding the level of employment, I am gradually coming to the conclus-ion that in modern industrial society we are entering a phase in which certain groups of employees become unemployed ... as a result of ... technological development ...: either in sectors which ... no longer make economic sense in ... highly developed industrial countries or in areas where strong rationalisation measures are possible, such as in the banking industry. Using the example of the USA, but you can also see it in other countries, ... a new kind of structural unemployment is approaching

veranlassen wird, gewisse Dinge in einer neuen Sicht zu betrachten. Es wird sich zum Beispiel die Frage stellen, ob bestimmte Berufe, die bisher nur von Frauen ausgeübt wurden, wirklich ausschließlich >weibliche< Berufe sind.

Kommende Krisen, wie ich sie auch für Österreich voraussehe, ergeben sich aus der Entwicklung der modernen Industriegesellschaft. Beispielsweise bekommen wir zu viele Elektroniker, aber zu wenig Kräfte für den Gesundheitsdienst. Alle diejenigen, die eine höhere Ausbildung erhalten, werden aufgrund ihrer Qualifikation glauben, keine manuelle Arbeit mehr leisten zu müssen. Wir müssen uns der Abwertung der manuellen Arbeit widersetzen, weil sie trotz des jetzigen hohen Standes der Produktivkräfte noch immer zentrale Bedeutung für unsere Gesellschaft hat. Hier sehe ich große Probleme auf uns zukommen, die voraussichtlich Ende der siebziger Jahre virulent werden. Die Sozialdemokratie kann diese Aufgaben nur mit den Sozialdemokraten in den Gewerkschaften lösen. Ich gebe mich nicht der Illusion hin, daß diese Gesellschaft, auch was die beschäftigungspolitische Seite betrifft, für die Zukunft frei von Problemen sein wird. All das erfordert aber die Schaffung von Problembewußtsein und die umfassende Wiederbelebung und Weiterentwicklung der Idee der Planung, wie ich bereits in meinem letzten Brief ausgeführt habe.

Ein weiteres Problem, das freilich über die beschäftigungspolitische Dimension weit hinausweist, sind die Gastarbeiter. In manchen europäischen Industriestaaten sind heute zwischen 10 und 40 Prozent der Beschäftigten Arbeiter aus anderen, vorwiegend südeuropäischen Ländern. Da viele davon nicht nur auf eine kurze Gastspielrolle kommen, wird sich ein gewisser Assimilationsprozeß ergeben. Daß ich ihn als Sozialdemokrat bejahe, brauche ich nicht zu betonen. Und dieser Assimilationsprozeß wird in der nächsten Generation in einer, wie ich glaube, sehr schöpferischen Weise das Antlitz der Arbeiter- und Angestelltenschaft in den europäischen Industriestaaten prägen. Wir Österreicher kennen diesen Vorgang ja: Ganze Wiener Bezirke waren früher von Arbeitern aus der Fremde bevölkert, wie zum Beispiel das traditionsreiche Favoriten - die berühmten >Ziegelböhm<. In vielen Teilen Österreichs, aber auch anderer Länder haben sich ähnliche Assimilationsprozesse in der Vergangenheit vollzogen.

Abschließend will auch noch die Gedanken zum Umweltschutz, die wir in den letzten Briefen geäußert haben, aufgreifen und etwas weiter führen.

us. This will cause us to look at certain things from a new perspective. For example, asking ... whether certain jobs that have so far only been under-taken by women are really exclusively 'female' jobs.

Coming crises, like those I foresee for Austria, will result from the development of modern industrial society. For example, we end up with a surplus of electronics technicians, but too few people for the health service. All those who receive higher education will believe that they no longer have to do manual work, because of their qualifications. We must resist the degradation of manual labour because ... it is still central to our society. ... I see major problems coming our way, which will probably become extensive by the end of the 1970s. Social democracy can only solve these tasks with the help of social democrats in the trade unions. I have no illusions that ... society will be free of employment problems in the future ... All of this requires us to be alert to problems ... and ... revive and further develop the idea of planning, as I explained in my last letter.

Another problem, which of course goes far beyond the issue of employment, is ... guest workers. In some of Europe's industrialised countries, between 10 and 40 per cent of the employees are workers from other, mainly southern European, countries. Since many ... are not just short-term, a degree of assimilation will be required. Needless to say, as a Social Democrat, I approve. And, I believe, this process of assimilation will shape ... workers and employees in the European industrial states in a very creative way. We Austrians are familiar with this process: Entire Viennese districts used to be populated by workers from abroad, such as the traditional district of Favoriten ...[22]. In many parts of Austria, but also in other countries, similar assimilation processes have taken place in the past.

Finally, I want to return to the thoughts on environmental protection that we expressed in the last few letters and take them a little further.

Die Ergebnisse der volkswirtschaftlichen Gesamtrechnung galten in der gesamten Nachkriegsperiode als verläßlicher Indikator des Wohlstandes der Menschen, was der konkreten Situation in dieser Aufbauphase im wesentlichen durchaus entsprach. In den letzten Jahren gelangten die Wissenschaftler, aber auch die Öffentlichkeit zunehmend zu der Erkenntnis, daß das bisherige Wachstum des Einkommens und Vermögens mit einer gigantischen, bisher nirgendwo verbuchten Zerstörung unserer Umwelt erkauft wurde. Eine Wohlstandsmessung, die vornehmlich Güter und Dienstleistungen, die über den Markt gehandelt und mit Marktpreisen bewertet werden, als Indikator für den Wohlstand der einzelnen und der Gesellschaft ansieht, vernachlässigt demnach systematisch all die negativen Effekte bei der Produktion dieser Güter und Dienstleistungen, die nicht über den Preismechanismus abgebildet werden, also in der herkömmlichen Wirtschaftsrechnung als >extern< gelten. Solange Luft, Sonnenlicht und Wasser als >freie Güter< betrachtet werden, die ohne Einschränkung benutzt werden können, sei es als Einsatzgut bei der Produktion, sei es als Abfallträger, wird eine Schädigung dieser Elemente der natürlichen Umwelt nicht als Minderung des Sozialprodukts, nicht als Minderung des Wohlstands der Menschen erfaßt.

Über diesen Zusammenhang zwischen ökonomischen Aktivitäten und ökologischem Ungleichgewicht wissen wir außer dem großen Trend noch sehr wenig. Deshalb scheint es mir notwendig, einen Teil unseres naturwissenschaftlichen Forschungspotentials auf die Untersuchung dieser Zusammenhänge zu lenken. Hier stimme ich völlig mit Willy Brandt überein, daß in Zukunft >>der Technik und der Wirtschaft klare Hinweise zu geben sein werden, daß und wie sie dem Menschen zu dienen haben<<.

Eine andere Quelle systematischer Verzerrung bei der Wohlstandsmessung mittels der volkswirtschaftlichen Gesamtrechnung liegt darin, daß die ganze Fülle an sozialen Diensten und Diensten des Bildungs- und Erziehungswesens -- von der ja die konkrete Lebenssituation der Menschen in zunehmendem Maß bestimmt wird -- nicht in dem Umfang in die Wohlstandsmessung eingehen, in dem sie von den betroffenen Menschen erwünscht und geschätzt werden, sondern nur im Ausmaß der Kosten, die dem Staat daraus erwachsen. Die enorm wichtigen verteilungspolitischen Gesichtspunkte, die hier zum Tragen kommen, wurden bei den bisherigen Methoden der amtlichen Wohlstandsermittlung im wesentlichen vernachlässigt. Ohner einer naiven Gläubigkeit an die Meßbarkeit sozialer Tatbestände zu verfallen, rechne ich mit zunehmender Bedeutung der >social indicators<, mittels derer soziale Sicherheit, Art und Weise der Freizeitaktivitäten

Throughout the post-war period, the results of the national accounts were regarded as a reliable indicator of people's prosperity - and, in this development phase, they essentially corresponded ... In recent years, however, scientists and the general public have increasingly come to realise that the previous growth in income and wealth has been bought with a gigantic destruction of our environment - beyond anything previously recorded. A prosperity measurement that primarily regards goods and services that are traded on the market and valued at market prices as an indicator of the prosperity of individuals and society systematically neglects all the negative effects in the production of these goods and services that are not ... represented by the price mechanism, i.e., they are regarded as superfluous in conventional economic calculation. As long as air, sunlight, and water are considered 'free goods' to be used without restriction, whether as inputs in production or as waste carriers, damage to these elements of the natural environment does not count as a reduction in the national product, nor as a reduction in people's prosperity.[23]

Apart from the general trend, we still know very little about this connection between economic activities and ecological imbalance. It seems to me critical, therefore, to direct part of our scientific research ... to the investigation of these connections. Here I completely agree with Willy Brandt that in the future "technology and business will have to be given clear indications that they have to serve people - and how".

Another ... systematic distortion when measuring prosperity by the national accounts alone is that the whole range of social services and ... the education and training system - ... increasingly relevant to people's everyday situation - are not included to the ... extent that they are ... valued by people ..., but only as far as the state incurs costs as a result. The enormously important aspects of how they are distributed have been largely neglected in previous official methods of determining prosperity. Without succumbing to a naïve belief in the measurability of social facts, I count on the increasing importance of 'social indicators', by means of which social security, types of leisure activities and other things can be included in the determination of wealth. Developments in these areas should ultimately lead to a redefinition of the national product.

und anderes in die Wohlstandsermittlung einbezogen werden können. Hier zeichnen sich Entwicklungen ab, die letzlich zu einer Umdefinition des Sozialprodukts führen sollten.

Ich möchte nun einen Vorschlag zur Diskussion stellen, der an die bemerkenswerten Ausführungen Willy Brandts über die Arbeitsweise der Sozialistischen Internationale anknüpft. Ein konkreter Weg, der europäischen Sozialdemokratie zu >>verstärkter Konsistenz und verbesserter Qualität zu verhelfen<<, wie dies zu Recht von Willy Brandt gefordert wird, bestünde vielleicht darin, daß wir im Rahmen der Sozialistischen Internationale Experten beauftragen, ein neues Konzept der volkswirtschaftlichen Gesamtrechnung zu erstellen, dessen zentrale Größe ein ökologisch neutrales Wachstum ist, das >social indicators< in sozialistischem Sinn berücksichtigt. Ich könnte mir durchaus vorstellen, daß es hier zu einer fruchtbaren und zukunftweisenden Zusammenarbeit zwischen der Sozialistischen Internationale und jenen Gremien kommt, die auf diesem Gebiet bereits wesentliche Vorarbeiten leisten, nämlich dem Statistischen Amt der Europäischen Gemeinschaften, einer Arbeitsgruppe der OECD und den Statistischen Diensten der Vereinten Nationen, dem >Club of Rome< u.a.

Die neue Blüte der Gesellschaftswissenschaften, von der ich zuvor gesprochen habe, könnte so im Verein mit gesellschaftlich orientierten Naturwissenschaften unsere Planungsvoraussetzungen entscheidend verbessern helfen. Ich bitte Euch, diesen Vorschlag zu überdenken und vielleicht im nächsten Brief dazu Stellung zu nehmen.

Herzliche Grüße, B.K.

I would now like to put up a proposal for discussion, which ties in with Willy Brandt's ... remarks on the functioning of the Socialist International.[24] A concrete way of helping European social democracy to achieve 'increased consistency and improved quality', as Willy Brandt rightly demands, might be that we commission experts within the framework of the Socialist International to develop a new concept for national accounts ..., the centrepiece of which is an ecologically neutral growth that takes into account 'social indicators' in the socialist sense. I could well imagine that there will be fruitful and future-oriented co-operation between the Socialist International and those bodies that are already doing essential preliminary work in this area, namely the Statistical Office of the European Communities, a working group of the OECD and the Statistical Services of the United Nations, the 'Club of Rome' and others.

The new blossoming of the social sciences, of which I spoke earlier, could thus, in combination with socially oriented natural sciences, help to improve our planning decisively. I ask you to consider this suggestion and perhaps comment on it in the next letter.

Kind regards, BK

Olof Palme replies two days later

Olof Palme Brief vom 10. Mai 1973

Lieber Bruno, lieber Willy,

Willy Brandts letzter Brief erreichte mich während des westdeutschen Wahlkampfes, der hier mit Interesse verfolgt wurde. Wir wissen jetzt, daß die Sozialdemokratie einen großen Sieg errungen hat. Als Sozialdemokraten freuten wir uns
selbstverständlich darüber, daß eine Schwesterpartei, mit der wir so enge Kontakte
pflegen, Erfolg hatte. Das Wahlergebnis in der Bundesrepublik löste freilich nicht
nur unter diesem Aspekt Freude aus, sondern man sah darin auch einen
Wendepunkt für das Europa der Nachkriegszeit. Ihr habt ein neues Element in die
Politik gebracht: die Folgen der Vergangenheit zu bereinigen. Damit eröffnete
sich auch die Möglichkeit einer dauerhaften Friedensordnung, die ohne deutsche
Mitwirkung nicht zustande kommen kann.

Die deutsche Politik, die Entspannung und mehr Sicherheit für alle Völker
Europas ermöglichte, beweist Sinn für Realitäten. Ich möchte eingangs ein paar
Worte zu dem realistischen Menschenbild sagen, von dem Willy Brandt schreibt.
Es ist denkbar, daß ich eine allzu optimistiche Auffassung vertreten habe. Aber
vielleicht ist der Unterschied zwischen uns doch gar nicht so groß. Willy Brandt
spricht von einem realistischen Menschenbild und sagt: >>Nach der großen
Sonnenfinsternis, nach Auschwitz und Hiroshima, nach Nürnberg und My Lay
haben wir doch gelernt, in welche Barbarei der Mensch zurückfallen kann, welche
starken Kräfte der Organisierung des Friedens und einer menschenwürdigen
Gesellschaft entgegenstehen.<<

Dieser Meinung bin ich auch. Vor einigen Jahren schrieb ich einen Zeitungsartikel
über My Lay. Ich kam zu dem Schluß, dieses Ereignis und ähnliche Geschehnisse
in anderen Kriegen, in anderen Ländern, in anderen Gesellschaftssystemen
zeigten, <<daß die Menschen, in bestimmte Situationen versetzt, in denen die
Kontrollfunktion der Gesellschaft nachläßt, in denen Haß und Furcht und Selbst-
verachtung sich frei entfalten können, zu Brutalitäten gegeneinander bereit sind,
die in diametralem Gegensatz zu sämtlichen Vorstellungen von einer zivilisierten
Gesellschaft stehen. Die Beteiligten brauchen keineswegs Bestien zu sein. Die
mag es zwar auch geben, oft aber sind es ganz normale Durchschnittsmenschen.
So liegt vielleicht in den meisten von uns ein Hang zur Grausamkeit, zur Unmen-

Olof Palme letter 10 May 1973

Dear Bruno, dear Willy,

Willy Brandt's last letter reached me during the West German election campaign, which was followed with interest here. We now know that Social Democracy has won a great victory. As Social Democrats, we were naturally pleased that a sister party, with which we have such close contacts, was successful. Of course, the election result in the Federal Republic not only sparked joy from this point of view, but was also seen as a turning point for post-war Europe. You have brought a new element to politics: cleaning up the consequences of the past. This also opened up the possibility of lasting peace ..., which cannot come about without German participation.

The German policy, which enabled relaxation and more security for all peoples of Europe, shows a sense of realism. I would like to begin by saying a few words about the ... image of man that Willy Brandt express- es. It is conceivable that I took an overly optimistic view. But maybe the difference between us isn't that big after all. Willy Brandt ... says: "After the great eclipse of the sun, after Auschwitz and Hiroshima, after Nuremberg and My Lai, we have learned what barbarism man is capable of, what powerful forces oppose the organisation of peace and a humane society."

I agree. A few years ago I wrote a newspaper article about My Lai. I came to the conclusion that this event and similar events in other wars, in other countries, in other social systems showed 'that people, put in certain situations in which society's control function is weakened, in which hatred and fear and self-loathing are free to develop, are willing to engage in brutalities that are diametrically opposed to any notion of a civilised society. Those involved do not have to be beasts. These may exist, but often they are normal, average people. So perhaps in most of us there is a tendency to cruelty, to inhumanity. ... Nobody knows how we would react in a comparable situation.'

schlichkeit verborgen. Denn niemand weiß, wie wir in einer vergleichbaren Situation reagieren würden<<.

Optimistisch ist mein Menschenbild deshalb, weil ich den Menschen eine große Fähigkeit zur Solidarität, zum Verständnis für die Verhältnisse anderer, zur Mitverantwortung für eine gemeinsame Zukunft zutraue. Aber auch mein Optimismus ist nicht vorbehaltlos. Wir bekommen, wie Willy Brandt sagt, ständig neue Bestätigungen dafür, welche Abgründe von Haß und Barbarei in uns verborgen sind. Aber auch das Böse ist nicht absolut. Die Barbarei bricht in gewissen Situationen hervor. Man muß -- und das ist das entscheidende -- zu verhindern suchen, daß wir in solche Situationen geraten. Und das wiederum ist eindeutig eine politische Frage. Auch in Schweden stehen wir jetzt vor einem Wahlkampf, der außerordentlich hart werden wird. Über den Ausgang kann ich keine Prognosen stellen, aber unsere Zuversicht hat sich in den letzten Monaten verstärkt. Wir haben einige Jahre voll wirtschaftlicher Probleme hinter uns. Die Unruhe, die alle Industrienationen erfaßt hat, macht sich auch bei uns stark bemerkbar. Wir waren gezwungen, die Probleme ohne Mehrheit im Parlament zu meistern. In solchen Situationen wird die Regierungsverantwortung oft zur Bürde, die nicht nur das Kabinett und die Reichstagsfraktion Belastungen aussetzt, sondern auch den Parteimitgliedern ein hohes Maß an Loyalität und Zuversicht abverlangt. Aber die Sozialdemokratie kann sich dieser Verantwortung nicht entziehen; das hätte noch größere Unruhe unter der Bevölkerung ausgelöst. Daß wir mit diesen Schwierigkeiten doch recht gut fertiggeworden sind, ist in erster Linie das Verdienst der Partei. Es hat mich immer wieder erstaunt, wie belastbar unsere Partei ist, und ich habe mir oft gesagt, daß diese Widerstandsfähigkeit, diese Geduld geradezu einen Stützpfeiler der Demokratie darstellen.

Über eines waren wir uns die ganze Zeit völlig im klaren. Für eine sozialdemokratische Partei gilt es, die Politik ständig zu erneuern. Die Chance voranzukommen liegt für den Reformismus gerade darin, daß man die aktuellen gesellschaftlichen Probleme durch eine Erneuerung der Politik zu lösen sucht.

Hier kann ich direkt an das anknüpfen, was Willy Brandt über Lebensqualität sagt. Wir alle standen in den letzten Jahren mitten in dieser Diskussion über das Wachstum und seine Grenzen, über den materiellen Fortschritt und den Preis, den wir dafür zahlen: den größeren Verschleiß von Mensch und Natur. Die Notwendigkeit, unsere Umwelt zu schützen und mit den empfindlichen Naturschätzen hauszuhalten, hat mit Recht Vorrang in der Politik bekommen. Es sind

My view of mankind is optimistic because I believe people have a great ability to show solidarity, to understand the circumstances of others, and to share responsibility for a common future. But my optimism is not unreserved. As Willy Brandt says, we constantly receive illustrations of the abysses of hate and barbarism hidden within us. But evil is not absolute either. Barbarism erupts in certain situations. One must - and this is the crucial point - try to prevent humanity from getting into such situations. And that, again, is clearly a political issue. In Sweden, too, we are now facing an election campaign that will be extraordinarily tough. I can't make any predictions about the outcome, but our confidence has increased in recent months. We have a few years of economic problems behind us. The unrest that has gripped all industrial nations is also having a strong impact on us. We were forced to deal with the problems without a majority in Parliament. In such situations, government responsibility often becomes a burden that not only puts a strain on the cabinet and the parliamentary group, but also demands a high degree of loyalty and confidence from party members. But social democracy cannot escape this responsibility without causing even more unrest among the population. The fact that we managed to cope quite well with these difficulties is primarily due to the party. I've always been amazed at how resilient our party is, and I've often said to myself that this resilience, this patience, is a pillar of democracy.

There was one thing we were perfectly clear about all along. For a social democratic party it is important to constantly renew politics. The opportunity ... to make headway lies precisely in trying to solve current social problems through reforming and renewing politics.

Here I can link directly to what Willy Brandt says about quality of life. In recent years we have all been in the middle of this discussion about growth and its limits, about material progress and the price we pay for it: the greater wear and tear on people and nature. The need to protect our environment and to economise on sensitive natural resources has rightly gained priority in politics. These are very concrete problems for all of us,

für uns alle überaus konkrete Probleme, die aufs engste damit zusammenhängen, ob wir in der Lage sind, die Lebensqualität zu verbessern, oder ob wir ihre Verschlechterung hinnehmen müssen.

Als wir diese Probleme durchdachten, sind wir zu einem eigentlich selbstverständlichen Schluß gekommen: Will man die Lebensumstände der Menschen auf die Dauer qualitativ verbessern, muß man bei den Verhältnissen im Arbeitsbereich anfangen.

Ich meine nicht, daß es sich bei den Arbeitsbedingungen um ein Gebiet handelt, das vernachlässigt worden wäre. Aber man kann wohl mit Recht sagen, daß in der Nachkriegszeit andere Aufgaben im Vordergrund standen. Zu Beginn der Arbeiterbewegung kämpfte man für Reformen zum Gesundheitsschutz der Arbeiter und setzte sich auch durch: den Achtstundentag, gesetzlich geregelten Urlaub, Arbeitsschutz usw. Danach richteten sich die gewerkschaftlichen Bestrebungen weitgehend auf eine Verbesserung der materiellen Bedingungen, was nicht nur Vollbeschäftigung, sondern auch eine leistungsfähige Produktion voraussetzte. Die Bestrebungen wurden von der Gesellschaft unterstützt. Die Maßnahmen, die man ergriff, betrafen vorwiegend außerberufliche Verhältnisse. So haben wir durch verbesserte Schulbildung die Jugend auf das Erwerbsleben vorbereitet, durch soziale Sicherheitsmaßnahmen für Schutz bei Krankheit und Arbeitslosigkeit gesorgt, durch eine Reform der Rentenversicherung für alle, die aus dem Arbeitsprozeß ausscheiden, eine grundlegende verbesserte Situation geschaffen.

Dabei konnten wir bedeutsame Erfahrungen sammeln, mit welchen Methoden die wirtschaftliche Lage der Menschen zu beeinflussen und zu verbessern ist. Hierzu gehören die gewerkschaftlichen Tarifverhandlungen. Die gewerkschaftliche Lohnpolitik hat im Grunde einen systemverändernden Charakter: Durch Tarifabkommen wird der Arbeitsmarkt als Markt im klassischen Sinn aufgehoben. Die klassische Marktwirtschaft setzt ja einen echten Wettbewerb voraus, das heißt, die Arbeiter konkurrieren miteinander, um Arbeit zu erhalten. Tarifabkommen führen jedoch in der Praxis dazu, daß niemand unter einem bestimmten Lohn arbeitet, die Arbeiter unterbieten einander nicht, um eine Arbeit zu erhalten.

Durch die Steuerpolitik, durch Einkommensumverteilung nach sozialen Gesichtspunkten und andere soziale Maßnahmen ist es uns gelungen, den wirtschaftlichen Ausgleich zwischen verschiedenen Bevölkerungsgruppen zu

closely related to whether we are able to improve the quality of life or whether we have to accept its deterioration.

When we thought through these problems, we came to a conclusion that is actually self-evident: If you want to improve the quality of people's living conditions in the long run, you have to start with the conditions in the workplace.

I do not think that working conditions ... have been neglected. But one can rightly say that other tasks took priority in the post-war period. At the beginning of the labour movement, reforms to protect the health of workers ... prevailed: the eight-hour day, statutory vacation, occupational health and safety, etc. After that, ... union efforts were ... directed primarily towards improving material conditions, which not only meant full employment, but also efficient production ... Their efforts were supported by society. The measures that were taken concerned mainly non-professional relationships. We have prepared young people for working life through improved school education, provided protection in the event of illness or unemployment through social security measures, and created a fundamentally improved situation for all those who retire from work through pension reform ...

In doing so, we ... gained significant experience of which methods can be used to influence and improve people's economic situation. This includes union wage negotiations. Basically ... trade union wage policy changes the system through collective agreements. The labour market as a market in the classic sense is abolished. ... Classic market economy requires real competition, that is workers compete with each other to get work. In practice, however, collective agreements mean that no one works below an agreed wage and workers do not undercut each other to get a job.

Through tax policy, through income redistribution ... and other social measures, we have succeeded in promoting economic equality between different ... groups in society.

fördern.

Die gegenwärtige Diskussion über die Grenzen des Wachstums und die Lebensqualität hat bei manchen Verachtung ausgelöst für die erzielten materiellen
Fortschritte und für eine Politik, die bewußt das Wachstum förderte. Diese
Haltung beweist meiner Meinung nach mangelnden Respeckt vor der Erfahrung
der älteren Generation mit Armut und Not, einer Erfahrung, die sie veranlaßte,
sich für die Beseitigung von Not einzusetzen. Immer noch haben große Gruppen
einen unzureichenden Lebensstandard. Die älteren Generationen waren sich auch
durchaus bewußt, was zum Beispiel industrielle Demokratie bedeutet. In der
frühen programmatischen Diskussion unserer Bewegung ging es großenteils um
eben dieses Thema. Aber es blieb bei Absichtserklärungen. Jetzt nähern wir uns
einem Stadium, in dem diese Fragen wiederum vorrangig werden. Es ist also keine
neue Erkenntnis, daß die Verhältnisse im Arbeitsalltag für den gesamten
Charakter der Gesellschaft von entscheidender Bedeutung sind. Daß sich dieser
Gedanke heute besonders aufdrängt, hängt mit den praktischen Problemen
zusammen, mit denen wir konfrontiert werden, und mit dem Bestreben, den
Begriff >Wohlfahrt< zu erweitern. Mit dem Begriff >Wohlfahrtsstaat< verbindet
man ja in erster Linie soziale Sicherheit im Fall von Krankheit, Arbeitslosigkeit,
Alter usw. Doch man kann ihm gleichwohl eine weitere Dimension geben.

Einige Beispiele mögen dies illustrieren. Das eine betrifft die Verhältnisse auf
dem Gesundheitssektor, die ja für die Wohlfahrt des Menschen von
entscheidender Bedeutung sind. Es ist uns gelungen, die typischen
Armenkrankheiten einzudämmen und gesundheitliche Schäden, die auf Not und
Mangel zurückzuführen sind, weitgehend auszuschließen. Tuberkulose und
Kindersterblichkeit erscheinen kaum mehr in der Statistik. Versucht man jedoch,
sich über das Auftreten anderer Gesundheitstörungen -- wie Erschöpfung,
allgemeine Verschleißerscheinungen, Wirbelsäulenerkrankungen usw. -- ein Bild
zu machen, entdeckt man recht erhebliche soziale Unterschiede. Das erklärt sich
daraus, daß zahlreiche Menschen an ihrem Arbeitsplatz gesundheitlich gefährdet
sind. Für Kinder und Jugendliche konnten wir die Gesundheitsrisiken
einschränken, für Erwachsene jedoch nicht. Nach 30 bis 40 Jahren hat derjenige,
der eine schwere körperliche Arbeit leisten mußte oder ständig Lärm und Zugluft
ausgesetzt war, seine Gesundheit womöglich ruiniert. Wenn dann ein
Konjunkturrückgang kommt oder der manuelle Arbeitsgang durch ein neues
technisches Verfahren ersetzt wird oder der Betrieb geschlossen werden muß,
bleibt häufig nur übrig, entweder eine Wiedereingliederung in den Arbeitsprozeß

The current discussion about the limits of growth and the quality of life has inspired some contempt for the material advances that have been made and for policies that deliberately promote growth. In my opinion this attitude demonstrates a lack of respect for the older generation's experience of poverty and want, an experience that caused them to work to eliminate need. Large groups still have an inadequate standard of living. The older generations were also well aware of what, for example, industrial democracy meant. Although much of the early ... discussion in our movement revolved around this very issue, it never got beyond statements of intent. We are now approaching a stage where these issues will again become paramount. It is hardly novel, then, that working conditions are of crucial importance for the overall character of society. The fact that this idea is particularly pressing today has to do with the practical problems we are confronted with and the desire to expand the concept of 'welfare'. The term 'welfare state' is primarily associated with social security in the event of illness, unemployment, old age, etc. But it can also be given a further dimension.

A few examples may illustrate this. One concerns the conditions in the health sector, which are of crucial importance for human well-being. We have managed to contain the typical diseases of the poor and to largely rule out damage to health that can be traced back to poverty and shortages. Tuberculosis and child mortality hardly appear in the statistics anymore. However, if one tries to get a picture of the occurrence of other health disorders - such as exhaustion, general wear and tear, spinal diseases, etc. - one discovers quite significant social differences. This can be explained by the fact that many people's health is at risk ... at work. We were able to limit the health risks for children and young people, but not for adults. After 30 to 40 years, those who have had to do heavy physical labour or have been constantly exposed to noise and draughts may have ruined their health. When there is an economic downturn, or manual work ... is replaced by a new technical process, or the business has to be closed, often the only option is to either try to reintegrate into the revised work process or to take early retirement. Although the

zu versuchen, oder -- die Frührente. Im allgemeinen Gesundheitswesen ist bei uns zwar das Prinzip der Klassenlosigkeit annähernd verwirklicht, die Fälle, in denen durch moderne Arbeitsbedingungen Pflegebedürftigkeit entsteht, sind jedoch alles andere als klassenlos.

Das zweite Beispiel knüpft an die Diskussion über den Umweltschutz an. Wir beschäftigen uns jetzt intensiv damit, die Verschmutzung von Luft, Wasser und Erde zu verhüten. Fische, die durch Industrieabwässer verendet, Vögel und andere Tiere, die vergiftet worden waren, hatten hier oft die ersten Alarmsignale ausgelöst. Der Gedanke lag nahe, daß diese giftigen Stoffe, diese für die Natur schädlichen Produktionsprozesse in erster Linie den Arbeitern selber geschadet haben müssen. Während vieler Jahre atmeten sie die verschmutzte Luft ein, hantierten sie mit giftigen Stoffen und litten unter unzumutbaren Arbeitsplätzen. Wir zogen daraus den Schluß, daß eine Verbesserung der Verhältnisse innerhalb der Produktion, die darauf abzielt, Gefährdungen für die Gesundheit zu reduzieren, auch einen entscheidenden Schritt zum Schutz der äußeren Umwelt darstellt.

Unsere Kritik an der modernen Gesellschaft richtet sich also nicht dagegen, daß sie durch einen hohen Lebensstandard, eine leistungsfähige Produktion und ein Wirtschaftswachstum, das Verbesserungen ermöglicht, gekennzeichnet ist. Sie richtet sich vielmehr gegen den Preis des Fortschritts, gegen die Formen des Wachstums. Wir versuchten deshalb, die Frage zu beantworten: Kann man Leistungsfähigkeit und Menschlichkeit vereinen? Und wir glauben, daß die Antwort im wesentlichen in einer Reform der Arbeitsverhältnisse liegt.

Die Wege, auf denen diese Erneuerung erreicht werden kann, ergeben sich zum Teil dadurch, daß die Gesellschaft größere Verantwortung für die Entwicklung übernimmt. Wenn wir die Planung ausbauen, können wir die möglichen Folgen verschiedener Entscheidungen besser übersehen und uns wirksamer vor der Ausbeutung unersetzlicher Naturschätze schützen. Es sind gesetzliche Maßnahmen auf Gebieten erforderlich, auf denen die Gesellschaft sich ihrer Verantwortung nicht entziehen kann. Dazu einige Beispiele: Wir haben uns mehrere Jahre damit befaßt, einen Plan für ganz Schweden auszuarbeiten, der festlegt, wie man mit Boden und Wasser haushalten soll. Dieser Plan liegt jetzt vor und ist auch vom Reichstag gebilligt worden. Das bedeutet, daß wir sehr viel bessere Voraussetzungen haben als früher, Konflikten zwischen verschiedenen Ansprüchen auf Grund und Boden vorzubeugen. Die Industrie weiß, welche

principle of classlessness has almost been achieved in our health care system generally, the cases in which the need for care arises as a result of modern working conditions are anything but classless.

The second example ties in with the discussion about environmental protection. We are now working hard to prevent pollution of the air, water and soil. Fish that died from industrial effluents, birds and other animals that had been poisoned were often the first alarm signals to go off here. The idea was obvious that these toxic substances, the production processes that are harmful to nature, must first have ... harmed workers themselves. For many years they breathed the polluted air, handled toxic substances and suffered from unacceptable jobs. We concluded that improving conditions within production aimed at reducing health hazards is also a crucial step in protecting the external environment.

Our critique of modern society, then, is not directed against the fact that it is characterised by a high standard of living, efficient production and economic growth that makes improvements possible. Rather it is directed against the price of progress, against the forms of growth. We therefore tried to answer the question: Can one combine efficiency and humanity? And we believe that the answer lies essentially in labour reform.

Part of the way in which this renewal can be achieved is through society taking greater responsibility for development. If we improve planning, we can better understand the possible consequences of different decisions and protect ourselves more effectively from the exploitation of irreplaceable natural resources. Legislative action is required in areas where society cannot escape its responsibilities. Here are a few examples: For several years we have been working on drawing up a plan for all of Sweden that will determine how soil and water should be managed. This plan is now available and has also been approved by the Riksdag [Sweden's unicameral parliament]. This means that we are in a much better position than before to prevent conflicts between different land claims. Industry knows which areas may not be used for industrial

Gebiete künftig nicht zu industriellen Zwecken genutzt werden dürfen. Jahrelang waren wir auch damit beschäftigt, Richtlinien für eine Planung aufzustellen, die zum Ziel hat, Arbeit, Dienstleistungen und andere wirtschaftliche Tätigkeiten über das ganze Land zu verteilen. Auch dieser Plan ist jetzt vom Reichstag verabschiedet worden. Damit stehen uns allgemeine Richtlinien zur Verfügung, die bei den Bestrebungen, ein geographisches Gleichgewicht im Lande herzustellen -- das Wachstum der Großstädte zu drosseln, für dünnbesiedelte Gebiete bessere Dienstleistungen zu schaffen, Ballungsräume zu vermeiden --, eine Hilfe sein können. Die Marktwirtschaft wird mit dieser Aufgabe nicht fertig; deshalb müssen die Kräfte des Marktes gesteuert werden.

Mein drittes Beispiel stammt aus einem ganz anderen Bereich. Wir sind dabei, die Gesetzgebung auf dem Gebiet des Verbrauchs gründlich zu reformieren. Wir haben das Amt des Verbraucher-Ombudsmanns geschaffen und insgesamt versucht, die rechtliche und wirtschaftliche Stellung des Konsumentum gegenüber dem Verkäufer zu stärken.

Für eine soziale Erneuerung des Arbeitsalltags ist dennoch in erster Linie die Mitwirkung des einzelnen erforderlich. Die Arbeit ist nicht nur ein Mittel, den Lebensunterhalt zu verdienen, sie ist und bleibt auch für den Menschen einer der wichtigsten Wege zur Selbstverwirklichung. Nimmt man ihm diese Chance dadurch, daß die Arbeit sinnentleert wird oder daß man ihm die Möglichkeit vorenthält, selber oder zusammen mit anderen über die Arbeit zu bestimmen, bedeutet das eine Verarmung. Diese Feststellung ist nicht so zu verstehen, als ob die Arbeit, die man ausführt, besonders qualifiziert sein müßte. Jede Tätigkeit, sei sie auch noch so einfach, wird für den Menschen sinnvoll, wenn sie in einen größeren gesellschaftlichen Zusammenhang gestellt werden kann. Eine Demokratisierung des Arbeitslebens ist demnach von grundlegender Bedeutung.

Deshalb legen wir bei unseren Reformbemühungen großes Gewicht darauf, Gesetze, die den Menschen mehr Sicherheit am Arbeitsplatz bringen sollen, mit Demokratisierungsmaßnahmen zu koppeln. Das Recht des Menschen auf Mitbestimmung ist im Gesetz verankert. Sache der gewerkschaftlichen Organisationen und der Lohnempfänger ist es dann, diesem Recht einen Inhalt im Arbeitsalltag zu geben. So bilden denn auch die Gewerkschaften gegenwärtig Tausende von Mitgliedern aus, deren Aufgabe es sein wird, die größere Einflußnahme der Arbeitnehmer sicherzustellen.

purposes in the future. For years we have also been engaged in establishing guidelines for planning to distribute labour, services and other economic activities across the country. This plan has now also been passed by the Riksdag. This gives us general guidelines that can be of help in efforts to establish a geographical balance in the country - to slow down the growth of the big cities, to create better services for sparsely populated areas, to avoid conurbations. The market economy cannot cope with this task; therefore, market forces must be managed.

My third example comes from a completely different area. We are in the process of thoroughly reforming legislation in the field of consumption. We created the consumer ombudsman's office and in general tried to strengthen the legal and economic position of the consumer vis-à-vis the seller.

For a social renewal of everyday working life, however, individual participation is critical. Work is not only a means of earning a living, it is and remains one of the most important ways for people to fulfil themselves. If this chance is taken away ... by making the work meaningless or by denying ... the possibility of deciding on the work themself or together with others, this means impoverishment. This statement is not to be construed as implying that the work one performs must be particularly skilled. Every activity, no matter how simple, makes sense for people if it can be placed in a larger social context. A democratisation of working life is therefore of fundamental importance.

So, in our efforts at reform, we attach great importance to connecting laws intended to make people more secure in the workplace with democratisation measures. The right of people to co-determination is enshrined in the law. It is then up to the trade union organisations and wage earners to ensure this is reflected in everyday work. Consequently, unions are training thousands of members whose job it will be to ensure greater employee influence.

Eine Demokratisierung des Arbeitslebens stößt bei jenen, die darin etwas Ungewohntes und Bedrohliches sehen, etwas, das die Voraussetzungen, die bisher für wirtschaftliche Tätigkeit galten, gefährdet, fraglos auf Widerstand. Schließlich wird ja hier das freie Spiel der wirtschaftlichen Kräfte betroffen. Die Macht wird auf mehrere verteilt. Aber die gleichen Argumente wurden auch gegen das Streben nach politischer Demokratie angeführt, gegen die Bestrebungen der Arbeiter, sich gewerkschaftlich zu organisieren, und ebenso gegen eine Reihe sozialer Reformen, die jetzt eigentlich selbstverständlich erscheinen. Durch diese Maßnahmen wurden die Machtverhältnisse verändert. Doch die Befürchtungen, die veränderten Machtverhältnisse wurden die Gesellschaft qualitativ verschlechtern oder eine Einschränkung der Freiheit bewirken, haben sich nie bewahrheitet. Und meine Auffassung vom Menschen ist so optimistisch, daß man meiner Meinung nach auch jene überzeugen kann, die sich anfangs skeptisch zeigen. Tage Erlander sagte kürzlich, wir erwarteten von den Bürgern, daß sie imstande seien, sich eine eigene Meinung über die kompliziertesten Sachfragen und Zusammenhänge zu bilden, über Wechselkurse und Währungsreserven, über Abläufe in der Wirtschaft, über Fragen der Außenpolitik. Wenn es jedoch um das Alltäglichste und Nächstliegende gehe -- wie die Arbeit organisiert werde, welche Stellung der Arbeiter im Arbeitsprozeß einnehmen solle --, dann hätten andere zu bestimmen, dann werde der Arbeiter nicht mehr als sachkundig betrachtet.

Daß wir uns jetzt um eine Reform der Arbeitsverhältnisse bemühen, bedeutet, daß wir in gewissem Umfang von einem Grundgedanken abgehen, der in den entwickelten Industrienationen während der Wachstumsperiode der Nachkriegszeit vielfach vertreten wurde. Man sah die Arbeit als ein notwendiges Übel an. Emanzipation und Selbstverwirklichung waren der Freizeit vorbehalten. Es galt, sich von der Arbeit zu distanzieren, sich etwa durch erhöhten Konsum zu entschädigen.

Wir müssen begreifen lernen, daß die Arbeit in dem von uns überschaubaren Zeitraum im Leben der Menschen auch weiterhin eine beherrschende Rolle spielen wird. In ihr muß Emanzipation, muß höhere Lebensqualität gesucht werden. Andernfalls können wir auch nie eine entscheidende Verbesserung der Lebensqualität in dem Bereich unserer Existenz erreichen, der außerhalb der Arbeitssphäre liegt.

Democratising working life will undoubtedly face resistance from those who see in it something unfamiliar and threatening, something that endangers the existing conditions ... for economic activity. After all, the free play of economic forces is affected here. Power is divided among several. But the same arguments have ... been made in the past against the quest for political democracy, against workers' efforts to organise in unions and also against a range of social reforms that now seem to be taken for granted. These measures changed the balance of power. However, fears that this change would dilute the quality of society or result in a restriction of freedom have never materialised. And my view of people is so optimistic that I think you can convince even those who are initially sceptical. Tage Erlander[25] recently said that we expect citizens to be able to form their own opinions on the most complicated technical issues and relationships, on exchange rates and currency reserves, on economic processes, on questions of foreign policy. However, when it comes to the most mundane and obvious things - how work is organised, what position the worker should have in the work process - then others have to decide and the worker is no longer considered competent.

... That we are now striving to reform labour relations demonstrates a departure ... from the ... generally held stance in the developed industrial nations during the post-war growth period. Work was then seen as a necessary evil. Emancipation and self-realisation were reserved for leisure time. It was necessary to distance oneself from work, almost to compensate oneself ... through increased consumption.[26]

We need to understand that work will continue to play a dominant role in people's lives for the foreseeable future. In it, a higher quality of life must be sought - emancipation in effect. Otherwise we can never achieve a decisive improvement in the quality of life in areas of our lives that lie outside the working sphere.

Um das zu verwirklichen, muß man selbstverständlich verschiedene Wege einschlagen, je nach den gegebenen Verhältnissen. Wir haben gemeinsam mit den Vertretern der Lohnempfänger-Organisationen folgendes Programm ausgearbeitet, das jetzt im schwedischen Wahlkampf eine wichtige Rolle spielt:

1. Das Arbeitsmilieu muß verbessert, Gefahren am Arbeitsplatz müssen beseitigt werden. Das wird u. a. durch eine verbesserte Gesetzgebung geschehen, zu deren Hauptpunkten gehört, daß die Stellung der Vertrauensleute in Fragen des Arbeitsschutzes wesentlich gestärkt wird.

2. Die Sicherung der Arbeitsplätze wird gesetzlich geregelt, so zum Beispiel durch erhebliche Verlängerung der Kündigungsfristen und durch Einführung des Kündigungsschutzes.

3. Die Arbeitnehmer werden mehr Einblick in den Betrieb und größeren Einfluß auf die gesamte Führung des Unternehmens erhalten, und zwar dadurch, daß sie Vertreter in die Aufsichtsräte entsenden können. So werden künftig 8000 Lohnempfänger in den Aufsichtsräten sitzen.

4. Wir haben -im Einvernehmen sowohl mit der Arbeiter -- als auch mit der Angestelltengewerkschaft -- dem Reichstag vorgeschlagen, daß der staatliche Pensionsfonds das Recht erhalten soll, Aktien privater Unternehmen zu kaufen. Der Pensionsfonds rekrutiert sich aus den Beiträgen der Lohnempfänger und beläuft sich gegenwärtig auf 60 Milliarden Kronen. Davon sollen 500 Millionen für den Ankauf von Aktien bereitgestellt werden, um der Industrie Kapital zuzuführen und dadurch die Arbeitsplätze zu sichern. Insgesamt soll so erreicht werden, daß die Lohnempfänger größeren Einfluß auf die Wirtschaft bekommen.

5. Ferner wollen wir die Stellung der Lohnempfänger am Verhandlungstisch stärken, das Gebiet erweitern, auf dem sie über ihre Organisationen ihre Interessen gewerkschaftlich wahrnehmen können. Eine große Sachverständigenkommission befaßt sich gegenwärtig mit dieser Frage.

Das Programm besteht aus verschiedenen Teilen, von denen jeder wesentlich ist. Vor allem aber muß es als Ganzes gesehen werden. Es gewährt den Lohnempfängern vermehrten Einfluß auf allen Ebenen der Wirtschaft, von den Alltagsproblemen am Arbeitsplatz bis zu weitreichenden Entscheidungsprozessen.

In order to achieve this, one must of course take different paths, depending on the circumstances faced. Together with representatives of wage-earning organisations, we have worked out the following programme, which is now playing an important role in the Swedish election campaign:

1. The working environment needs to be improved and hazards in the workplace eliminated. This will ... happen through improved legislation, one of the main points of which is that the role of shop stewards will be significantly strengthened in relation to occupational safety and health.

2. Safeguarding jobs is regulated by law, for example by significantly extending notice periods and by introducing protection against dismissal.

3. Workers will have more insight into operations and greater influence over the overall management of the company through ... representation on boards of directors. In the future, 8,000 wage earners will sit on the supervisory boards.

4. We have proposed to the Riksdag - in agreement with both workers' and white-collar unions - that the state pension fund should be given the right to buy shares in private companies. The pension fund comprises wage earners' contributions and currently amounts to 60 billion crowns. Of this, 500 million are to be made available for the purchase of shares in order to provide capital to industry and thereby secure jobs. Overall, the aim is to give wage-earners greater influence on the economy.

5. We also want to strengthen the negotiating position of wage-earners ..., expanding their scope for ... representing their interests through their organisations. A major expert commission is currently examining this question.

The programme consists of different parts, each of which is essential. Above all, it must be seen as a whole. It grants wage-earners increased influence at all levels of the economy, from day-to-day problems at work to broader decision-making processes. We wanted to combine the

Wir wollten die Forderung nach Sicherheit und Fortschritt mit der nach größerer Kontrolle der wirtschaftlichen und technischen Entwicklung verbinden.

Ich bin überzeugt, daß hierin eine der wichtigsten Aufgaben für die Sozialdemokratie in den Industrienationen liegt. Eine Aufgabe, deren Bewältigung für die Menschen immer größere Bedeutung gewinnt: materiellen Fortschritt mit weitergesteckten sozialen Zielsetzungen zu vereinen. Weder die bürgerlichen Parteien noch die Kommunisten sind in der Lage, diese Aufgaben in Angriff zu nehmen. Bei beiden weist die Programmatik stark elitäre Züge auf. Eine Erweiterung der Demokratie aber ist ihrem Wesen nach antielitär. Die bürgerlichen Parteien - auch wenn sie ein Stück des Weges mitgehen können - sind dadurch gehemmt, daß sie am freien Spiel der wirtschaftlichen Kräfte festhalten wollen. Wir haben in der Vergangenheit viele Beispiele dafür erlebt, wie diese Einstellung zur Passivität, ja zur völligen Lähmung des Handelns angesichts drängender Gesellschaftsprobleme führte. Das wird sich wiederholen, wenn es die Probleme der heutigen Industriegesellschaft zu lösen gilt.

Die kommunistischen Parteien in Westeuropa sind seit einigen Jahren dabei, ihre seit Jahrzehnten gültigen dogmatischen Prinzipien zu überprüfen. Ein schmerzhafter Prozeß, der in Schweden zur Spaltung der kommunistischen Partei führte. Die Kommunisten sind politisch gelähmt und steuern zur politischen Diskussion im Lande seit langem keine eigenen Vorschläge mehr bei. Für die westeuropäischen Kommunisten gibt es zwei Alternativen: entweder die Rückkehr zu Stalin und Lenin oder ein völlig neuer Weg, der an die Tradition des demokratischen Sozialismus anknüpft. Die erste Möglichkeit würde der kommunistischen Partei zwar einerseits neues Selbstvertrauen und Wertgefühl bringen, andererseits aber nur ihre eigenen Probleme lösen, und nicht die der Gesellschaft, nicht die der einzelnen Menschen. Wählten sie aber die zweite Möglichkeit, würde das bedeuten, daß sie sich in der Praxis von den ursprünglichen Thesen des Kommunismus mehr und mehr entfernen.

Daher bleibt es Aufgabe der Sozialdemokratie, das Arbeitsleben demokratisch zu erneuern und dadurch eine qualitative Verbesserung der gesamten Gesellschaft zu bewirken.

Ich glaube, daß hier auch der Ansatzpunkt für eine Zusammenarbeit zwischen den sozialdemokratischen Parteien Westeuropas liegt. Ich denke dabei an die Worte Willy Brandts: >>Wir sollten der Zusammenfassung der europäischen Sozial-

demand for security and progress with greater control over economic and technical development.

I am convinced that this is one of the most important tasks for social democracy in the industrialised nations. A task that is becoming increasingly important for people to master: combining material progress with broader social objectives. Neither the bourgeois parties nor the communists are in a position to tackle these tasks. Both their programmes have strong elitist traits, whereas an extension of democracy is essentially anti-elitist. The bourgeois parties - even if they can go along part of the way - are hampered by the fact that they want to preserve the free play of economic forces. We have seen many examples in the past of how this attitude has led to passivity, even complete paralysis of action in the face of pressing societal problems. This will be repeated when it comes to solving the problems of today's industrial society.

The communist parties in Western Europe have been ... reviewing their long-standing and dogmatic principles ... A painful process that led to a split in the communist party in Sweden. The communists are politically paralysed and have not contributed their own proposals to the political debate in the country for a long time. For the Western European communists there are two alternatives: either a return to Stalin and Lenin, or a completely new path that picks up on the tradition of democratic socialism. The first possibility would ... bring new self-confidence and a sense of worth to the Communist Party, but ... it would only solve its own problems and not those of society, let alone individuals. ... The second option would mean that they would move further and further away in practice from the original theses of communism.

So it remains the task of social democracy to renew working life democratically and ... bring about a qualitative improvement in society as a whole.

I believe that this is also the starting point for co-operation between the social democratic parties in Western Europe. I am thinking of the words of Willy Brandt: "We should help consolidate European social democracy to

demokratie zu verstärkter Konsistenz und verbesserter Qualität verhelfen.<< Die Probleme des Arbeitslebens sind für alle Lohnempfänger Westeuropas von unmittelbarem praktischem Interesse. Angesichts der Entwicklung, die politisch, wirtschaftlich und sozial stattgefunden hat, besitzen diese Fragen naturgemäß ihren Stellenwert in den Diskussionen. Wir hoffen zuversichtlich, daß wir einer Periode der Entspannung und Sicherheit in Europa entgegengehen. Mit der Erweiterung der EG und ihren Handelsabkommen mit den neutralen Ländern ist die große handelspolitische Frage für Westeuropa gelöst. Beides Umstände, die für diesen Teil der Welt außerordentlich günstig sind. Es gilt jetzt, eine europäische Lohnempfängerpolitik zu schaffen, die den erreichten Fortschritten auch in sozialer Hinsicht eine weitere Dimension geben kann. Diese Ideen lassen sich ohne weiteres mit dem Problem koppeln, das Bruno Kreisky behandelt: die multinationalen Konzerne und die Konzentration wirtschaftlicher Macht -- Fragen, an denen die Gewerkschaften ein unmittelbarres Interesse haben. Ich meine, daß hier Gelegenheit besteht, die Kontakte zwischen der Gewerkschaftsbewegung und der Internationale wesentlich auszubauen.

Mit herzlichen Grußen, O.P.

become more consistent and of better quality." The problems of working life are of immediate practical interest to all wage-earners in Western Europe. In view of the developments that have taken place politically, economically and socially, these questions naturally have their place in the discussions. We confidently hope that we are heading towards a period of relaxation and security in Europe. With the enlargement of the EC and its trade agreements with ... neutral countries, the big trade policy question for Western Europe has been solved. Both circumstances are extraordinarily favourable for this part of the world. It is now a question of creating a European wage-earning policy that can add a further dimension to the progress that has been made, also from a social point of view. These ideas can easily be linked to the problem Bruno Kreisky is dealing with: multi-national corporations and the concentration of economic power - issues in which trade unions have an... immediate interest. I believe that there is an opportunity here to expand substantially the contacts between the trade union movement and the International.

With warm regards, O.P.

Willy Brandt Brief vom 30. Juli 1973

Lieber Bruno, lieber Olof,

Wie Ihr vermutlich wißt, haben auf unserem hannoverschen Parteitag im April Fragen der Theorie und der grundsätzlichen Orientierung unserer Politik eine beträchtliche Rolle gespielt. Und zwar nicht nur auf die Weise, daß Kritiker aus den Reihen der jungen Generation einen Nachholbedarf feststellten, sondern auch so, daß die Parteiführung von sich aus Vorschläge machte, die positiv auf-genommen wurden: z. B. Arbeitskreis Grundwerte, Schriftenreihe zur Theorie und zur grundsätzlichen Verankerung unserer praktischen Politik. Auch die weitere Arbeit an dem, was wir >Orientierungsrahmen '85< nennen, wird weithin prinzipiell orientiert sein.

I.

Neben manchem anderen werden wir vor der Aufgabe stehen, das mit dem Begriff >Lebensqualität< Gemeinte möglichst genau zu fassen. Hierbei scheint mir Klarheit über zwei wesentliche Faktoren zu bestehen: Wenn wir kronket eine Politik für den Menschen betreiben wollen, müssen wir uns unter den sich wandelnden Verhältnissen immer erneut Klarheit darüber verschaffen, was ein menschenwürdiges Leben ausmacht und erfordert. Und wir müssen das Morgen und Übermorgen im Blick haben, um genauer zu wissen, was heute zu tun ist und welche Folgen das heutige Tun morgen und übermorgen haben wird. Die Forderung nach besserer Lebensqualität zielt ja auf eine Richtungsänderung des politischen Handelns: Weg von der einseitigen Orientierung an einem mißverstandenen, manchmal sogar hemmungslosen wirtschaftlichen Wachstum und hin zu einer -- über den Tag hinaus -- an den menschlichen Bedürfnissen orientierten Politik, die der Ökonomie und der Technik bestimmte Ziele vorgibt.

Keine Kritik am Theoriedefizit der Nachkriegsjahre nimmt uns allerdings die Grundentscheidung ab, ob wir in unserem Teil der Welt auf die Vorteile der Marktwirtschaft -- auf den Gebieten, auf denen hiervon ernsthaft gesprochen werden kann -- verzichten und die Risiken einer zentralen Verwaltungswirtschaft auf uns nehmen wollen. Ich meine, alle vernünftige Erfahrung spricht dagegen, daß wir uns auf einen solchen Weg begeben, und dafür, daß wir die Kräfte des Marktes und des Wettbewerbs sich weiterhin möglichst umfassend entfalten lassen. Insofern gilt auch unter sich stark verändernden Bedingungen die

Willy Brandt letter 30th July 1973

Dear Bruno, dear Olof,

As you probably know, questions of theory and the fundamentals of our politics were significant at our Hanover party conference in April. And not only in such a way that critics among the younger generation determined that there was a need to catch up, but also because the party leadership made suggestions that were positively received: e.g. working group on basic values, series of publications on theory and on the fundamental anchoring of our practical politics. Further work on what we call the '85 Orientation Framework' will also be largely principle-oriented.

I.

Along with many others, we shall have the task of defining as precisely as possible what is meant by ... 'quality of life'. It seems to me that there are two main factors: If we want to pursue a policy for people, given the changing circumstances, we must always be clear about what ... a dignified life is. And we have to keep an eye on tomorrow and the future in order to know more precisely what needs to be done today and what the consequences of today's actions will be tomorrow. The demand for a better quality of life requires a re-direction of political action away from the current priority of a misunderstood, and sometimes ... unrestrained economic growth, and towards ... a policy oriented towards human needs, ... the economy and ... specific goals for technological development.

However, no criticism of deficient theory in the post-war years relieves us of the basic decision as to whether we want to do without the advantages of the market economy in our part of the world ... and take on the risks of a centralised ... economy. I think that all reasonable experience opposes us continuing to allow the forces of the market and competition to unfold as fully as possible. In this respect, the rule of thumb of the Godesberg programme applies even under rapidly changing conditions: as much market as possible, as much framework planning as necessary.

Faustregel des Godesberger Programms: Soviel Markt wie möglich, soviel Rahmenplanungen wie nötig.

Den Optimismus, daß wir gegenwärtig eine Blüte der Gesellschaftswissenschaften hätten, teile ich im übrigen nicht, zumindest nicht im Hinblick auf solche wissenschaftliche Ergebnisse, die uns heute bei einer Neubestimmung der Politik in entscheidendem Maße voranhelfen könnten. Die Entscheidung darüber, welches Ziel das bessere ist, und darüber, welcher Weg dorthin führen soll, kann dem handelnden Politiker, aber auch dem verantwortungsbewußten Staatsbürger niemand abnehmen. Über die geeigneten Mittel zur Verwirklichung unserer Ziele sowie über mögliche Folgen unseres Handelns können und sollten wir die Wissenschaft jedoch immer wieder befragen. Politik im wissenschaftlich-technischen Zeitalter bedarf immer mehr moderner, elastischer Planung, und zwar im Sinne einer Einheit von vorausschauendem Wissen und politischer Entscheidung. Die Forderung nach mehr sozialer Demokratie und das Bemühen um mehr gesellschaftliches Wissen sind eng miteinander verschränkt. Einerseits wäre alles Wissen wenig wert, wenn es nicht von den und für die unmittelbar Interessierten und Betroffenen in Entscheidungen umgesetzt werden könnte. Andererseits ließe auch die weitestgehende Demokratisierung des sozialen Lebens am Ende sehr viele Probleme ungelöst, stünden nicht allen an den Entscheidungsprozessen Beteiligten hinreichende Erkenntnisse über sich und ihre Umwelt zur Verfügung.

Verantwortliche Politik verlangt immer die gegenseitige Ergänzung und Durchdringung von praktischer und theoretischer Erfahrung. Dabei meine ich, daß die Einsicht, warum jüngere Menschen so und ältere Menschen so, oder warum >Theoretiker< so und >Praktiker< so sind, argumentieren und handeln, manchmal noch wichtiger ist, als es manche Denkergebnisse selber sein können. Wenn man von dieser Einsicht ausgeht, fördert man sozialdemokratische Solidarität und sichert über alle Theoreme hinaus das Handeln für den Menschen, auf das es uns im Ganzen und im Detail immer wieder ankommen muß. Mein Freund Erhard Eppler hat dies so charakterisiert: >>Wenn wir Freiheit und Teilhabe an Entscheidungen für einen Bestandteil von Lebensqualität halten, dann ist die Methode, wie wir Lebensqualität bestimmen, schon ein Bestandteil von Lebensqualität. Anders gesagt: der demokratische Prozeß zur Findung und Durchsetzung von Lebensqualität ist Ausübung von Lebensqualität. Umgekehrt: wo immer Lebensqualität ermittelt und autoritär durchgesetzt werden soll, wird sie im Ansatz zerstört.<< Es zeigt sich, daß der Kern der Forderung nach mehr Lebensqualität in

Incidentally, I do not share the optimism that the social sciences are currently flourishing, at least not with regard to such scientific results that could be of decisive help today ... in redefining politics. Nobody can remove the decision about which goal is the better one, and how to get there, from the acting politician or from the responsible citizen. However, we can and should ask science again and again about the appropriate means of achieving our goals and about the possible consequences of our actions. Politics in the scientific-technical age requires more and more modern, flexible planning, in the sense of uniting knowledge and political decisions. The demand for more social democracy and the effort for more social knowledge are closely intertwined. On the one hand, all knowledge would be of little value if it could not be implemented in decisions by and for those directly interested and affected. On the other hand, even the most extensive democratisation of social life would ultimately leave many problems unsolved if all those involved in the decision-making processes did not have sufficient knowledge about themselves and their environment.

Responsible politics always requires both practical and theoretical experience and their interaction. By this I mean that the insight into why younger people argue and act in this way while older people do so in another way, or why 'theoreticians' are one way and 'practitioners' another, is sometimes even more important than the implications independently. If one proceeds from this insight, one can promote social-democratic solidarity and, going beyond all theorems, ensure action for all people. This must always be important to us, both as a whole and in detail. My friend Erhard Eppler[27] characterised it like this: "If we consider freedom and participation in decisions to be part of the quality of life, then the method by which we determine quality of life is already part of that quality of life. In other words, the democratic process for finding and enforcing quality of life is the exercise of quality of life. Conversely: wherever quality of life is ... determined and enforced in an authoritarian manner, it is destroyed from the start." It turns out that the core of the

den Forderungen besteht: mehr Möglichkeiten der Selbstbestimmung und mehr Kenntnisse unserer sozialen Lebensbedingungen. Theoretische Bemühungen, die hier ansetzen, kann es nicht genug geben.

Der bewußte Verzicht auf eine monokausale Theorie oder Weltanschauung, die Einsicht, daß demokratischer Sozialismus kein >Zustand< ist -- weder in der Definition des Augenblicks noch in der Fixierung vermeintlicher Endziele --, sondern vielmehr ein sich oft widersprüchlich vollziehender Prozeß, diese Einsicht bewahrt uns davor, uns an die Illusion einer konfliktlosen Entwicklung zu verlieren. Deshalb habe ich in meiner Rede auf dem Parteitag in Hannover besonders betont, unsere Fähigkeit, Spannungen zu ertragen, sei ein Maß >für die Qualität unserer Existenz<. Die Geschichte unseres Willens zur Volks-souveränität, zur Demokratie und zum freiheitlichen Sozialismus ist auch einer Geschichte der Opfer, der Entbehrungen, der Leiden und der Leidensfähigkeit. Niemand kann den Jungen wünschen wollen, den Leidensweg früherer Generationen noch einmal abschreiten zu müssen. Und doch wäre es gut, wenn manche die Bereitschaft deutlicher machten, daß man für das gemeinsame Wohl und die persönliche Überzeugung unter Umständen auch gewisse Opfer auf sich nehmen muß.

Es fehlt heute, wenig mehr als ein halbes Jahr nach einem großen Wahlerfolg, bei uns nicht an besorgten Stimmen über Zustand und Zukunft der deutschen Sozialdemokratie. Mancher scheint schon vergessen zu haben, daß der vorjährige Erfolg keineswegs sicher war und daß er nicht nur gegen rücksichtslose Wider-sacher, sondern auch gegen Unzulänglichkeiten und Kleinmut in den eigenen Reihen errungen werden mußte. Inzwischen gibt es mancherorts erhebliche innerparteiliche Spannungen, die nicht notwendigerweise abträglich sein müssen, aber gelegentlich doch wegen eines wirklichkeitsfernen Maximalismus gefährliche Tendenzen sichtbar machen. Andererseits hatte ich nicht nur im vorigen Jahr, sondern auch in den letzten Monaten häufig Gelegenheit, mich davon zu überzeugen, wie widerstandsfähig unsere Partei insgesamt ist. Augenmaß und gestalterische Kraft gilt es stets von neuem auf einen gemein-samen Nenner zu bringen, aber ohne den Faktor Geduld läßt sich gute Politik nicht machen -- weder im Innern noch nach außen.

Unser Parteitag im April zeigte eine lebendige, diskussionsfreudige und politisch handlungsfähige Partei. Sie wird ihren Gegnern nicht den Gefallen der Zersplitterung bereiten. Im Gegenteil: über einige Unebenheiten hinweg beginnt

demand for more quality of life is ... more opportunities for self-determination and more knowledge of our social living conditions. There cannot be enough theoretical efforts that start here.

The conscious renunciation of a monocausal theory or world view, the insight that democratic socialism is not a 'state' (neither in the immediate moment nor in ... supposed end goals) but rather an often contradictory process ... This insight protects us from ... the illusion that development is conflict-free. That is why, in my speech at the party congress in Hanover, I particularly emphasised that our ability to endure tensions is a measure 'of the quality of our existence'. The history of our will to popular sovereignty, democracy and liberal socialism is also a story of sacrifice, deprivation, suffering and the ability to suffer. No one could wish to inflict the ordeal of previous generations on the young. And yet it would be good if some people clarified that they were willing to make certain sacrifices for the common good and for personal conviction.

Today, little more than six months after a great election success, there is no lack of concerned voices about the state and future of German social democracy. Some seem to have already forgotten that last year's success was by no means certain and that it had to be won not only against ruthless opponents but also against inadequacies and faintheartedness in our own ranks. Yet there are considerable tensions within the party in some places. These do not necessarily have to be detrimental, but they occasionally reveal dangerous tendencies ... On the other hand, ... in recent months as well as in the past year, I have often seen how resilient our party is overall. A good sense of proportion and creative power that comes down to a common denominator; but good politics cannot be achieved without ... patience ... - ... internally and externally.

Our party conference in April showed a lively party that was open to discussion and capable of political action. She will not do her opponents the favour of disintegrating. On the contrary, despite a few hurdles, a new

sich eine neue Geschlossenheit unserer Partei zu entwickeln, die auf der Einsicht beruht, daß es zwischen der grundsätzlichen Begründung des Handelns und dem politischen Handeln selber keine Isolierwand geben darf. Das Bewußtsein der großen Zusammenhänge macht diese Sozialdemokratie zu der Partei, die das Morgen vorausbedenken kann und in den Grenzen menschlichen Ermessens vorauszuplanen wagt. Ich stimme mit Euch beiden überein: Im Vergleich mit Parteien, die von ihrem Selbstverständnis her stark elitäre Züge aufweisen, haben die Sozialdemokraten die weitaus bessere Chance, die Probleme der modernen Industriegesellschaft konzeptionell in den Griff zu bekommen und struktur-verändernde Reformen in die politische Praxis umzusetzen.

Dem, was Bruno Kreisky über >system*bewahrende*< und >system*verändernde*< Reformen ausgeführt hat, kann ich im Grunde zustimmen. Wegen der Besonder-heiten der deutschen Diskussion spreche ich zumeist von inneren Reformen, die weithin >strukturverändernd< sein müssen -- und die dann, wenn sie gnügend >systemverbessernd< sind, natürlich auch dahin wirken, die soziale bzw. ökonomische Ordnung vorteilhaft zu verändern. In unserer innerparteilichen Diskussion wird das Gegensatzpaar von >systemstabilisierenden< und >system-überwindenden< Reformen im Zusammenhang damit gesehen, daß einige -- besonders jungsozialistische -- Kritiker unserer Politik meinen, am sogenannten System lasse sich nichts ändern, solange die Produktionsmittel nicht sozialisiert seien. Alle Politik, die diesen >Grundwiderspruch< nicht abschaffe, wirk letztlich nur systemstabilisierend; es sei nicht möglich, diesseits der Eigentumsschranke eine wirklich pointierte Position zu beziehen. Sie gehen von der These aus, die Veränderung der Eigentumsverhältnisse sei *der* entscheidende Hebel zur Verbesserung der Lage der Menschen, alles andere werde leicht zu > system-stabilisierendem Humbug<.

Wenn ich es recht sehe, gehen wir dagegen miteinander davon aus, daß modernes sozialdemokratisches Denken auf die Illusion verzichtet, mit einer generellen und schematischen Änderung der Eigentumsverhältnisse könne man den entscheid-enden Durchbruch erzielen, und aus der Abschaffung von Privatbesitz an Produktionsmitteln ergebe sich automatisch mehr Freiheit für die Menschen. Die Situation der Gesellschaft ist durch viele Elemente geprägt, längst nicht mehr oder bei weitem nicht mehr allein nur durch Eigentumstitel, sondern zunehmend durch unterschiedliche Formen von Verfügungsmacht, übrigens auch durch Verfügungs-gewalt über das Forschungspotential einer modernen Gesellschaft; durch das Verhältnis zwischen ökonomischer und politischer Macht; nicht zuletzt durch die

unity ... is beginning to develop in our party, ... based on the insight that ... the basic reasons for action cannot be isolated from political action itself. Being aware of the big picture makes this social democracy party one that can think ahead to tomorrow and dares to plan ahead within the limits of human judgment. I agree with both of you: Compared to parties that, based on their self-image, have strong elitist traits, the Social Democrats have a much better chance of conceptually getting a grip on the problems of modern industrial society and of putting structural reforms into political practice.

I ... basically agree with what Bruno Kreisky said about 'system-preserving' and 'system-changing' reforms. But, because of the peculiarities of the discussion in Germany, I usually speak of internal reforms, which must be largely 'structural' - and if they are sufficiently 'system-improving', they naturally also have the effect of changing the social and economic order in an advantageous manner. In our internal party discussions, the pair of opposites of 'system-stabilising' and 'system-overcoming' reforms are seen in connection with the fact that some critics of our policy - especially young socialists - believe that nothing can be changed in the so-called system as long as the means of production are not socialised. Any policy that does not abolish this 'basic contradiction' ultimately only has a stabilising effect on the system; it is not possible to take an effective position on this side of the property barrier. They proceed from the thesis that a change in ownership is the decisive lever for improving people's situation ..., everything else easily becomes 'system-stabilising nonsense'.

On the other hand, if I interpret it correctly, we all assume that modern social-democratic thinking renounces the illusion that a decisive breakthrough can be achieved with a general and schematic change in property relations, and that the abolition of private ownership of the means of production will automatically result in more freedom for people. ... Society is characterised by many elements, not only by property titles anymore ..., but increasingly by different forms of power ..., including the power of harnessing the research potential of a modern society; through the relationship between economic and political power; not least by the way in which education and training are organised. So you have to pull

Art, in der Bildung und Ausbildung organisiert sind. Man muß also viele Hebel bewegen, will man die Lage der Menschen und der Gesellschaft nachhaltig verändern, um sie zu verbessern. Reformen -- das ist auch unsere deutsche Erfahrung aus der Regierungsverantwortung der letzten Jahre -- müssen die handgreiflichen Alltagsprobleme der Menschen anpacken und in der nüchternen Quersumme des Geleisteten eine bessere Qualität des Lebens bewirken.

Olof Palme sagt zu Recht, wenn man die Wohlfahrt der Menschen auf die Dauer qualitativ verbessern wolle, müsse man bei den Verhältnissen im Arbeitsleben anfangen. Diese Aufgabe steht im unmittelbaren Zusammenhang mit den großen Themen, auf die sich Bruno Kreisky in seinem Brief konzentriert: daß die Sozialdemokratie erstens vor der Notwendigkeit steht, >>zu einer Konzeption zu gelangen, mittels derer der Prozeß der Demokratisierung aller gesellschaftlichen Bereiche weitergeführt werden kann<<; und daß sie zweitens >>mit neuen Methoden die Kontrolle über neuentstehende Machtstrukturen herstellen<< muß, will sie ihre Reformaufgaben erfassen und erfüllen.

Diese Aufgaben und Probleme haben heute zumindest eine europäische Dimension. Und ich bin sehr damit einverstanden, daß wir uns in verstärkter europäischer Zusammenarbeit darum bemühen und vor allem die Möglichkeiten einer europäischen Politik im Interesse der breiten arbeitnehmenden Schichten ernsthaft nutzen.

II.

Die sozialdemokratischen Parteien aus den Ländern der Europäischen Gemeinschaft haben auf der Konferenz, die sie im Frühjahr in Bonn abhielten, 40 Thesen >Für ein soziales Europa< verabschiedet. Alle Bereiche der europäischen Politik müßten, so wurde dort festgestellt, auf die sozialen Ziele zu orientiert werden. Maßstab für alles politische Handeln müsse die Verbesserung der Lebens- und Arbeitsbedingungen der Menschen in Europa sein.

Nun sind wir miteinander aus dem Alter heraus, in dem international verabschiedete Resolutionen einen besonderen Eindruck machten. Im konkreten Fall lohnt es, sich noch einmal klarzumachen, wie unterschiedlich das Gewicht sozialdemokratischer Parteien in den Ländern der Gemeinschaft ist, ganz abgesehen von den Besonderheiten, die sich aus der Politik unserer Freunde von der Labour Party ergeben. Andererseits möchte ich in diesem Zusammenhang

many levers if you want to improve people's situation and that of society in the long term ... Our German experience in government ... over the last few years indicates that reforms must tackle people's most pressing everyday problems and bring about a better quality of life overall.

Olof Palme rightly says that if you want to improve the quality of people's welfare in the long term, you have to start with the conditions of working life. This ... is directly related to the major themes on which Bruno Kreisky concentrates in his letter: ... social democracy is first faced with the need to 'arrive at a conception by means of which the process of democratis-ation of all areas of society can be continued'; and ... secondly it must 'use new methods to establish control over new power structures' if it wants to grasp and fulfil its reform tasks.

These tasks and problems now have ... a European dimension. And I very much agree that we should endeavour to do this in co-operation with European partners and, above all, to seriously address the possibilities of a European policy in the widest interest of the ... working classes.

II.

At the conference ... in Bonn in the spring, the social-democratic parties of ... European Community countries adopted ... 'For a social Europe'. This stated that all areas of European politics must be geared towards social goals. The benchmark for all political action must be the improvement of the living and working conditions of people in Europe.

We are all past the age when internationally adopted resolutions make a special impression. In this ... case it is worth recalling how different are the weight of social democratic parties in the countries of the Commun-ity, quite apart from the peculiarities resulting from the policies of our friends from the Labour Party.[28] On the other hand, I would like to point out once again in this connection that social-democratic co-operation in

erneut darauf hinweisen, daß die sozialdemokratische Zusammenarbeit in unserem Teil Europas sich möglichst umfassend auch auf die Staaten erstrekken muß, die nicht direkt zur Gemeinschaft gehören, aber - jedenfalls ökonomisch - mit ihr eng verbunden sind.

Dies vorausgeschickt, möchte ich die Bedeutung der erwähnten Bonner Konferenz hervorheben. Denn es ist erfreulich, daß es sozialdemokratischen Parteien als bisher einziger politischer Gruppierung der Europäischen Gemeinschaft gelungen ist, ein sozial- und gesellschaftspolitisches Programm zu formulieren, das langfristige Zielsetzungen mit kurzfristig zu realisierenden Schritten vereinigt. Damit ist der im Herbst vergangenen Jahres -- auf der Gipfelkonferenz in Paris -- beschlossene Auftrag an die Organe der Gemeinschaft, demnächst ein Aktionsprogramm für die Sozialpolitik vorzulegen, durch die Bonner Konferenz unter einer gewissen heilsamen Zugzwang gekommen. Das verabschiedete Programm ist mithin kein bloßes Manifest, sondern aus ihm ergeben sich konkrete Hinweise für die Politik von Sozialdemokraten in den Regierungen und Parlamenten der Gemeinschaftsländer.

Ich habe in den letzten Jahren wiederholt darauf hingewiesen, daß die gesellschftspolitische Dimension der Gemeinschaft erkennbar werden, daß die Vorbereitung zur >Sozialunion< angepackt werden müsse. Dementsprechend kam es zur deutschen Initiative auf der Konferenz in Paris. In diesem Zusammenhang ist es wichtig, daß nach der Gründung des Bundes der Europäischen Gewerkschaften nunmehr auch die Zusammenarbeit der sozialdemokratischen Parteien effizienter zu werden beginnt. Sie erstreckt sich über die Sozialpolitik hinaus auf die anderen gesellschaftspolitischen Gebiete und umfaßt beispielsweise die Regionalpolitik, vor allem aber natürlich die Wirtschaftspolitik - und zwar einschließlich des Versuchs, eine gemeinsame Konzeption zu entwickeln, wie man die multinationalen Konzerne einer wirksamen Kontrolle unterordnen könnte. Auch die Frage, wie die Organe der Gemeinschaft stärker demokratisiert werden können, ist neu aufgeworfen worden.

Die Forderung nach humanen Arbeitsbedingungen wurde auf der Bonner Konferenz eingehend erörtert, und gerade die schwedischen Erfahrungen haben dabei eine große Rolle gespielt. Hier sind wir meiner Meinung nach auch bei einer neuen Deutung der verbesserten >Qualität des Lebens<, die ja vielfach zu einseitig als Umweltproblematik verstanden worden ist. Die Arbeitnehmer verbringen ja mehr als ein Drittel ihres Tages am Arbeitsplatz. Wie dieser

our part of Europe must extend as comprehensively as possible to those states which do not belong directly to the community but are closely linked to it - at least economically.

Having said that, I would like to underline the importance of that Bonn Conference ... It is gratifying that the social-democratic parties are the only political group in the European Community to date that have succeeded in formulating a socio-political programme that combines long-term objectives with short-term steps. Thus, the mandate to the Community bodies to present an action programme for social policy in the autumn of last year (at the summit conference in Paris) resulted in pressure to act through the Bonn conference. The adopted programme is therefore not a mere manifesto, but provides concrete indications for the policy of social democrats in the governments and parliaments of the community countries.

In recent years I have repeatedly pointed out that the socio-political dimension of the Community is becoming apparent and that the preparations for 'social union' must be tackled. Accordingly, the German initiative came up at the Paris conference. In this connection it is important that after the founding of the Confederation of European Trade Unions, the co-operation between the social democratic parties should now also begin to become more efficient. It extends beyond social policy to other socio-political areas and includes, for example, regional policy, but above all, of course, economic policy - including the attempt to develop a common conception of how multinational corporations could be subjected to effective control. The question of how the institutions of the Community can be made more democratic has also been raised afresh.

The demand for humane working conditions was discussed in detail at the Bonn conference, and the Swedish experience in particular was influential. In my opinion this leads us to a new interpretation of the improved 'quality of life', which has often been understood too one-sidedly as an environmental problem. Employees spend more than a third of their day at work. How the workplace is designed and what its social environment

Arbeitsplatz beschaffen ist und wie seine soziale Umwelt aussieht, das ist ein wichtiger Ausweis der Lebensqualität. Einiges davon haben wir bei uns in der Bundesrepublik Deutschland schon in unserem neuen Betriebsverfassungsgesetz verankern können.

Um die Forschung nach mehr Lebensqualität nicht in Unverbindlichkeiten versanden zu lassen, sind, wie wir bereits feststellten, soziale Indikatoren zu entwickeln. Als wissenschaftliches Problem geht es hierbei um das Finden geeigneter Meßinstrumente, und daran wird ja bereits in internationalen Gremien, wie der OECD, gearbeitet. Soll die an solchen Indikatoren ablesbare Wohlstands- zunahme zugleich eine >demokratisch-sozialistische< Zielrichtung besitzen, so ist es von großer Bedeutung, auf die Auswahl der Indikatoren einzuwirken. Hier geht es nicht um wertfreie Kategorien, sondern um die Orientierung an Grundwerten. Wichtig wird es zudem sein, die sozialen Indikatoren genügend aufzuschlüsseln.

In Verbindung mit dem hannoverschen Parteitag habe ich bereits unsere Arbeit an einem zunächst auf die Zeit bis 1985 bezogenen >Politisch-ökonomischen Orientierungsrahmen< erwähnt. Die durch diesen Entwurf ausgelöste inner- parteiliche Diskussion scheint zu zeigen, daß die Bestimmung von Lebensqualität und Wohlstand -- und das heißt auch: das Ausfüllen materiellen Wohlstandes durch soziale Inhalte -- nicht von Expertengruppen allein vorgenommen werden kann, so wichtig die Zusammenarbeit der Experten im nationalen und inter- nationalen Maßstab auch ist und bleiben wird.

Einen der wesentlichsten Aspekte einer erhöhten > Lebensqualität< stellt die Forderung dar, das Arbeitsmilieu wesentlich zu verbessern. Wir haben hierauf in unserer letzten Wahlplattform hingewiesen und sind darauf gemeinsam mit unserem Koalitionspartner in der Regierungserklärung Anfang dieses Jahres zurückgekommen. In der deutschen Sozialdemokratie und bei unseren Gewerk- schaften wird die Humanisierung der Arbeitsbedingungen stark verknüpft mit dem Gedanken der Mitbestimmung. Obwohl die Forderung nach einer Verbesserung des Arbeitsmilieus und das Verlangen nach erweiterter Mitbestimmung der Arbeitnehmer nur zum Teil identische Tatbestände ansprechen, stehen doch beide miteinander im engen Zusammenhang: Denn einerseits wird man davon ausgehen können, daß eine stärkere Humanisierung des Arbeitslebens den Willen zur allgemeinen (wirtschaftlichen und politischen) Partizipation der Arbeitnehmer verstärken wird, und zum anderen wird eine verstärkte Mitbestimmung im Unter-

looks like are important indicators of the quality of life. In the Federal Republic of Germany we have already been able to anchor some of this in our new Works Constitution Act.

As we have already established, social indicators must be developed so that the research into a better quality of life does not get bogged down in vague terms. The scientific problem ... is finding suitable measures, and international bodies such as the OECD are already working on this. If the increase in prosperity that can be read from such indicators is also to have a 'democratic-socialist' objective, then ... influencing the selection of the indicators is vital. This is ... about concentrating on basic values. It will also be important to disaggregate the social indicators sufficiently.

With regard to the Hanover Party Congress, I have already mentioned our work on a 'Political-Economic Orientation Framework', initially covering the period up to 1985. The discussion within the party triggered by this draft seems to show that the determination of quality of life and prosperity - not just material prosperity, but social content too - cannot be left to groups of experts on their own, no matter how important the co-operation of experts at national and international level is ... and will remain.

One of the most essential aspects of an increased 'quality of life' is the requirement to improve the working environment significantly. We pointed this out in our last election platform and, together with our coalition partner, came back to it in the government statement earlier this year. In German social democracy and in our trade unions, the humanisation of working conditions is strongly linked to the idea of co-determination. ... the demand for an improvement in the working environment and the demand for greater co-determination by employees ... are closely related. On the one hand, one can assume that a stronger humanisation of working life will strengthen the will of employees to general (economic and political) participation ..., and on the other hand greater co-determination in the company, i.e. also at the workplace, will make it easier to humanise work. The chairman of the German Trade Union Confederation,

nehmen, das heißt auch am Arbeitsplatz, eine Humanisierung der Arbeit leichter möglich machen. Der Vorsitzende des Deutschen Gewerkschaftsbundes, Heinz Oskar Vetter, hat den Unterschied und den Zusammenhang von Humanisierung, Demokratisierung und Mitbestimmung wie folgt definiert: >>Humanisierung spricht in erster Linie die inhaltliche Gestaltung der Arbeit an, während Demokratisierung vor allem den Prozeß der Willensbildung und der Entscheidungsfindung umfaßt. Humanisierung und Demokratisierung ergänzen sich also, müssen sich ergänzen, will sich Demokratisierung der Entscheidungsprozesse nicht nur auf eine formelle Veränderung der Zusammensetzung von Institutionen beschränken. Humanisierung der Arbeit läßt sich ohne wirksame Mitbestimmung auf allen Ebenen letztlich nicht verwirklichen. Für die Mitbestimmungsträger in Betrieb und Unternehmen stellt sich daher in der Humanisierung der Arbeitswelt eine konkrete Gestaltungsaufgabe.<<

Hier ist ein weiteres Problem anzusprechen, dem sich die Sozialdemokraten in Zukunft zu stellen haben werden: Die Partizipationsmöglichkeiten der Betroffenen, also letztlich der Wunsch nach einem Mehr an wirklicher Demokratie, müssen nicht nur im Unternehmen, sondern in der Gesellschaft generell problematisch bleiben, solange die verschiedenen Gruppen mit sehr unterschiedlichen Startbedingungen und effektiven Rechten ausgestattet sind. Unsere Gewerkschaften erwarten von der Humanisierung der Arbeit, wie Heinz Oskar Vetter bemerkt, >>einen Verstärkereffekt für ihre übrigen gesellschaftspolitischen Forderungen, insbesondere für die Forderung nach Erweiterung der Mitbestimmung, wenn die Arbeiter in ihrer Arbeit ein bestimmtes Selbstbewußtsein entwickeln können, wenn sie den Sinn und die Bedeutung ihrer Arbeit entfalten können<<.

Der Demokratisierungprozeß in allen relevanten gesellschaftlichen Bereichen, die >>Expansion der Demokratie in der Gesellschaft<<, von der ich bei anderer Gelegenheit gesprochen habe, ist nicht mit dem Trugschluß gleichzusetzen, die Wirkungsformen der Demokratie im staatlichen Bereich sollten oder könnten schematisch auf das wirtschaftliche oder z.B. universitäre Leben übertragen werden. Bruno Kreisky hat im übrigen zu Recht darauf hingewiesen, daß Mitbestimmung nicht einfach >hinaufdelegiert< werden kann. Aber dies wirft, worüber wir uns wohl miteinander im klaren sind, zusätzlich komplizierte Fragen auf und zwingt zur Klärung dessen, was sinnvoll auf welcher Ebene oder mit Hilfe welcher Delegationsform entschieden werden soll. Man wird die Menschen gewiß

Heinz Oskar Vetter,[29] has defined the difference and the connection between humanisation, democratisation and co-determination as follows: "Humanisation primarily addresses the content of work, while democratisation primarily the process of forming a way forward and includes decision-making. Humanisation and democratisation therefore complement each other, and must complement each other if the democratisation of decision-making processes is not to be limited to formal change in the composition of institutions. Ultimately, humanisation of work cannot be achieved without effective co-determination at all levels. The humanisation of the world of work is therefore a concrete design task for both the shapers of co-determination and the companies themselves."

I'll address another problem that the social democrats will have to face in the future: the opportunities for participation (i.e., the desire for more real democracy) of those affected must remain problematic ... in society in general (let alone in specific companies) as long as different groups have very different starting conditions and effective rights. As Heinz Oskar Vetter remarks, our trade unions expect from the humanisation of work "a reinforcing effect for their other socio-political demands, in particular for the demand for an extension of co-determination, ...".

The process of democratisation in all relevant areas of society, the 'expansion of democracy in society' that I have spoken about on another occasion, should not be equated with the fallacy that ... democracy in the state sphere should or could be systematically applied to the economic or ... can be transferred. Incidentally, Bruno Kreisky rightly pointed out that co-determination cannot simply be 'delegated up'. But, as we all agree, this raises additional complicated questions and requires clarification of what should be ... decided at which level or with the help of which form of delegation. People will certainly not be enabled for greater autonomy, co-determination and co-responsibility if work and education continue to

nicht zu größerer Autonomie, Mitbestimmung und Mitverwantwortung befähigen, wenn Arbeit und Bildung sich weiter wie bisher in zwei fast durchweg getrennten Bereichen entwickeln. Bruno Kreisky stellt fest, die Volksbildungsbewegung sei >steckengeblieben< und habe sich in Randgebieten angesiedelt. Nun, das hängt zweifellos damit zusammen, daß Bildung nicht mehr überwiegend -- wie in der >alten< Sozialdemokratie vor und auch noch nach dem ersten Weltkrieg -- als eine Sache der Emanzipation verstanden wird; worin sich immerhin ausdrückt, daß wir bildungspolitisch nicht stehengeblieben sind, soviel auch noch zu tun bleibt; und darüber hinaus, daß es -- gemessen an der >alten< Arbeiterbewegung -- inzwischen ein unvergleichlich größeres Informations - und Bildungsangebot gibt. Jedenfalls ist in gewisser Hinsicht zu einer Sache des Konsums in der sogenannten Freizeitgesellschaft geworden, was in den Generationen vor uns für anspruchsvolle Arbeiter eine Sache des Selbstbewußtseins und der Emanzipation war.

Ich möchte eine Verbindung zwischen dieser Tatsache und der Feststellung Olof Palmes herstellen, daß wir uns von dem Grundgedanken abzuwenden und abzugrenzen haben, dem man in den entwickelten Industrienationen in der Wachstumsperiode der Nachkriegszeit vielfach nachgegangen ist -- dem Gedanken nämlich, man könne die Arbeit als ein notwendiges Übel, Emanzipation und Selbstverwirklichung aber als Sache der Freizeit betrachten und sich für unbefriedigende Arbeit >>unter anderem durch einen höheren Konsum entschädigen<<. Dies sollte uns veranlassen, gegen gewisse Primitivismen und Illusionen anzugehen. Da ist also die Vorstellung, >guter< Konsum sei die angemessene Kompensation für >schlechte< Arbeit. Auf der anderen Seite gibt es die weltfremde Meinung, jede Art von unangenehmer und unerquicklicher Arbeit lasse sich überflüssig machen; dem ist sicher nicht so. Auch hier kommt es darauf an, daß die Organisation der Arbeit selber dazu beiträgt, den Anreiz und die Chance zum Lernen und zur Weiterbildung zu vermehren und die Bildungs- motivation breiter Schichten der Arbeitnehmer zu erhöhen. Unter diesem Gesichtspunkt müssen wir auch unser System der Schulbildung und des Hochschulwesens, und nicht zuletzt das der Erwachsenenbildung, weiterent- wickeln. In der Bundesrepublik sind wir dabei, uns besonders auf die Reform der Berufsschulbildung als ein gleichrangiges System der Ausbildung zu konzentrieren. Dabei haben wir die Erfahrung gemacht, daß föderalistisch zergliederte Entscheidungsstrukturen, gerade im Bereich der Bildungspolitik, der Schaffung von gleichen Lebenschancen entgegenstehen können. Es wird gewiß eine unserer wesentlichen Zukunftsaufgaben bleiben, durch hinreichend wirksame

develop in two almost entirely separate areas as has been the case up to now. Bruno Kreisky states that the popular education movement 'got stuck' and settled in marginal areas. Well, that undoubtedly has to do with the fact that education is no longer predominantly understood as a matter of emancipation, as it was in the 'old' social democracy before and even after the First World War. This at least demonstrates that we have not stood still in terms of educational policy, ... and that - compared to the 'old' workers' movement - there is now an incomparably larger range of information and education. In any case, what was a matter of self-confidence and emancipation for demanding workers in the generations before us has become a matter of consumption in the so-called leisure society.

I would like to make a connection between this fact and Olof Palme's statement that we must turn away from ... the basic idea that was widely pursued in the developed industrial nations in the post-war period of growth - namely, the idea that one can but see work as a necessary evil, emancipation and self-realisation as a matter of leisure and compensate oneself for unsatisfactory work 'among other things through higher consumption'. This should prompt us to challenge certain primitivisms and illusions. So there is the idea that 'good' consumption is the appropriate compensation for 'bad' work. On the other hand, there is the unworldly opinion that any kind of unpleasant and unedifying work can be made superfluous; this is certainly not the case. Here, too, it is important that the organisation of work itself contributes to enhancing the incentives and opportunities for learning and further training, and increasing the educational aspirations and motivation of much of the workforce. From this point of view, we must also further develop our system of school education and higher education, and particularly adult education. In the Federal Republic we are ... concentrating ... on the reform of vocational education as an equal system of education. In doing so, it has become apparent that federally divided decision-making structures, especially in the field of education policy, can stand in the way of creating equal opportunities in life. It ... remains one of our main tasks for the future to create (through sufficiently effective decision-making structures that are democratically controlled) ... equal opportunities so

Entscheidungsstrukturen, die demokratisch kontrolliert sind, jene Chancen-gleichheit zu schaffen, auf deren Grundlage eine verstärkte Beteiligung der jeweils Betroffenen einer Verfestigung von Privilegien entgegenwirkt.

In der Diskussion zur Mitbestimmungsfrage stelle ich mit Befriedigung fest, daß es in der letzten Zeit zu einer gewissen Annäherung der >deutschen< und der >schwedischen< Standpunkte gekommen ist. Während sich die Mitbestimmungs-debatte in Schweden auf den Arbeitsplatz und das Arbeitsmilieu konzentrierte, stand nach dem Krieg bei uns in der Bundesrepublik die Forderung nach dem Einfluß der Arbeitnehmer auf die Unternehmensentscheidungen im Vordergrund. Stellte uns die Forderung nach besserer >Lebensqualität< vor das Problem, die Arbeitsbedingungen und die Arbeitsinhalte zu überdenken und der Mitbestimmung am Arbeitsplatz unter diesem Gesichtspunkt verstärkte Aufmerksamkeit zu widmen, so gewann bei unseren schwedischen (man kann wohl sagen: skandinavischen) Freunden die Forderung nach verstärkter demokratischer Kontrolle der Unternehmensleitungen an Bedeutung. Die sich abzeichnende Annäherung der Standpunkte kann wohl unter anderem auf die zunehmende Konzentration der Wirtschaft sowie auf deren internationale Verflechtung zurückzuführen sein, wobei eine gemeinsame Grundlinie der Arbeiterbewegung zumindest im europäischen Rahmen notwendig geworden ist.

Die Beratungen der mehrfach erwähnten Tagung in Bonn haben allerdings gezeigt, daß es auf kurze Sicht schwierig sein wird, zwischen allen befreundeten Parteien einen gemeinsamen Nenner in der Mitbestimmungsfrage zu entwickeln. Die Konferenz forderte in der >These 32< die >>Kontrolle der Arbeitnehmer auch bei den wirtschaftlichen Entscheidungen der Unternehmen<< -- hob aber hervor, dabei seien >>die Bedingungen in den einzelnen Ländern zu berücksichtigen<<. Hierbei geht es vor allem um die stark abweichenden Meinungen der französischen und der italienischen Sozialisten. Es geht um die grundsätzliche Frage, ob Mitbestimmung der Arbeitnehmer und demokratische Kontrolle in einem alternativen Verhältnis zur Verstaatlichung (Sozialisierung) stehen oder ob Mitbestimmung und demokratische Kontrolle -- unabhängig von der Eigentums-form der Großunternehmen -- immer notwendig sind, um technokratische Bevormundung der Arbeitnehmer in den Betrieben zu vermeiden. Unter allen beteiligten Parteien ist vereinbart worden, den Erfahrungsaustausch über die Formen der Kontrolle und Mitbestimmung zu intensivieren. Ich hoffe im übrigen, daß es uns in der Bundesrepublik Deutschland - wie wir es im Regierungs-programm ankündigten -- im Laufe dieser Legislaturperiode gelingt, auf dem

that greater participation by those affected acts against the consolidation of privileges.

I note with satisfaction that there has recently been a certain converg- ence of the 'German' and 'Swedish' points of view in the discussion on ... co-determination. While the co-determination debate in Sweden concentrated on the workplace and the working environment, in Germany after the war the demand for employees to have an influence on company decisions was to the fore. Subsequently in Germany, the demand for a better 'quality of life' has necessitated re-thinking working conditions and work content, and paying more attention to co-determin- ation in the workplace ..., our Swedish (one could probably say Scandin- avian) friends demanded increased democratic control of corporate management. The emerging convergence of viewpoints can probably be attributed to the increasing concentration of the economy and its international integration. Consequently, a common basis for the labour movement has become necessary - at least in the European context.

However, the deliberations at the Bonn conference ... showed that ... it will be difficult to develop a common denominator between all friendly parties on the question of co-determination. In 'Thesis 32', the confer- ence called for "workers' control in the ... decisions of companies" but emphasised that "conditions in individual countries had to be taken into account". The main issue here is the widely differing opinions of the French and Italian socialists. It is about the fundamental question of whether employee co-determination and democratic control stand in an alternative relationship to nationalisation (socialisation) or whether co- determination and democratic control are always necessary to prevent the technocratic paternalism of ... companies - regardless of the form of ownership of large companies ... All parties involved have agreed to intensify their exchange ... on forms of control and co-determination. I also hope that in the Federal Republic of Germany, as we announced in the government programme, we will succeed in taking a significant step forward in the field of co-determination during this legislative period. It is clear that this will only be possible if we come to an agreement with our

Gebiet der Mitbestimmung einen wesentlichen Schritt nach vorn zu machen. Es ist klar, daß dies nur in dem Maße möglich sein wird, in dem wir uns darüber mit unserem Koalitionspartner, den Freien Demokraten, verständigen. Wenn ich zuversichtlich bin, so nicht zuletzt deshalb, weil wir in der letzten Legislaturperiode ein recht gut novelliertes Betriebsverfassungsgesetz zustande gebracht haben. Vor zehn Jahren hätten die meisten solche Verständigungen mit unseren >Liberalen< für ganz unwahrscheinlich gehalten. Aus der internationalen Verflechtung der Unternehmen, den >multinationals<, ergibt sich nun ein klares Interesse der Arbeitnehmer an einer Tarifpolitik der Gewerkschaften, die nationale Grenzen überwindet. Aber es liegt auf der Hand, daß man sich erst im Vorfeld einer ernsthaften Befassung mit den multinationalen Gesellschaften befindet.

Ich weise in meinen Reden immer wieder darauf hin, daß unser Grundgesetz keine im einzelnen bestimmte Wirtschaftsordnung festschreibt, daß wir in Zukunft vielmehr versuchen müssen, marktwirtschaftliche Prozesse durch politische Planung zu begleiten und zu ergänzen. Schließlich sind Marktwirtschaft und Wettbewerb gesellschaftliche Einrichtungen, die sich dadurch zu bestätigen haben, daß sie die gewünschten Leistungen tatsächlich zustande bringen. Ich sehe voraus, daß zur Lösung der Zukunftsaufgaben neben die überkommenen Mechanismen verstärkt öffentliche Lenkungsinstrumente zu treten haben werden.

Auf unserem letzten Parteitag wurde auch das Problem eines verstärkten öffentlichen Einflusses auf die Investitionsentscheidungen unter dem Stichwort der Investitionslenkung und -kontrolle diskutiert. Eine solche öffentliche Einflußnahme erscheint insofern geboten, als die heutigen Investitionsentscheidungen die zukünftige Lebensqualität bestimmen -- ein Problem, das sich nicht nur angesichts der Umweltzerstörung immer dringender stellt. Es wäre beispielsweise denkbar, private Investitionen einer gewissen Größenordnung, die bestimmte Umweltbelastungen mit sich bringen oder die Infrastruktur bis zu einem gewissen Grade in Anspruch nehmen, einer Genehmigungspflicht zu unterwerfen. Ein solches Instrument der Investitionskontrolle könnte als Ergänzung des Marktmechanismus dienen; es könnte den Markt jedoch bei offenbarem Versagen auch partiell ersetzen.

Ein solch flexibles Kontrollinstrument würde auch neue Wege der Kontrolle multinationaler Unternehmen eröffnen, die zunehmend eine Gefährdung der nationalen und europäischen Wirtschaftspolitik bedeuten können. Nichts wäre damit gewonnen, die wirtschaftliche Großmacht der multinationalen Konzerne

coalition partner, the Free Democrats. If I'm optimistic, it's not least because we brought about a really well-amended Works Constitution Act in the last legislative period. Ten years ago most would have thought such understanding with our 'Liberals' quite improbable. The international integration of companies, the 'multinationals', ... results in ... employees benefiting from a collective bargaining policy ... that transcends national borders. But it is clear that serious engagement with the multinationals is only just beginning.

I repeatedly point out in my speeches that our Basic Law does not stipulate any specific economic order and that in future political planning must ... accompany and supplement market ... processes. After all, the market economy and competition are social institutions that have to demonstrate they actually achieve the desired services. I foresee that instruments that help steer the public will have to be added to the traditional mechanisms in order to solve the tasks of the future.

At our last party conference the problem of increased public influence on investment decisions was also discussed under the heading of investment guidance and control. Such public influence seems necessary because today's investment decisions determine future quality of life - a problem that is becoming increasingly urgent, not only in view of environmental destruction. It would be conceivable, for example, to subject private investments of a certain size causing certain environmental impacts or requiring a certain degree of infrastructure to a permit requirement. Such an instrument of investment control could ... complement the market mechanism. However, it could also partially replace the market in the event of apparent failure.

Such a flexible control instrument would also open up new ways of controlling multinational companies, which can increasingly pose a threat to national and European economic policy. Nothing would be gained by simply demonising the economic power of the multinational corporat-

bloß zu verteufeln; das wäre zu einfach. Ihre Macht fordert jedoch unsere Wachsamkeit, denn

- durch internationale Kartellvereinbarungen verschaffen sie sich einen oft unangemessenen Einfluß auf die Handelspolitik der Staaten; sie können sogar den Welthandel dominieren;
- Beispiele zeigen, daß sie auch direkte politische Macht ausüben können und ausgeübt haben;
- bei jedem der oberen zehn von ihnen übersteigt bereits der Produktionswert das Bruttosozialprodukt von etwa 80 Mitgliedsstaaten der UNO;
- ihre finanziellen Reserven sind groß genug, um Währungen jederzeit unter Druck zu setzen;
- sie bestimmen von Land zu Land fast souverän ihre Verluste oder Gewinne und damit bis zu einem gewissen Grade auch ihre Steuern;
- ihre Wachstumsrate ist doppelt so groß wie die anderer Unternehmen.

Aus diesen Feststellungen ergibt sich die Forderung, die multinationalen Konzerne einer wirksamen multinationalen, in unserem Fall europäischen Kontrolle unterzuordnen und dabei auch die neue Größenordnung des Themas Mitbestimmung zu erkennen und geeignete Modelle zu entwerfen. Es gilt zu klären, ob und durch welche Mittel diese Giganten der Weltwirtschaft in den Dienst des Fortschritts der Menschen genommen werden können.

Mit großem Interesse habe ich gesehen, wie unsere schwedischen Freunde meinen, auch durch den Erwerb von Aktien mit Mitteln aus den Fonds der Zusatzpension zu mehr öffentlichem Einfluß gelangen zu können. Bei uns gehen die Bemühungen in eine etwas andere Richtung: Auf unserem letzten Parteitag wurde ein Konzept zur Vermögensbildung verabschiedet, das darauf abzielt, die Arbeitnehmer am Neuzuwachs des Produktivvermögens partizipieren zu lassen. Durch eine Abgabe der Großunternehmen, die in Form von Beteiligungswerten erhoben und an regionale und zentrale Fonds weitergeleitet werden soll, würden diese öffentlich kontrollierten Fonds investive Mittel zur Verfügung stellen und die Unternehmenspolitik in gewisser Hinsicht mit beeinflussen können. Es ist jedoch noch nicht abzusehen, in welchem Umfang und unter welchen Bedingungen sich ein solches Konzept durchsetzen läßt.

ions; that would be too easy. However, their power demands our vigilance because

- through international cartel agreements they often gain inappropriate influence on the trade policies of states; they can even dominate world trade;
- there are examples to show that they can and have exercised direct political power;
- each of the top ten multinationals ... already exceeds the gross national product of around eighty UN member states in terms of the value of their products;
- their financial reserves are large enough to put currencies under pressure at any time;
- they determine their losses or profits almost sovereignly from country to country and thus, to a certain extent, manipulate the taxes they pay;
- their growth rate is twice that of other companies.

These findings require the subordination of multinational corporations to effective multinational, in our case European, control and the appreciation of the new magnitude of the issue of co-determination ... It is important to clarify whether and through what means these giants of the global economy can be used to promote human progress.

I have noted with ... interest how our Swedish friends believe that they can gain more public influence by purchasing shares with funds from the supplementary pension funds. Our efforts are going in a slightly different direction: at our last party conference, a concept for wealth creation was adopted that aims to allow employees to participate in the new growth in productive assets. Through a tax on large companies, which is to be collected in the form of equity securities and passed on to regional and central funds, these publicly controlled funds would make investment resources available and be able to influence company policy to a certain extent. However, it is not yet clear to what extent and under what conditions such a concept can be implemented.

III.

Ich möchte noch kurz auf das Mißverständnis zurückkommen, als seien antidemokratische Rückschläge völlig auszuschließen. Bruno Kreisky tat recht daran, ein solches Mißverständnis zurechtzurücken. Ich habe übrigens noch in frischer Erinnerung, daß es 1966/67 bei uns nur einer Rezession bedurfte, um den Rechtsradikalen -- die nicht ganz zutreffend als Neonazis bezeichnet wurden -- viele Stimmen einzubringen. Allerdings vermag ich nicht daran zu glauben, daß die heutigen deutschen Generationen ähnlich wie ihre Vorgänger in den dreißiger Jahren versagen würden; so einfach pflegt sich die Geschichte ja auch nicht zu wiederholen. Auf der anderen Seite erfüllt mich mit Sorge, wie sehr das demokratisch-parlamentarische Leben einer Mehrzahl westeuropäischer Staaten gegenwärtig durch Tendenzen der Verwirrung und Zersplitterung gekennzeichnet ist.

Es wäre reizvoll -- zumal nach dem ermutigenden Zwischenergebnis der Außen-ministerkonferenz in Helsinki --, auch noch auf die Chancen dessen einzugehen, was Olof Palme eine mögliche >>Periode von Entspannung und Sicherheit in Europa<< nennt. Vielleicht später einmal?

Ich schreibe diesen Brief während der Sommerferien. Ich drücke beide Daumen für die schwedischen Wahlen im September.

Mit freundlichen Grüßen, W.B.

III.

I would like to briefly return to the misunderstanding that anti-democratic setbacks could be completely ruled out. Bruno Kreisky was right to correct such a misunderstanding. Incidentally, I still remember that in 1966/67 all it took was a recession to bring in a lot of votes for the right-wing radicals - who were not quite accurately described as neo-Nazis. However, I cannot believe that today's German generations would fail like their predecessors in the 1930s; history doesn't tend to repeat itself that easily. On the other hand, I am concerned about how much the democratic-parliamentary life of a majority of Western European states is currently marked by ... confusion and fragmentation.

It would also be interesting - especially after the encouraging interim results of the Foreign Ministers' Conference in Helsinki - to discuss the chances of what Olof Palme calls a potential "period of détente and security in Europe". Maybe later?

I am writing this letter during summer vacation. I have both fingers crossed for the Swedish elections in September.

Kind regards, W.B.

Gespräch in Schlangenbad am 2. Dezember 1973

Am 2. Dezember 1973 trafen sich Brandt, Kreisky und Palme in Schlangenbad, um ihre Meinungen über aktuelle Fragen auszutauschen. In Verbindung mit dem sogenannten Yom-Kippur-Krieg hatte sich die Ölpolitik der OPEC-Länder radikal verschärft, und es lag auf der Hand, daß ein Teil des Gesprächs sich hierauf konzentrieren würde. Die folgende Wiedergabe des Gesprächs stützt sich auf eine Tonbandaufzeichnung.

Willy   **Brandt**:
Wie wir in der Bundesrepublik, wie die Industrienationen überhaupt mit den unmittelbaren Auswirkungen der Liefereinschränkungen der Ölländer und den steigenden Ölpreisen fertigwerden sollen, scheint mir noch ziemlich unklar zu sein. Sicher ist, daß ein tiefer Einschnitt bleiben wird, daß die Industrieländer sich erheblich werden umstellen müssen. Ohne Energiesparmaßnahmen -- auch langfristige -- wird es nicht gehen. Unsere Wirtschaftsstruktur wird sich -- teilweise schmerzhaft -- anpassen müssen; denn das wird in bestimmten Branchen notwendig von einem Verlust an Arbeitsplätzen begleitet sein. Uns stehen also mit Sicherheit große Schwierigkeiten ins Haus. Nicht alle, aber viele Menschen werden diese Schwierigkeiten ganz hautnah erleben. Dies erfordert ein hohes Maß an Solidarität, gegebenenfalls auch Opfer. Aber vielleicht lehrt uns die gegenwärtige Krise auch dies: Die Bürger sind oft weit einsichtsvoller und opferbereiter, als man gemeinhin annahm. Allerdings müssen die Gründe für eine solche Opferbereitschaft einsehbar sein. Die gegenwärtig offenkundige Bereitschaft der Menschen, sich etwas einzuschränken -- beim Verbrauch von Heizöl, beim Verbrauch von Benzin, beim Verzicht auf kostenlose Kunstofftaschen --, zeigt das doch im Ansatz schon recht deutlich. Wer von uns hätte noch vor wenigen Wochen für möglich gehalten, daß die Bürger bereit sein könnten, an Wochenenden auf ihr Auto zu verzichten und in der Woche Geschwindigkeitsbegrenzungen in Kauf zu nehmen? Daß wir es weiterhin mit erheblichen Störungen des internationalen Währungssystems zu tun haben werden, scheint mir auf der Hand zu liegen: Zahlungsbilanzdefizite in Milliardenhöhe bei den Industrieländern, bei den anderen überschüssige Gelder, die ja irgendwo wieder unterkommen müssen.

Noch eine Bemerkung, die sich auf die praktisch und sofort zu lösende Frage bezieht, wie wir die Ölversorgung bei uns zu Hause am besten sichern. Natürlich läuft auch bei uns die Diskussion, ob es nicht besser ist, das Öl zu rationieren und

Conversation in Schlangenbad[30] on December 2, 1973

On December 2, 1973, Brandt, Kreisky and Palme met in Schlangenbad to discuss and compare views on current issues. Following the so-called Yom Kippur War, OPEC's [Organisation of the Petroleum Exporting Countries] oil policy ... had radically tightened, and it was obvious that part of the conversation would focus on this. The following reproduction of the conversation is based on a tape recording.

Willy Brandt:
How are we in the Federal Republic and ... in the industrialised nations supposed to deal with the immediate effects of the oil ... supply restrictions and rising oil prices? This is unclear to me. What is certain is that there will be a deep change and that the industrialised world will have to make significant adjustments. Without energy-saving measures - even long-term ones - it won't work. Our economic structure will have to adapt, sometimes painfully, because this will necessarily be accompanied by a loss of jobs in certain sectors. So we are definitely facing big difficulties. Not everyone, but many people will experience these ... first hand. This will require a high degree of solidarity and, if necessary, sacrifice. But perhaps the current crisis also teaches us that citizens are often far more insightful and willing to make sacrifices than is generally assumed. However, they must understand the reasons for ... sacrifice. The current obvious willingness of people to limit themselves somewhat - in the consumption of heating oil, in the use of petrol, in giving up free plastic bags - shows this quite clearly. Who among us would have thought it possible just a few weeks ago that citizens would be willing to give up their cars on weekends and accept speed limits during the week? It seems obvious to me that we will ... have to deal with significant disruptions in the international monetary system: balance of payments deficits running into billions in the industrialised countries, and surplus funds in the others that will have to be accommodated somewhere.

Another point ... relates to the practical and immediate question of how we can best secure the oil supply at home. Of course, we are also discussing whether it would be better to ration oil and impose maximum price

Höchstpreisvorschriften zu erlassen. In diesem Augenblick, da man die Dinge noch nicht in der Hand hat, wissen wir lediglich, daß es besser ist, Öl von nicht-staatlichen Gesellschaften zu beziehen, als es nicht zu beziehen; daß es besser ist, Öl teurer zu bekommen, als es gar nicht zu bekommen. Durch das bei uns beschlossene Energiesicherungsgesetz sind wir einigermaßen gewappnet.

Bruno Kreisky:
Die Frage der Ölversorgung stellt sich in jedem Land verschieden. Bei uns liegt das Problem ganz anders als zum Beispiel in der Bundesrepublik Deutschland. Und wir können folglich nicht so einfach irgendeinen gemeinsamen Nenner finden. Wir haben zum Teil eine eigene Ölproduktion aus unserer verstaatlichten Industrie und verfügen außerdem über das nötige Instrument zur Realisierung unserer Bevorratungsvorstellungen: nämlich über die verstaatlichten Ölgesell-schaften. Wir lassen das Öl zur staatlichen Versorgung einfach durch die staatliche Ölgesellschaft lagern. Während die anderen Ölgesellschaften, wenn sie Öl lagern, mit gewisser Unterstützung des Staates rechnen können, ist die Verpflichtung zur Lagerhaltung dieser großen Gesellschaften mehr oder weniger in deren Ermessen gestellt. Es ist also -- wie gesagt -- in jedem Land anders. Wir kaufen ja auch. Aber wir haben eine Kontrolle, denn wir wissen, was Öl kosten darf, während das nicht der Fall ist, wenn man nur auf die ausländischen Ölgesellschaften angewiesen ist. Bei uns ergibt sich eine tägliche Spannung. Das heißt, es besteht ein ständiger Spannungzustand zwischen den westlichen Ölgesellschaften und der österreichischen Mineralölverwaltung. Dies hat -- wie heute deutlich wird -- eine ganze Reihe von Vorteilen. Mein Schluß ist also, daß wir uns für eine weitere Diskussion eines vormerken, was diese Krise ganz klar zeigt: Wenn man nicht wenigstens einen partiellen staatlichen Einfluß auf den Import wichtiger Rohstoffe besitzt, ist man einfach - und eben das ist eine Erkenntnis, die man seinerzeit viel zu rasch ad acta gelegt hat - ein willenloses Objekt der großen Gesellschaften. In diesem Punkt ist man jetzt gewarnt.

Heute kann niemand mehr kommen und behaupten, es bedeute einen Schritt zum Radikalismus hin, wenn man sich nach den Erfahrungen, die wir mit der unzulänglichen Bevorratung durch die private Wirtschaft gemacht haben, auf den Standpunkt stellt, der Staat müsse sich zweckmäßigerweise selber helfen. Wenn es darum geht, eine defizitäre Eisenbahn- oder Autobuslinie weiterzuführen, wird ja auch gefordert, der Staat solle sie übernehmen. Ich glaube, hier und heute kann man ähnlich argumentieren; man betreibe keine Sozialisierung gegen den Willen

regulations. At this moment, when things are not yet clear, all we know is that it is better to buy oil from non-state companies than not to buy it; that it is more expensive to get oil than not to get it at all. We are somewhat prepared thanks to the Energy Security Act that we passed.

Bruno Kreisky:

The question of oil supply is different in every country. The problem in Austria, for example, is completely different to that in the Federal Republic of Germany. Consequently, we cannot easily find any common denominator. We partly have our own oil production from our nationalised industry and also have the necessary means to ... stockpile ... through the nationalised oil companies. ... The state oil company stores the oil for state supply. While other oil companies receive some support from the state when they store oil, their storage ... is more or less at their discretion. So, as I said, it is different in every country. We buy too. But we have control because we know what oil ... costs, whereas that is not necessarily the case if you only depend on foreign oil companies. For us there is daily dispute. This means that there is a constant ... tension between the Western oil companies and the Austrian oil administration. As is clear today, this has a whole range of advantages. So my conclusion is that this crisis shows one thing very clearly and that we should reflect on the implications of this in further discussion: If you don't have at least partial state influence on the import of vital raw materials, you are simply at the mercy of external forces and large societies. This ... realisation ... was shelved far too quickly at the time. You have now been warned on this point.

Today no one can claim that it is a ... radical step if, after ... the inadequate stockpiling by the private sector we have experienced, we argue that the state must act to help itself. When it comes to continuing a loss-making railway or bus line, there are calls for the state to take over. I think a similar argument can be made here and now. This would not be socialism against people's will because ... they support it. ... That is the important thing for us.

der Menschen, denn hier habe man jetzt ihre Unterstützung. Und das ist ja für uns das wichtige.

Olof Palme:

Ich bin der gleichen Meinung. Diese kurzfristige Krise hat klargemacht, daß man eine staatliche Planung aufstellen sollte, auf welchen Gebieten eine teilweise direkte staatliche Beteiligung notwendig ist. Da ist aber noch ein völlig anderes Problem, das auch die Struktur unserer Gesellschaft angeht: Die westlichen Industriegesellschaften sind teilweise auf dem Vorhandensein von billiger Energie aufgebaut. Jetzt wissen wir, daß wir es hier mit einem langfristigen Problem zu tun haben. Die Zeit der billigen Energie ist vorbei. Und das wird in verschiedener Hinsicht eine große Veränderung unserer Gesellschaftsstruktur mit sich bringen, die natürlich nur unter Mitwirkung der Gesellschaft durchgeführt werden kann. Aber das gehört eben mit zum Wohlstand. Die Freunde des Umweltschutzes konnten leicht sagen: >>Was spielt Energie schon für eine Rolle! Wir sind gegen den Ausbau der Wasserkraft, gegen den Ausbau der Kernkraft, gegen den Ausbau der Raffinerien. Die Energieprobleme werden sich auch ohne das schon lösen lassen.<< Jetzt wissen wir, daß das keineswegs der Fall sein muß. Wir sehen vielmehr, wie weitreichend die Folgen bereits bei einer vorübergehenden Verminderung der Ölversorgung um 25 Prozent sind. Wir benötigen auch weiterhin mehr Energie und müssen die Energiegewinnung planmäßig ausbauen. Wir können uns die Sache also nicht so leichtmachen. Aber wo wollen wir unseren erhöhten Wohlstand hernehmen? Es wird wohl so werden, daß der Wohlstand weniger von >energieteuren<, dafür aber mehr von anderen Dingen abhängen wird, zum Beispiel von den Sozialdiensten. Sie sind in diesem Sinne nicht >energieteuer<.

Alle diese Probleme, die kurzfristigen wie die langfristigen, werden zu einer teilweisen Umstrukturierung der Wirtschaft führen. Aber noch haben wir Einfluß auf das, was für die Lebensqualität wichtig ist. Und deshalb ist die Energiekrise auch insoweit nützlich, als sie zum Nachdenken anregt.

Willy Brandt:

Ich möchte die Frage einer Verstaatlichung in diesem Augenblick nicht vertiefen, obwohl ich dem zustimme, daß es ein Vorteil ist, in einer solchen Situation über eigenen Einfluß zu verfügen. Wir haben ihn uns nur unzulänglich und reichlich spät verschaffen können. Ich möchte den anderen Teil der Frage aufgreifen. Stecken in einer solchen Versorgungs-, einer solchen Verknappungskrise nicht

Olof Palme:

I agree. This short-term crisis has made it clear that state planning should ... determine the areas in which partial and/or direct state participation is necessary. But there is a completely different problem that also affects the structure of our society: Western industrial societies are partly built on the availability of cheap energy. Now we know that we are dealing with a long-term problem here. The time of cheap energy is over.[31] And that will bring about a major change in our social structure in various respects, which of course can only be carried out with society's agreement and participation. But that goes hand in hand with prosperity. The friends of environmental protection could easily say: "What role does energy play! We are against the expansion of hydropower, against the expansion of nuclear power, against the expansion of refining. The energy problems will be solved without those." Now we know that this does not necessarily have to be the case. Rather, we see how far-reaching the consequences are even if the oil supply is temporarily reduced by 25 percent. We continue to need more energy and must expand energy production as planned. So we can't make things that easy for ourselves. But where do we want to get our increased prosperity from? It will probably become the case that prosperity will depend less on 'energy-expensive' things and more on other things, for example on social services.[32] In this sense they are not 'energy expensive'.

All these problems, both short- and long-term, will lead to a partial restructuring of the economy. But we still have an influence on what is most important to deliver quality of life, and ... the energy crisis is therefore useful in making you think.

Willy Brandt:

I do not want to delve into the question of nationalisation at this moment, although I agree that it is an advantage to be able to influence such a situation. We were only able to nationalise inadequately and very late. I would like to address the other part of the question. In such a supply and shortage crisis, aren't there also opportunities - from the

auch Chancen -- aus der Sicht unserer Vorstellungen? Ich glaube das. Aber man muß sehr aufpassen, wie man so etwas formuliert. Die Menschen könnten andernfalls meinen, man begrüße es vielleicht, daß es ihnen weniger gut geht, als es ihnen bisher gegangen ist. Aber ich will zwei Beispiele nennen: Erstens kann ein gewisser Umschichtungsprozeß vom Individualverkehr zum Nahverkehr, d.h. dem öffentlichen Nahverkehr in den Ballungsgebieten, kann eine Verlagerung von Kapazitäten von den Straßen herüber auf die Eisenbahn durch eine Krise dieser Art beschleunigt werden. Ein Vorgang, der sich andernfalls über sehr viel mehr Jahre erstreckt hätte, kann sich nun rascher vollziehen; der Ausbau des Nahverkehrssystems wird volkswirtschaftlich noch lohnender. Das ist der eine Punkt. Zum anderen glaube ich, daß, wenn die Krise eine Weile andauert, zu Buch schlagend andauert, ein technologischer Sprung dort eintreten wird, wo wir es sonst mit einer verhältnismäßig geruhsamen, kontinuierlichen technologischen Entwicklung zu tun gehabt hätten. Ich habe dieser Tage einmal etwas zynisch jemandem gesagt, nach dem Kriege hätten die Alliierten den Deutschen den Gefallen getan, Betriebe zu demontieren. Man könne davon noch heute einige in England besichtigen. Wir Deutsche waren damals gezwungen, moderne Fabriken zu bauen. Das ist eine der Erklärungen für unsere ökonomische Entwicklung in den fünfziger und sechziger Jahren, die andere ein >Wunder< genannt haben. Nun scheint es mir überhaupt keine Frage zu sein, daß bestimmte Programme, die wir sonst erst in den achtziger Jahren durchgeführt hätten, sich in diesem Westeuropa schon für die nächsten drei bis vier Jahre aufdrängen.

Zu der Frage, ob öffentliche oder nicht öffentliche Eigenstumformen, bin ich seit langem der Meinung, daß man sie von der Aufgabe und nicht vom Dogma her beantworten sollte. Es ist schon gut, das eine *und* das andere zu haben. Im Zusammenhang mit der Ölkrise werden die zu bewältigenden Aufgaben dafür sorgen, daß der Prozeß der Innovation durch unserer eigenes Wirken und unter einem solchen Zwang von außen rascher vorankommen wird.

Bruno Kreisky:
Ich glaube, daß wir, was die öffentlichen Ausgaben betrifft, zu neuen Prioritäten kommen werden.

So wird man wohl einen Teil des Geldes, das man bisher für den Ausbau von Straßen bereitgestellt hat, mit der größten Selbstverständlichkeit für den Ausbau der Eisenbahn zur Verfügung stellen müssen. Man wird auch andere Rentabilitäts-gesichtspunkte berücksichtigen müssen. So gibt es zum Beispiel Nebenstrecken,

perspective of our policy aims? I believe that. But you have to be very careful how you word something like that. Otherwise, people might think that one ... welcomes the fact that they are doing less well than before. But I would like to give two examples: Firstly, a certain reallocation process from private transport to local transport, in other words local public transport in metropolitan areas, and a shift in capacity from the roads to the railways. Both can be accelerated by a crisis of this kind. A process that would otherwise have taken many ... years can now happen more quickly. The expansion of the local transport system will become even more economically viable. That's ... one point. On the other hand, I believe that if the crisis lasts for a while ... a technological leap will occur instead of what ... otherwise would have been a relatively steady and continuous technological development. I recently told someone, some-what cynically, that after the war the Allies had done the Germans a favour by dismantling factories. You can still see some of them in England today. Back then, we Germans were forced to build modern factories. This is one of the explanations for our economic development in the 1950s and 1960s that others have called a 'miracle'. Now it seems to me that there is no question at all that certain programmes that ... otherwise would only have been implemented in the 1980s will be necessary in Western Europe in the next three to four years.

When it comes to the question of whether different types of property are public or non-public, I have long been of the opinion that the answer should be based on their purpose and not on the dogma. It's good to have both. In the context of the oil crisis, the tasks to be accomplished will ensure that the process of innovation will advance more quickly through a combination of our own efforts and ... external pressure.

Bruno Kreisky:
I believe that we will have new priorities when it comes to public spending.

As a matter of course, some of the money that has so far been made available for the expansion of roads will have to be made available for the expansion of railways. Other dimensions to profitability will also have to be taken into account. For example, there are branch routes that were

die man bisher für unrentabel gehalten und dabei völlig ignoriert hat, daß die Eisenbahn ja ein umweltfreundliches Verkehrsmittel ist. Hier wird man neuere Gesichtspunkte, neuere Maßstäbe zugrunde legen müssen. Auch darin, glaube ich, stimmen wir überein. Man wird also nicht nur, was den Nahverkehr, sondern auch, was den Fernverkehr anbetrifft, zu einer >Renaissance< der Eisenbahn kommen müssen, wobei ich nicht einmal glaube, daß es bei der Modernisierung ausschließlich um die Frage der höheren Geschwindigkeit gehen wird. Hier ist vor allem auch auf dem Gebiet der Sicherheit mehr zu tun. Die Frage ist überhaupt, ob manche Bahn so schnell sein *muß*, wie man das heute noch für selbstverständlich hält. Ich bin der Meinung, man sollte tatsächlich einmal ausrechnen, welche Vorteile sich auf anderem Gebiet ergäben, wenn man weniger Wert auf die Schnelligkeit legte; wahrsscheinlich wäre das eine ganze Reihe von Vorteilen. Das ist die eine Seite. Eine andere Sache, die mir in diesem Zusammenhang sehr wesentlich erscheint, ist die Sorglosigkeit in gesellschaftspolitischer Beziehung. Hier hat es eine besonders gefährliche Entwicklung gegeben. Man war der Meinung, daß sich Krisen wie die Anfang der dreißiger Jahre nicht wiederholen könnten. Nun sehen wir von einem Tag zum anderen, wie durch politische Ereignisse eine Gefährdung unserer wirtschaftlichen Situation im Weltmaßstaß eintritt - eine Gefährdung, wie man sie noch vor wenigen Monaten nicht für möglich gehalten hätte. Man hatte sich vorgestellt, daß die Entwicklung weltweit in völlig neuen Bahnen verlaufen werde. Man erlebte eine Prosperität, die zwar durch etliche Rezessionen unterbrochen wurde, die mehr oder weniger lange andauerten, aber ohne echte Krisenerscheinungen abliefen. Jetzt plötzlich merkt man, daß wir vor einer Entwicklung stehen, die man nicht einfach bagatellisieren kann. Und damit gewinnen alle die Pläne, die für die wirtschaftliche Reform unserer Gesellschaft notwendig sind, an Bedeutung; und man beginnt, sich wieder auf das sozialistische Gedankengut zu besinnen. Ich finde das nicht an sich erfreulich, sondern ich halte es für wichtig, daß man das tut. Und damit komme ich wieder auf das zurück, was ich schon im Briefwechsel angedeutet habe: Wir befinden uns, so glaube ich, in der Anfangsphase einer Renaissance des planwirtschaftlichen Denkens. Es wird anders aussehen als früher und auf die Erfahrungen aufbauen, die wir gesammelt haben. Ich halte das für sehr wesentlich, und wir müssen den Mut haben, das auch offen zu sagen. Wir werden damit bei den Bürgern auf breite Zustimmung stoßen. Sie werden unsere Maßnahmen nicht mit all jenen vergeblichen Planungsversuchen gleichsetzen, die in den kommunistischen Staaten seit Jahrzehnten immer wieder unternommen werden.

previously considered unprofitable, completely ignoring the fact that the railway is an environmentally friendly means of transport. New perspectives and new standards will have to be used here. I think we agree on that too. So there will have to be a 'renaissance' of the railways not only in terms of local transport, but also in terms of long-distance transport, although I don't ... believe that modernisation will only be about the question of higher speed. More needs to be done here, especially in the area of security. The question is whether some trains have to be as fast as we ... take for granted today. I am of the opinion that one should actually calculate what advantages would arise in other areas if one placed less emphasis on speed. There would probably be a whole host of advantages. ... Another thing that seems very important to me in this context is the carelessness in socio-political matters. There has been a particularly dangerous development here. It was believed that crises like those of the early 1930s could not be repeated. Now, from one day to the next, we see how political events pose an economic threat that would not have been thought possible just a few months ago. It had been imagined that developments worldwide would progress in completely new directions. ... Prosperity ... was interrupted by a number of recessions that lasted for more or less time, but without any real signs of crisis. Now suddenly you realise that we are facing a development that cannot ... be ignored or trivialised. ... This means that all the plans that are necessary for the economic reform of our society become more important; and people begin to reflect on socialist ideas again. I don't think that's necessarily or just pleasing in itself, but I think it's important that people do it. And that brings me back to what I already suggested in our letters: I believe we are at the start of a renaissance of planned economic thinking. It will look different to before and should build on the experiences we have gained. I think this is very important and, if we ... have the courage to say it openly, we will receive broad support from citizens. They will not equate our measures with all the failed attempts at planning that have been made repeatedly by the communist states over decades.

Olof Palme:

Das ist natürlich richtig. Hier stellt sich eine andere programmatische Frage. Wir haben im Zusammenhang mit unserer Wirtschaftspolitik, mit unserer Wachstumspolitik auf soziale Mobilität gesetzt. Die sozialen Spannungen sind durch Mobilität auch teilweise beseitigt worden. Das Bruttosozialprodukt hat uns dabei nicht im Stich gelassen, und wir haben gewisse Probleme lösen können. Auch wir haben ja den Menschen gesagt, daß es ihnen zwar gut ginge, daß ihre Kinder es aber noch um vieles besser haben würden und daß wir dann in der Lage wären, die Probleme weitgehend zu lösen. Wir haben ihnen eine bessere Ausbildung, bessere Berufschancen versprochen, als ihre Väter sie hatten. Aber in einer solchen neuen Situation wie der jetzt gegebenen kommt es uns insgesamt mehr auf sozialen Ausgleich als auf soziale Mobilität an. Und das ist eine sehr viel schwierigere Aufgabe. Denn sobald nicht mehr immer mehr zu verteilen ist, wird die Frage der Verteilung erheblich erschwert. Aber man muß sich allmählich mit diesem Gedanken abfinden. Ich kenne keine andere Bewegung als die sozialistische, die die Möglichkeit hätte, diese Probleme anzupacken. Denn Kapitalismus wie Kommunismus sind ja ganz auf Wachstum programmiert.

Bruno Kreisky:

Sie haben in diesen Zeiten mehr aufzuholen gehabt.

Olof Palme:

Natürlich. Das ändert sich auch nicht von heute auf morgen. Die Probleme erscheinen nur ein wenig anders, und dadurch auch die politischen Perspektiven. Und zu diesen gehört eben weniger soziale Mobilität, dafür mehr sozialer Ausgleich.

Willy Brandt:

Das bedeutet eine neue Dimension des Bemühens um mehr Verteilungsgerechtigkeit. Denn wir hatten uns hier, ausgehend von der Vorstellung eines mit relativ hohen Raten sich kontinuierlich entwickelnden Sozialprodukts, zum erheblichen Teil darauf beschränkt, uns vor allem um die Zukurzgekommenen, die gesundheitlich oder auf andere Weise Benachteiligten zu kümmern, also um diejenigen, die im Schatten der Wohlstandsgesellschaft leben oder gar ihr Opfer sind. Entwicklungen wie die jetzige werden uns durch die von ihnen geschaffenen Probleme vor neue Aufgaben stellen, was soziale Gerechtigkeit angeht, und das gilt auch für die nicht auf solche Weise Benachteiligten.

Olof Palme:

That is of course correct. Another ... question arises here in connection with our economic programme and growth policy. We have focused on social mobility and social tensions have ... been partially eliminated through mobility. The gross national product has not let us down and we have been able to solve certain problems. We also told people that they were doing well, but that their children would be much better off and that we would then largely be able to resolve the remaining problems. We promised them better education and better career opportunities than their fathers had. But in a new situation like the one we now have, what matters ... more is social balance than social mobility. And that is a much more difficult task. Because as soon as there is no longer more to distribute, the question of how to share out the smaller amount becomes much more difficult. But gradually one has to come to terms with this idea. I don't know of any movement other ... than the socialist one that would be capable of tackling these problems - ... capitalism and communism are completely programmed for growth.

Bruno Kreisky:

They had more to make up ... during these times.

Olof Palme:

Naturally. That doesn't change overnight. The problems just seem a little different and so do the political perspectives. They include less social mobility and more social balance.

Willy Brandt:

This means an extra dimension in the effort to achieve greater redistributive justice. Because here, ... , we have largely limited ourselves ... to taking care of those who are left behind, those who are disadvantaged in terms of health or in other ways. In other words, those who live in the shadows of an affluent society or are victims of it even. Developments like the current one, by creating problems ..., will present us with new challenges in terms of social justice; this ... applies just as much to those ... not disadvantaged in this way.

So wird es ganz konkret auch darauf ankommen, daß ein weiteres Auseinander-klaffen der Einkommenszuwächse verhindert wird, daß darüber hinaus die unteren Einkommen relativ stärker wachsen als die oberen. Und es wird noch wichtiger werden, Privilegien abzubauen, von denen sich bei immer wenigeren behaupten läßt, daß indirekt die breiten Schichten letztlich auch davon profitierten.

Bruno Kreisky:
Ich habe dafür sehr viel Verständnis. Ich weiß auch, daß es sehr, sehr schwer sein wird, viele Menschen unter bestimmten Umständen davon zu überzeugen, daß sie zugunsten anderer auf das eine oder andere verzichten müssen. Hier wäre noch eine andere Frage zu stellen. Ich bin gar nicht überzeugt, daß wir mit unseren Ressourcen so rationell umgegangen sind, daß wir jetzt so hastig auf eine völlig andere Linie umschalten müssen. Wir wissen zum Beispiel genau, daß wir durch unseren Energieverbrauch Energie verschwendet haben. Wir haben die Leute, wir haben die Wirtschaft ermuntert, für alles mögliche Reklame zu machen, obwohl wir ganz genau gewußt haben, daß das überflüssig ist. Wir haben sie zu gewissen Ausgaben für den Verbrauch von Energie ermuntert, einen Verbrauch, der für den Lebensstandard und für das Wachstum uninteressant war. Wir haben andererseits große Entwicklungsmöglichkeiten auf dem Energiesektor überhaupt nicht genutzt. So gibt es bis heute keinen echten europäischen Verbund, obwohl jeder, der sich mit diesen Problemen beschäftigt, inzwischen die Bedeutung eines solchen Verbundes erkannt hat. Gäbe es ihn, dann könnten wir uns einen großen Teil der gegenwärtigen Energiekrise ersparen und hätten außerdem einen wesentlichen Beitrag zur Integration der Völker in Europa, zu ihrer Zusammenarbeit geleistet. Ich bin davon überzeugt, daß es auf vielen anderen Gebieten noch zahlreiche Möglichkeiten gibt, die wir nutzen könnten und sollten, ehe wir von der Wachstumspolitik, von einer vernünftigen und vertretbaren Wachstumspolitik, abgehen. Solange wir unsere Wirtschaft, unsere Ressourcen noch nicht so rationell einsetzen, wäre das, glaube ich, noch ein bißchen früh. Das gilt ebenso für Dutzende von Beispielen, auch was andere Gebiete betrifft. Nun steckt darin aber auch etwas, das mir gar nicht so unvernünftig erscheint. Die Entwicklungshilfe, auf die ich hier in allen Aspekten, in allen Einzelheiten gar nicht eingehen will, beginnt sich jetzt - meiner Meinung nach - ein wenig selber ad absurdum zu führen. Es zeichnet sich so etwas wie Waffengleichheit ab; Länder, die nur Rohstoffe besitzen, werden sich des Wertes ihrer Rohstoffe bewußt und verlangen dafür mehr Geld, d. h., sie verlangen dafür mehr Waren. Und hier setzen auf einer neuen Ebene neue *terms of trade* ein, die nicht nur rein wirtschaftliche, sondern

... It will also be important to prevent any further divergence in income growth; indeed to ensure that lower incomes grow relatively more strongly than higher ones. And it will become even more important to dismantle privileges, ... which are restricted to fewer and fewer people and which don't benefit society as a whole.

Bruno Kreisky:
I appreciate and endorse that. I also know that it will be very, very difficult to convince many people in certain circumstances that they have to give up one thing or another for the benefit of others. Another question needs to be asked here. I am not at all convinced that we have used our resources so rationally that we now have to switch immediately to a completely different approach. For example, we know full well that we have wasted energy through excessive consumption. We encouraged people, and we encouraged businesses, to advertise everything possible, even though we knew full well that it was unnecessary. We encouraged them to spend a certain amount on energy consumption, a consumption that was unnecessary for living standards and growth. On the other hand, we have not taken advantage of major development opportunities in the energy sector at all. There is no real European association to date, although everyone who deals with these problems ... recognises the importance of such an association. If it had existed, we could have saved ourselves a large part of the current energy crisis, while also making a significant contribution to European integration ... and co-operation between peoples. I am convinced that there are still numerous opportunities in many other areas that we could and should deploy before we abandon the growth policy. ... This also applies to dozens of examples, including other areas than resources. ... Development aid, which I do not want to go into in all its aspects and details here, is now - in my opinion - beginning to reduce itself ... to the point of absurdity. Something like equality of arms is emerging; countries that only have raw materials become aware of the value of their raw materials and demand more money for them, i.e., they demand more goods in return. And here ... *terms of trade* come into play on a new level, which have a maximum of political significance as well as economic significance ... And, as we have heard on other occasions, this applies to many raw materials. The time when *terms of trade* for commodity-producing countries ... deteriorated

ein Höchstmaß an politischer Bedeutung haben. Und das gilt, wie wir ja schon bei anderen Gelegenheiten gehört haben, für viele Rohstoffe. Die Zeit, da die *terms of trade* für die rohstoffproduzierenden Länder sich ununterbrochen verschlechterten, scheint wirklich vorüber zu sein. Oder aber -- und das ist jetzt das große Fragezeichen -- wir geraten in eine echte wirtschaftliche Depression, denn dann bekommen diese Länder natürlich nichts für ihre Rohstoffe, weil man diese dann nämlich nicht braucht.

Willy Brandt:

Was aus den Entwicklungsländern werden soll, die weder über Öl noch über Rohstoffe verfügen, ist bisher völlig offen. Wie soll eigentlich der Kunstdünger bezahlt werden, der für die Ernährung der Bevölkerung gebraucht wird? Laßt mich ein paar zusätzliche Bemerkungen machen.

Sieht man einmal ab von dem unmittelbaren Anlaß, nämlich, daß das Öl als politische Waffe eingesetzt wurde, so bleibt allenfalls zu verurteilen, daß von diesen Staaten offensichtlich akute Versorgungskrisen und weltweite Beschäftigungskrisen in Kauf genommen werden. Ich meine damit, daß wir nach der Unterbezahlung vergangener Jahre kaum das Recht haben, die Tatsache der zwischen diesen Ländern abgesprochenen Preiserhöhungen anzuprangern, sondern allenfalls, daß dies so abrupt kam, wobei im übrigen die Rolle der multinationalen Ölkonzerne und deren Informationsmangel noch eingehend durchleuchtet werden müssen.

Tatsache ist wohl auch, daß die entwickelten Staaten auf Kosten der Öl- und Rohstoffländer gelebt und dabei nicht allzu schlecht gelebt haben, also bis heute Nutznießer waren. Im übrigen warne ich vor Versuchen, erneut mit Formen vergangener imperialistischer Machtpolitik zu liebäugeln. Mehr denn je kommt es jetzt auf internationale Kooperation an, und zwar auf gleichberechtigte Zusammenarbeit zwischen den Staaten, wobei auch diejenigen einzubeziehen sind, die jetzt besonders ins Hintertreffen geraten.

Im Hinblick auf das, was wir bei den Rohstoffen sehen, spricht im übrigen viel für die Organisierung von Teilmärkten. Ein Gedanke, dem gegenüber ich selber sehr skeptisch gewesen bin, zumal er, was einige Lanwirtschaftsprodukte angeht, für die man die Teilmarkt-Organisierung begonnen hat, nicht ganz überzeugend wirkte. Es gibt keine vernünftige Alternative als die, den Versuch zu machen, zwischen Verbraucherländern und Erzeugerländern zu beiderseits akzeptablen

appears to be well and truly over. Or, and this is now the big question, will we end up in a real economic depression, because ... these countries ... get nothing for their raw materials because they won't be needed any longer?

Willy Brandt:
What will become of developing countries that have neither oil nor raw materials is still completely open. How should the artificial fertiliser that is required to feed the population be paid for? Let me make a few additional comments.

If one ignores the immediate cause, namely that oil is being used as a political weapon, the only thing that can be condemned is that these states are obviously accepting acute supply crises and global employment crises. What I mean by this is that after the under-payment of past years, we can hardly complain about the price increases ... these countries have agreed, but at most that its imposition came so abruptly. Nevertheless, the role of the multinational oil companies and their lack of information still shines through ...

It is also a fact that the developed countries lived at the expense of the oil and raw material producing countries and did not live too badly. ...They have been the beneficiaries to this day. Furthermore, I would warn against attempts to flirt again with forms of past imperialist power politics. Now more than ever, international co-operation is important, namely equal co-operation between states, including those who are now particularly falling behind.

In view of what we see with raw materials, there is a lot to be said for organising sub-markets (an idea that personally I ... was very sceptical about, especially since it did not seem entirely convincing when it came to some agricultural products for which sub-market organisation had already begun). There is no sensible alternative but to try to reach mutually acceptable terms of exchange between consumer countries and prod-

Austauschbedingungen zu kommen. Die Gefahr, die ich bereits angedeutet habe, ist folgende: Unter den Ländern, die nicht nur sagen, daß man für Rohstoffe statt wie bisher zu wenig, nun viel mehr bekommen müsse, jedenfalls erheblich mehr als bisher, gibt es solche, die diese Möglichkeit einsetzen wollen, um ihr eigenes Land zu entwickeln, Daneben gibt es andere, die das nicht können oder anscheinend gar nicht vorhaben. Folglich werden in einem Jahr zusätzlich 35 bis 40 Milliarden Dollar vagabundieren, die aus den Einnahmen dieser Länder stammen. Und diese Summe kann sich im nächsten Jahr auf 50 bis 60 Milliarden Dollar erhöhen und zur Ursache von -- ich weiß nicht welcher -- Unordnung im Weltwährungssystem werden, das zu ordnen wir im übrigen im Begriff schienen.

Bruno Kreisky:

Das bleibt meiner Ansicht nach ein vergebliches Unterfangen, solange man die quälende Dollarspekulation nicht kontrollieren kann. Wenn es tatsächlich so ist, daß man sich einfach ein paar Milliarden Dollar aus anderen Gründen als denen der eigenen wirtschaftlichen Entwicklung verschaffen kann, dann hilft überhaupt keine der Sanierungsbemühungen um das Weltwährungssystem. Das würde dann eine Sisyphusarbeit. Ich glaube, hier wird man wahrscheinlich zu anderen Lösungen kommen müssen.

Olof Palme:

Das, was uns zu schaffen macht, ist eine Veränderung der *terms of trade* zugunsten der Rohstoffe oder gewisser Rohstoffe. Aber aus rein vernunftsmäßigen Gründen ist es ja das, wofür wir uns immer ausgesprochen haben, ganz einfach eine Gleichberechtigung der Rohstoffproduzenten, die ausgebeutet worden sind.

Bruno Kreisky:

Bisher sind die Rohstoffpreise in der Regel dann gestiegen, wenn man mit Rohstoffen spekulierte. Jetzt erleben wir zum erstenmal, daß die Länder, die über Rohstoffe verfügen, dafür einen höheren Preis haben wollen.

Olof Palme:

Aber das Öl kommt doch wahrscheinlich aus anderen Gebieten. Teilmärkte - dafür sind wir ja immer gewesen, wenn man Teilmärkt und internationale Planung als ein Mittel der Absicherung und des Preisausgleiches nutzen kann. Da gibt es also ein gegenseitiges Interesse. Die Schwierigkeit liegt dagegen in der spezifischen Veränderung der *terms of trade*. Das bedeutet ja nicht einen Ausgleich zwischen

ucer countries. The danger (as I have already indicated) is this: among countries that not only say that, instead of getting too little for raw materials as they did before, they now have to get much more, at least significantly more than before, there are those that have wanted to use this option to develop their own country. There are also others who cannot or apparently do not intend to do so. As a result, an additional 35 to 40 billion dollars will be lost in a year, coming from the income of these countries. And this sum may increase to 50 to 60 billion dollars next year and become the cause of - I don't know what - disorder in the world monetary system, which, by the way, we seemed to be ... organising previously.

Bruno Kreisky:
In my opinion this remains a futile endeavour as long as the torturous dollar speculation cannot be controlled. If it is actually the case that one can simply obtain a few billion dollars for reasons other than those of one's own economic development, then none of the efforts to restructure the world monetary system will help at all. That would be a Sisyphean task. I think other solutions will probably have to be found here.

Olof Palme:
What is troubling us is a change in the *terms of trade* in favour of raw materials or certain raw materials. But what we have always advocated, for purely rational reasons, is simply equal rights for the raw material producers who have been exploited.

Bruno Kreisky:
Previously raw material prices have generally risen when people speculated on raw materials. For the first time we are experiencing that countries with raw materials want a higher price for them.

Olof Palme:
But the oil probably comes from other areas. Sub-markets, we have always been in favour of sub-markets and international planning being used as a means of hedging and price compensation. So there is a mutual interest there. The difficulty, however, lies in the specific change in *the terms of trade*. This does not mean ... between poor and rich countries,

armen und reichen Ländern, sondern vielmehr, daß gewisse Länder, die sowieso schon recht gut dastehen, noch reicher werden, Das Problem ist also in gewissem Maße das Geschäft. Denn es wird zu einem Glücksspiel, wer was bekommt.

Bruno Kreisky:
Das ist Zufall.

Olof Palme:
Ja. Aber das ist ja gerade das Problem. Viele Länder nehmen soziale Investitionen in ihrem eigenen Land vor. Da sieht man, wie höhere Einnahmen genutzt werden können. Andere Länder tun das nicht; ihre Einnahmen gelangen als Spekulationsgeld auf den internationalen Markt. Diese Länder werden auch weniger geneigt sein, internationale Abkommen zu treffen. Sie können den Markt nicht nur ausnützen, sie werden auch nahezu unabhängig vom internationalen Markt. Und ich habe bis jetzt keinen Vorschlag gehört, wie man dieses Problem lösen könnte. Es ist gesagt worden, man solle diese Länder dafür interessieren, ihr Geld in den reichen Industriestaaten zu investieren. Das löst aber keine Weltprobleme. Man hat gesagt, sie sollten in armen Ländern investieren, aber das wird sich für sie nicht lohnen. Sie erhalten dann weniger zurück, als wenn sie das Geld bei einer Sparkasse in einem Industrieland anlegten. Bleibt die Frage, wie sich die Rohstoffländer der Dritten Welt künftig den anderen Ländern gegenüber verhalten werden. Das ist nun wirklich schwer vorauszusehen.

Willy Brandt:
Es bleibt im Grunde nur der Weg, die von den Ölländern vereinnahmten, aber nicht in den eigenen Staaten investierten Gelder über den Umweg der Industriestaaten in die armen Länder zu lenken. Wie man das technisch machen kann, weiß ich jetzt auch nicht.

Bruno Kreisky:
Ich glaube, daß man alle diese Probleme lösen kann. Am Schluß reduziert sich doch alles auf ein politisches Problem. Es gibt in einer bestimmten Region der Welt Länder, die reich sind, weil sie Rohstoffe haben und dafür einen hohen Preis verlangen können. Es stellt sich die Frage, wie lange sie dazu in der Lage sind: So lange, wie diese Rohstoffe in dieser Menge gebraucht werden. Zweitens gibt es in derselben Region Länder, die diese Rohstoffe nicht haben, die also arm sind. Dadurch entsteht eine, wie ich glaube, politische Situation, die nach einer Lösung drängt. Wir können also die Sozialpolitik, die sozialen Probleme der Dritten Welt

but rather that certain countries that are already doing quite well are becoming even richer. So to a certain extent the problem is business. ... it becomes a game of chance as to who gets what.

Bruno Kreisky:
That is coincidence.

Olof Palme:
Yes. But that's exactly the problem. Many countries are making social investments in their own country, using their increased income. Other countries don't do this; their income reaches the international market as speculative money. These countries will also be less inclined to enter into international agreements. Not only can they exploit the market, they are almost independent of the international market. And I haven't yet heard any suggestion of how to solve this problem. It has been said that these countries should be encouraged to invest their money in the rich industrialised countries, but that doesn't solve world problems. People have said they should invest in poor countries, but it won't be worth it for them. They would receive less back than if they invested that money in a savings bank in an industrialised country. The question remains as to how the raw material countries of the Third World will behave towards other countries in the future. This is really difficult to predict.

Willy Brandt:
Basically the only option is to re-direct the money ... that oil countries don't invest in their own countries to the poor countries via the ... industrialised nations. But I don't know how this could be done technically.

Bruno Kreisky:
I believe that all of these problems can be solved. In the end everything boils down to a political problem. There are countries in a certain region of the world that are rich because they have raw materials and can charge a high price for them. The question arises as to how long they will be able to do this: as long as these raw materials are needed in this quantity. Secondly, in the same region there are countries that do not have these raw materials and are therefore poor. This creates what I believe is a political situation that calls for a solution. We cannot solve social policy

nicht allein von uns aus lösen. Mir scheint zum Beispiel die Frage der arabischen nationalen Revolution viel wichtiger zu sein. Wer verfügt über die gigantischen Rohölvorräte der arabischen Welt ?

Sollen das ein paar Familien oder sollen es die Völker sein? Diese Frage wird sich meiner Meinung nach eines Tages unweigerlich stellen, vor allem dann, wenn man die politischen Interessen dieser Völker richtig sieht und sie nicht auf Nebenkriegsschauplätze ablenkt. Wie gesagt - meiner Ansicht nach werden die historischen Augenblicke kommen, in denen das Schicksal von 100 Millionen entschieden wird.

and the social problems of the Third World on our own. For example, the question of the Arab national revolution seems to me to be much more important. Who has the Arab world's gigantic crude oil reserves?

Should it be (as now) a few families or should it belong to the people as a whole? In my opinion, this question will inevitably arise one day, especially if the political interests of these peoples are fully considered and views are not diverted to secondary theatres of war. As I said - in my opinion, the historic moments will come when the fate of 100 million will be decided.

After another four month gap, Olof Palme picks up the debate

Olof Palme Brief vom 29. April 1974

Lieber Willy, lieber Bruno!

Der Parlamentarismus in Europa befindet sich zur Zeit in einer geradezu chaotischen Lage. Von verschiedenen Seiten wird befürchtet, daß es um die Zukunft der Demokratie nicht zum besten steht.

Der langjährige schweizerische Finanzminister Celio äußerte kürzlich: >>Die siebziger Jahre erweisen sich als eine Periode, in der es außerordentlich schwer ist zu regieren.<< Diese Feststellung läßt sich anhand der Wahlergebnisse mühelos belegen. Die Sozialdemokraten Österreichs und der Bundesrepublik Deutschland konnten sich zwar mit einer verbreiterten parlamentarischen Basis an der Regierung behaupten. Und die Sozialdemokratische Partei Schwedens hat als einzige in Europa zwei Wahlen überstanden, ohne ihre Regierungsmacht zu verlieren. So kann jeder von uns auf Erfreuliches hinweisen. Und doch würde keiner von uns zu behaupten wagen, das Leben in der Regierungsverantwortung sei problemlos. Im übrigen kam es in Großbritannien, Italien, Norwegen, Dänemark, Finnland, Island, in den Niederlanden, in Belgien und anderswo zu oft mehrmaligem Regierungswechsel.

Die Rückschläge für die Regierungen waren häufig nicht gleichbedeutend mit Erfolgen für ihre sogenannten etablierten Oppositionen. Statt dessen bekamen allerlei Splittergruppen, die Unzufriedene mobilisierten, Extremisten von rechts und links sowie regionale Gruppierungen Aufwind. Besonders gefährdet war hier das traditionell stabile Skandinavien, wo man sich in einer relativ kurzen Zeitspanne mit Politikern wie Vennamo, Glistrup und Anders Lange herumschlagen mußte.

Die Folge sind vielfach Minderheitsregierungen mit brüchiger parlamentarischer Basis sowie Koalitionen, darunter einige, die nur äußerst schwierig zusammenzuhalten sind. Klare Mehrheitsregierungen existieren wohl nur in Österreich und Frankreich. Im ersten Fall handelt es sich um eine echte, im zweiten um eine durch das Wahlsystem bedingte Stabilität.

Olof Palme letter dated April 29, 1974

Dear Willy, dear Bruno!

Parliamentarism in Europe is currently ... truly chaotic ... There are fears in various quarters that things are not going well for the future of democracy.

The long-time Swiss Finance Minister Celio recently said: "The 1970s are proving to be a period in which it is extremely difficult to govern." This statement is proven by election results. The Social Democrats of Austria and the Federal Republic of Germany were able to hold their own in government with a broader parliamentary base, and Sweden's Social Democratic Party is the only one in Europe to have survived two elections in government ... In this way, each of us can point out positive things. And yet none of us would dare claim that life in government is trouble-free. Furthermore, there were often repeated changes of government in Great Britain, Italy, Norway, Denmark, Finland, Iceland, the Netherlands, Belgium and elsewhere.

The setbacks for governments have often not meant successes for their so-called established oppositions. Instead, all sorts of splinter groups mobilising dissatisfied people gained momentum, together with both right- and left-wing extremists, and regional groups. Particularly at risk ... was the traditionally stable Scandinavia, which had to contend with politicians like Vennamo, Glistrup and Anders Lange in a relatively short period of time.[33]

The result is often minority governments with a fragile parliamentary base and coalitions, some of which are extremely difficult to hold together. Clear majority governments probably only exist in Austria and France. In Austria it is real stability, in France the stability is an effect of the electoral system.

In dieser Situation ist es in ganz Europa schwierig geworden, Politik zu betreiben, die etwas bewirkt. Die zahllosen Zeitungsartikel über das Mißtrauen der Wähler gegenüber den etablierten Politikern spiegeln das wider.

Aber diese Eklärung ist trotz allem zu einfach, um glaubhaft zu wirken. Gewiß besteht Anlaß zu berechtigter Kritik an Parteien und Politikern. Es bedarf jedoch nicht einmal marxistischer Schulung, um zu erkennen, daß die Ursachen tiefer liegen müssen. Die derzeitige Entwicklung hängt eng mit der Wirtschaftsstruktur zusammen.

Was wir gegenwärtig erleben, könnte man als >Katerstimmung< der Industriegesellschaft bezeichnen. Die Nachkriegszeit war in materieller Beziehung außerordentlich erfolgreich. Die Produktion in unseren Ländern erhöhte sich um mehr als das Doppelte. Das heißt, daß wir in zwanzig Jahren eine ebenso hohe Steigerungsrate erzielt haben wie alle früheren Generationen zusammengenommen. Dadurch entstand ein expansives, optimistisches Klima. Der Lebensstandard der großen Lohnempfängergruppen verbesserte sich erheblich. Armut und Not früherer Zeiten konnten zum größten Teil beseitigt und auf vielen Gebieten Verbesserungen erreicht werden: im Bereich der sozialen Sicherheit, der Ausbildung und auf dem Wohnungssektor. Dadurch fühlten sich die Menschen zweifellos freier und sicherer.

Betriebsleiter, Gewerkschaften und Politiker konnten den materiellen Fortschritt für sich nutzen. *Life is better with the Conservatives*, lautete Macmillans Slogan bei der Wahl von 1959. *Keine Experimente* -- mahnte Konrad Adenauer. Und der Gerechtigkeit halber sei hinzugefügt, daß der Wahlsieg der schwedischen Sozialdemokratie 1960 mit der Parole *Mach gute Zeiten besser* errungen wurde.

Allmählich brach sich jedoch die Erkenntnis Bahn, welchen Preis man für das Wachstum bezahlt hatte: aus dem Arbeitsprozeß ausgeschaltete Menschen, Umweltzerstörung, gewaltige Strukturveränderungen, vielerorts zunehmendes soziales Gefälle, bedingt durch Technisierung und wirtschaftliche Machtkonzentration. Hinzu kommt die immer rascher ansteigende Inflationsrate, die in besonderem Maße zur Unsicherheit der Zukunft gegenüber beiträgt.

Diese Unruhe wird weiterhin gefördert durch die Entwicklung, die sich weltweit abzeichnet. In der Zeit der Massenmedien muß sich wohl jeder darüber im klaren sein, welche schwerwiegenden Probleme Übervölkerung, Lebensmittelmangel und

In this situation it has become difficult throughout Europe to pursue policies that make a difference. The countless newspaper articles about voters' distrust of established politicians reflect this.

But this explanation is still too simple to be credible. There is certainly justification for criticism of parties and politicians. However, it doesn't ... require Marxist training to realise that the causes must lie deeper. The current development is closely related to the economic structure.

What we are currently experiencing might be described as the 'hangover mood' of industrial society. The post-war period was extremely successful in material terms. Production in our countries more than doubled. This means that in twenty years we have achieved the same rate of increase as all previous generations put together. This created an expansive, optimistic climate. The living standards of the large groups of wage earners improved significantly. The poverty and hardship of earlier times have largely been eliminated and improvements have been achieved in many areas, such as ... social security, education and the housing sector. This undoubtedly made people feel freer and safer.

Managers, trade unions and politicians ... used the material progress for their own benefit. *Life is better with the Conservatives*, was Macmillan's slogan in the 1959 election. *No experiments* - warned Konrad Adenauer. And ... the election victory of the Swedish Social Democrats in 1960 was achieved with the slogan *Make good times better*.

Gradually, however, people realised ... the price that has been paid for growth: people excluded from the work process, environmental destruction, huge structural changes, increasing social disparities in many places, caused by mechanisation and the concentration of economic power. Added to this is the ever-increasing inflation rate, which contributes particularly to ... uncertainty about the future.

This unrest is further encouraged by developments taking place around the world. In the age of mass media, everyone must be aware of the serious problems that overpopulation, food shortages and poverty bring

Armut mit sich bringen. Ständige Kriege und Krisen erinnern daran, wie unsicher noch alle Bemühungen um Frieden und Verständigung bleiben.

Die Zeiten des billigen Fortschrittsglaubens sind endgültig dahin. Wir werden im Gegenteil ständig belehrt, daß unsere Rohstoffe begrenzt sind, daß Umweltzerstörung und Klimaveränderungen die Grundbedingungen menschlichen Lebens gefährden, daß Bevölkerungsexplosion und Nahrungsmangel immer bedrohlichere Ausmaße annehmen.

Die Warnungen der Wissenschaftler erfüllten eine wichtige Aufgabe. So ist man auf einem Symposion der Vereinten Nationen in Stockholm kürzlich zu dem Schluß gekommen, daß >>bei vernünftiger und rationeller Nutzung Mineralien, Energie, Erde, Wasser und andere Naturvorräte ausreichen dürften, um den Bedarf einer wachsenden Erdbevölkerung auf viele Jahrzehnte hinaus decken zu können. << Hierbei ginge es vor allem darum, eine politische Organisation auf Internationaler Ebene zu schaffen und die Verteilung auf nationaler und multi-lateraler Basis zu regeln. Im politischen und sozialen Bereich wird es wahrscheinlich viel früher zu Konflikten kommen als zu einer Krise im Zusammenhang mit den Ressourcen.

Fehlt die Zuversicht, daß man eine Lösung für diese Probleme finden kann, tragen die bedrohlichen Zukunftsperspektiven dazu bei, die Unsicherheit, das Gefühl der Ohnmacht zu verstärken. In der heutigen Welt ist es nur zu leicht, den Überblick zu verlieren und die menschlichen, sozialen Ziele hintanzustellen. Historische Parallelen sind zweifellos immer fragwürdig. Trotzdem könnte ich mir vorstellen, daß in den zwanziger Jahren eine zum Teil ähnliche Stimmung herrschte. Man hatte eine Periode beispiellosen materiellen Fortschritts hinter sich. Es gelang jedoch nicht, der Massenarbeitslosigkeit und der Massenarmut, der ständig wiederkehrenden Krisen Herr zu werden. Und niemand war imstande, einen anderen Ausweg anzubieten, als entweder wie bisher weiterzumachen oder aber die Gesellschaft total zu verändern. Im Grunde handelte es sich um eine politische Krise, die jede Initiative, jede Handlungsfähigkeit lähmte und zum Verfall der Demokratie führte. Das Solidaritätsgefühl war ins Wanken geraten. Dadurch entstand Spielraum für allerlei Irrlehren, für Politiker, die ihr Geschäft mit der Unzufriedenheit machten, und schließlich erscholl gar der Ruf nach starken Männern. Wir wissen, wie das endete. Aber wir wissen ebenso, daß die Demokratie in einigen Ländern Energie und Widerstandskraft zu entwickeln vermochte, und zwar einfach deshalb, weil es dort gelang, Zukunftsglauben und

with them. Constant wars and crises remind us of how uncertain all efforts towards peace and understanding remain.

The time of easy assumptions about progress is finally over. Instead we are constantly being told that our raw materials are limited, that environmental destruction and climate change are endangering the basic conditions of human life, and that population explosion and food shortages are becoming increasingly dangerous.

The scientists' warnings served an important purpose. At a recent United Nations symposium in Stockholm, it was concluded that "if used sensibly and rationally, minerals, energy, earth, water and other natural resources should be sufficient to meet the needs of a growing world population for many decades to come". This would primarily be about creating a political organisation at the international level and regulating ... distribution on both a national and multilateral basis. Political and social conflict is likely to occur much sooner than a resource crisis.

If ... confidence in finding a solution to these problems flags, the ominous future prospects contribute to increasing insecurity and a feeling of powerlessness. In today's world it is all too easy to lose perspective and forget human and social objectives. Historical parallels are ... always of questionable value, but I can imagine ... a ... similar mood in the 1920s. A period of unprecedented material progress had ... passed and ... it did not prove possible to overcome mass unemployment, mass poverty and the constantly recurring crises. ... No one was able to offer any other way out than ... continuing as usual on the one hand or completely upending society on the other. In essence this ... political crisis ... paralysed every initiative, everybody's ability to act and ultimately led to the decline of democracy. Any feeling of solidarity had faltered, creating the opportunity for all sorts of heresies, for politicians who made dissatisfaction their purpose, and finally led to the call for strong men ... We know how that ended. But we also know that democracy has ... developed energy and resilience in some countries simply because it has succeeded in rekindling faith in the future and a sense of solidarity. We are experiencing a roughly comparable political crisis today. The roots can mainly be found in cond-

Solidaritätsgefühl neu zu entfachen. Eine in etwa vergleichbare politische Krise erleben wir heute. Ihre Wurzeln sind großenteils in Verhältnissen außerhalb Westeuropas zu suchen. Zwei Supermächte üben einen dominierenden Einfluß auf die Welt aus. Das politische und militärische Machtpotential hat sich immer mehr auf sie konzentriert. Gleichzeitig wurde das Kapital internationalisiert und auf eine multinationale Großfinanz konzentriert.

Doch was steckt hinter dem Antlitz der Macht ? Was stellen die beiden riesigen Machtapparate dar?

Sie repräsentieren zwei verschiedene politische Systeme. Die Ideale, die sie proklamieren, gehen auf die europäische Aufklärung zurück; auf den Liberalismus und auf den Sozialismus. Beides politische Richtungen mit revolutionärem Charakter.

Die eine Supermacht ist als rein kapitalistische Gesellschaft organisiert. Sie macht gerade jetzt eine schwere politische Krise durch. Ihre äußere Macht steht in krassem Widerspruch zu der Unfähigkeit, die enormen inneren sozialen Spannungen und Probleme zu lösen. Ihre Ideale wurden im Vietnamkrieg schwer korrumpiert. Vor ihrer Haustür liegt Lateinamerika, beherrscht von Feudalherren, von ausländischen Ausbeutern im Verein mit Militärjunten. Die USA scheinen unfähig, den Befreiungsprozeß auf diesem Subkontinent zu begreifen und ihm konstruktiv zu begegnen. Ihre Einstellung zu den lateinamerikanischen Befreiungsbestrebungen ist ebenso engstirnig und kurzsichtig, wie sie es seinerzeit in den Fällen Mao Tse-Tung und Ho Chi Minh war. Diese Weltmacht fühlt sich bedroht, wo immer auf der Erde arme Völker soziale und nationale Befreiung anstreben. Aber diese Befreiung ist notwendig und unausweichlich.

Die andere Supermacht repräsentiert nach über fünfzig Jahren ein System, das in Dogmatismus und Bürokratismus erstarrt ist. Den Freiheitsbewegungen in der eigenen Machtsphäre begegnet es mit Skepsis und Mißtrauen, im schlimmsten Fall mit Panzern. Aber es kann wohl kein Zweifel daran bestehen, daß die Freiheitsbestrebungen in verschiedenen Formen weitergehen werden. Sie sind ebenfalls notwendig und unausweichlich. Die europäischen Konservativen stellten die Vereinigten Staaten lange Zeit als Musterbeispiel für die Überlegenheit des Kapitalismus hin, während die Sowjetunion in ihren Augen den Sozialismus ein für allemal disqualifizierte.

170

itions outside Western Europe. Two superpowers exert a dominant influence on the world, with political and military power ... increasingly concentrated in their hands. At the same time, capital has been internationalised and is concentrated in multinational finance.

But what lies behind the face of power? What do the two huge superpowers represent?

They represent two different political systems, with the ideals they proclaim dating back to the European Enlightenment: one liberalism, the other socialism. Both political directions have a revolutionary character.

One superpower is organised as a purely capitalist society and is currently going through a serious political crisis.[34] Their external power is in stark contrast to their inability to resolve the enormous internal social tensions and problems. Their ideals were severely corrupted during the Vietnam War. On their doorstep lies Latin America, dominated by feudal lords and foreign exploiters in association with military juntas. The USA seems unable to understand the liberation process on this subcontinent or to respond to it constructively. Their attitude to Latin American liberation efforts is just as narrow-minded and short-sighted as it was in the cases of Mao Tse-Tung and Ho Chi Minh. This world power feels threatened wherever poor people on earth strive for social and national liberation. But their liberation is not only necessary but inevitable.

After more than fifty years, the other superpower represents a system that has ossified in dogmatism and bureaucracy. It responds to freedom movements in countries within its orbit with scepticism and mistrust, and in the worst case, with tanks. But there can be no doubt that freedom movements will continue in various forms. They are also necessary and inevitable. European conservatives have long held up the United States as a model of the superiority of capitalism, while in their eyes the Soviet Union disqualified socialism once and for all.

Sie bekamen dabei Schützenhilfe von den westreuropäischen kommunistischen Parteien, die seit ihrem Bestehen an die Sowjetunion gebunden waren und blieben. Sie organisierten sich auf dieselbe Weise wie Lenins straff zentralistische Partei in der Sowjetunion. Und die Sowjetunion war auch das leuchtende Vorbild, an dem sie ihre Zielsetzungen orientierten. Dadurch fügten sie dem Sozialismus großen Schaden zu.

Jahrzehntelang galten die zwei Systeme als die beiden Hauptalternativen. Und jahrzehntelang fanden sie Anhänger in den verschiedensten politischen Lagern. Der Kapitalismus verhieß den Menschen Freiheit, Demokratie und Fortschritt. Die Kommunisten verhießen den Menschen Freiheit, Demokratie und Fortschritt.

Natürlich sind diese Systeme in mancher Hinsicht erfolgreich gewesen. Sie haben als Staaten -- zum Glück für die Welt -- eingesehen, daß sie angesichts eines militärisch so gigantischen Machtpotentials zusammenarbeiten müssen, um die totale Vernichtung zu verhindern. Das ist der konstruktive Inhalt der Entspannungspolitik. Selbstverständlich müssen sich alle Länder konstruktiv an ihr beteiligen. Das heißt auch, daß wir mit Staaten völlig anderer Gesellschaftsordnungen in verschiedenen Formen zusammenarbeiten und zum offenen Dialog mit ihnen bereit sein müssen. Andererseits aber steht fest, daß der Kapitalismus, den die USA als Wortführer vertreten, gefolgt von den westeuropäischen Konservativen und Kapitaleignern, und der Leninismus, den die Sowjetunion an führender Stelle vertritt, gefolgt von den ost- und westeuropäischen kommunistischen Parteien, ihre sozialen Zielsetzungen nicht verwirklichen konnten. Das bedeutet, daß sich Europa endlich von diesen beiden Denksystemen freimachen könnte.

Sowohl der konservative Liberalismus, dem der amerikanische Kapitalismus huldigt, als auch der Marxismus, den die Sowjetunion vertritt, haben ihre Wurzeln in Europa. Der Marxismus mit seinem Glauben an den Menschen und an seine Befreiung, mit seiner Forderung nach Demokratie von der Basis aus wurde durch den Leninismus völlig verfälscht. Die demokratische Gleichheitsidee des Liberalismus verkam zur Konzentration wirtschaftlicher Macht für wenige und zur Enstehung großer sozialer Unterschiede für viele. Der demokratischen sozialistischen Arbeit in Europa wurde von zwei Seiten Widerpart geboten: sowohl der Kapitalismus als auch der Bolschewismus bekämpften sie. Amerika und die

Other countries in the Soviet orbit received support from Western European communist parties, which have been ... tied closely to the Soviet Union since their inception, and remain so. They organised themselves in the same way as Lenin's tightly centralised parties in the Soviet Union. And the Soviet Union was also the shining example on which they based their objectives. In doing so, they did great damage to socialism.

For decades the two systems were considered the two main alternatives. And for decades they found supporters in a wide variety of political camps. Capitalism promised people freedom, democracy and progress. The communists promised people freedom, democracy and progress.

In some respects, of course, these systems have been successful. ... They have realised, fortunately for the world, that in the face of such gigantic military power ..., they must work together to prevent total annihilation. That is the constructive content of the détente policy. And, of course, all countries must participate constructively. This also means that we must work together in various groupings with states from completely different social systems. We must be prepared to engage in open dialogue with them. But it is also clear that capitalism, which the USA represents (speaking for ... Western European conservatives and capital owners as well), and Leninism, which the Soviet Union takes the lead for on behalf of the Eastern and Western European communist parties, do not have compatible social objectives ... This means that Europe could finally free itself from these two systems of thought.

Both the conservative liberalism that American capitalism promotes and the Marxism that the Soviet Union represents have their roots in Europe. Marxism, with its belief in man and his liberation, with its demand for democracy from the grassroots, was completely distorted by Leninism. Liberalism's democratic idea of equality degenerated into the concentration of economic power for a few and the creation of great social differences for the many. The democratic socialist work in Europe was opposed by both capitalism and Bolshevism fighting against it. Yet America and the Soviet Union ... can be said to have re-exported their political variants to Western Europe.

Sowjetunion aber, so läßt sich sagen, reexportierten ihre politischen Varianten nach Westeuropa.

Man sollte annehmen, daß es den fortschrittlichen Kräften Europas nun, da diese Systeme geschwächt sind und ihre Schlagkraft verlieren, leichtfallen müßte, zu ihren eigenen Wurzeln zurückzufinden, zu ihren demokratischen und sozialen Idealen. Das ist jedoch alles andere als sicher. Ebensogut kann es zu einer Polarisierung führen. In der enttäuschten Linken, die früher auf den monolithischen Kommunismus eingeschworen war, kommt es jetzt zu Spaltungen. Da gibt es u. a. Stalinisten, Trotzkisten, Leninisten, verschiedene Splittergruppen und Sekten, die sich mit ihrem Elitedenken gegenseitig bekämpfen. Hinzu kommt die Erfahrung der Handlungsunfähigkeit, der Schwierigkeit, die gesellschaftliche Entwicklung zu beeinflussen und sie in andere Bahnen zu lenken.

Diese Linkskräfte zeigten anfangs eine beachtliche Frische. Sie wiesen auf eklatante Mißstände hin und brachten sogar teilweise neue Gedankengänge in die Diskussion ein. Dann kam es jedoch zu einem Erstarrungsprozeß; verbissen suchten sie nichts als Konfrontation und entwickelten geradezu eine Sucht, die Rolle der Verfolgten zu spielen. Das ging so weit, daß es -- wie es ein schwedischer Liberaler formulierte -- schließlich für sie zum ungeschriebenen Gesetz wurde, jeden Politiker, der nicht völlig einflußlos ist, als Verschwörer gegen die Menschenrechte hinzustellen. Ein Linker aber, der sich aus eigenem freien Willen ins Abseits begibt, kann nicht auf Resonanz rechnen.

Das gleiche Phänomen findet sich auf konservativer Seite. Man sieht die Mißerfolge der eigenen Politik. Wir hören pausenlos die alten Schlagworte von der Überlegenheit der freien Initiative, des privaten Unternehmertums und des freien Wettbewerbs und vom Staat, der eine Bedrohung der Freiheit darstelle. Sobald jedoch diese konservativen Ideen in die Tat umgesetzt wurden, erlitten sie Schiffbruch. Es ist unbestritten, daß man in konservativ regierten Ländern sehr schnell bei staatlichen Subventionen, staatlichen Reglementierungen, schärferen dirigistischen Maßnahmen -- beispielsweise in der Lohnpolitik -- landete, als wir Sozialdemokraten sie glaubten akzeptieren zu können. Diese Entwicklung muß als unerhörter Sündenfall gegen die rechte Lehre erscheinen. Die Konservativen haben im Grunde weitaus weniger gezögert als die Sozialdemokraten, sich des Staates zur Verwirklichung ihrer Ziele zu bedienen. Es hängt eben ganz davon ab, in wessen Interesse man sich des Staates bedient. Ferner ist unbestreitbar, daß konservativ regierte Länder in größerem Umfang von sozialen Konflikten und

One would think that now that these systems are weakened and losing their effectiveness, the progressive forces of Europe would find it easy to return to their own roots, to their democratic and social ideals. However, this is far from certain. It can just as easily lead to polarisation. There are now divisions within the disappointed left, which was once committed to monolithic communism. Among others, there are Stalinists, Trotskyists, Leninists, as well as various splinter groups and sects who fight each other with their elitism. As well as an inability to act, ... influencing social develop-ent and steering it into other channels is difficult.

These left-wing forces initially showed considerable novelty and a fresh approach. They pointed out blatant grievances and even introduced some new ideas into the discussion. However, these soon dried up. Rather than seek confrontation, they ... played the role of the persecuted. This went so far that, as one Swedish liberal put it, it finally became an unwritten rule for them to portray any politician who is not completely without influence as a conspirator against human rights. But a leftist who puts himself on the sidelines of his own free will cannot expect a response.

The same phenomenon can be found on the conservative side. ... We constantly hear the old slogans about the superiority of free will, private enterprise, ... competition and about the state being a threat to freedom. However, once ... conservative ideas are put into action, they soon ship water. It is not disputed that in conservatively-governed countries people quickly ended up with state subsidies, state regulations and stricter dirigiste measures (in wages policy, for example) ... This development ... is an unparalleled contradiction of the right's doctrine. The conservatives have actually been far less hesitant than the social democrats to use the state to achieve their goals. The difference is in who benefits, whose interests are served by the state. ... It is also undeniable that conservatively-governed countries are affected to a greater extent by social conflicts and confrontations, by differences and contrasts between social groups, than are those countries in which attempts are made to pursue

Konfrontationen, von Unterschieden und Gegensätzen zwischen den Gesellschaftsgruppen betroffen wurden als jene, in denen man versuchte, eine konstruktive Wohlstandspolitik zu betreiben, die soziale Sicherheit und sozialen Ausgleich zum Ziel hatte. Wenn aber eine konservative Politik zu Konfrontationen und Kämpfen führt, liegt es nahe, die Schuld für die Gegensätze und Mißerfolge den Armen, den Benachteiligten in die Schuhe zu schieben und den Ausweg in einer noch schärferen Kontrolle der Lohnempfängergruppen, in einer noch strikteren Wahrung der Privilegien zu suchen.

Es besteht somit die Gefahr, daß die politische Zersplitterung zur Polarisierung führt. Und dabei könnte sowohl die Linke als auch die Rechte auf eine Radikalisierung zusteuern, die große Mehrheit der Staatsbürger dagegen zumindest vorübergehend politisch abstinent werden, leichter allerlei Irrlehren zum Opfer fallen und sich von Furcht leiten lassen, statt von dem klaren Willen, eine bessere Gesellschaft aufzubauen. Das gefährdet die Solidaritätsidee, die Voraussetzung ist für den sozialen Fortschritt. Unter diesem Aspekt kann ein drohender Verfall der Demokratie und des politischen Lebens sehr wohl Unruhe auslösen, was in äußerster Konsequenz entweder in Faschismus oder in dogmatischen Kommunismus münden kann. Denn beide bieten eine straffe Ordnung an und verlangen weder Rücksichtnahme noch Toleranz.

Aufgabe der Sozialdemokratie muß es sein, die Menschen für eine Alternative zu privatem Kapitalismus und bürokratischem Staatskapitalismus stalinistischer Art zu gewinnen. Das ist um so wichtiger, als die Sozialdemokratie die progressive politische Tradition in Europa, den menschlichen und demokratischen Sozialismus vertritt. Gewiß haben wir in der Vergangenheit viele Irrtümer begangen, sowohl international als auch in unserer eigenen Entwicklung. Aber wir nehmen eine freiere Haltung gegenüber der einseitigen Wachstumsphilosophie ein, die zum Kennzeichen des Kapitalismus und des Kommunismus wurde. Die Tradition des demokratischen Sozialismus besagt, daß man die sozialen Bedingungen des einzelnen, seine Beziehungen zu anderen und die Forderung nach Gemeinschaft in den Mittelpunkt der gesellschaftlichen Arbeit stellt. Man fordert voneinander Solidarität, Fürsorge für andere und Streben nach Zusammengehörigkeit. In der heutigen Gesellschaft eine gute Tradition.

Welche Möglichkeiten hat nun die europäische Sozialdemokratie, ihre Ideen in die Tat umzusetzen?

prosperity constructively, aiming at social security and social balance. But when conservative politics lead to confrontations and fights, it makes sense to blame the poor and the disadvantaged for the contradictions and failures, and to find the way out in tighter control of wage-earning groups and to seek even stricter protection of privileges.

There is therefore a risk that political fragmentation will lead to polarisation. And in doing so, both the left and the right could be heading towards radicalisation, while the vast majority of citizens could become politically indifferent (at least temporarily), fall victim to all sorts of heresies more easily and be guided by fear rather than seeking to build a better society. This endangers the idea of solidarity, which is a prerequisite for social progress. From this point of view, a decline in democracy and political thinking can certainly trigger unrest, leading eventually to either fascism or dogmatic communism. Because both offer a strict order and require neither consideration nor tolerance.

The task of social democracy must be to win people over to an alternative to private capitalism and bureaucratic state capitalism of the Stalinist type. This is all the more important since social democracy represents the progressive political tradition in Europe, humane and democratic socialism. We have certainly made many mistakes in the past, both internationally and in our own development. But we are taking a stand against the one-sided growth philosophy that has become the hallmark of capitalism and communism. The tradition of democratic socialism says that the social conditions of the individual, his relationships with others and the demand for community are placed at the centre of social work. People demand solidarity from each other, care for others and the pursuit of togetherness. A good tradition in today's society.

What options does European social democracy have to put its ideas into practice?

Die Sozialdemokratie ist heute die stärkste politische Kraft in Westeuropa. Insgesamt haben unsere Parteien parlamentarisch eine stärkere Position als je zuvor. Von fünfzehn westeuropäischen Regierungen werden zum jetzigen Zeitpunkt sieben von Sozialdemokraten geführt (Bundesrepublik Deutschland, Österreich, Großbritannien, Norwegen, Schweden, die Niederlande, Finnland); an drei weiteren ist die Sozialdemokratie beteiligt (Italien, Irland, die Schweiz). In vier Ländern wird die Regierung von rein bürgerlichen Parteien getragen (Frankreich, Belgien, Luxemburg, Dänemark), in Island von einer Koalition aus Volkssozialisten mit einer bürgerlichen Partei.

Dennoch reicht das nicht aus, um eine völlig eigene Politik betreiben zu können. Nur in Österreich hat die Sozialdemokratie die Mehrheit im Parlament. In den übrigen Ländern gibt es entweder eine Minderheitsregierung oder eine Koalition mit bürgerlichen Gruppen.

Dadurch gerät die Sozialdemokratie in eine komplizierte Lage. Ihr Erfolg reicht einerseits zwar aus, an der Gestaltung der Politik mitzuwirken. Das hat zur Folge, daß sie auch die Verantwortung für Tendenzen in der Gesellschaftsentwicklung tragen muß, die von den Staatsbürgern als negativ empfunden werden, unabhängig davon, ob tatsächlich eine Möglichkeit der Einflußnahme bestand oder nicht. Andererseits reicht der Erfolg jedoch nicht aus, um in den meisten europäischen Ländern eine konsequente sozialdemokratische Politik zu betreiben.

Eine derart zwiespältige Situation kann zum Vertrauensschwund führen. Uns bleibt aber, soweit ich sehe, keine Wahl. Die Sozialdemokratie muß sich ihrer Verantwortung für die Handlungsfähigkeit der Demokratie bewußt bleiben. In einer Zeit, da die Menschen die Probleme als ernst und beunruhigend empfinden, hätte es eine geradezu vernichtende Wirkung, wenn die Handlungsfähigkeit der Demokratien durch parteipolitische Manöver und kleinliche taktische Spitzfindigkeiten gelähmt würde. Die Menschen wollen keinen parlamentarischen Stillstand. Sie fordern vielmehr Taten. Die Sozialdemokratie kann sich deshalb der Verantwortung für die Arbeitsfähigkeit des Parlaments nicht entziehen. Daraus folgt, daß sie in verschiedenen Fragen, auch über die traditionellen Frontlinien hinweg, zu Kompromissen bereit sein muß, um überhaupt zu einem Ergebnis zu kommen. Das gilt vor allem für die Wirtschaftspolitik, aber auch für andere Bereiche.

Social democracy is today the strongest political force in Western Europe. ... Our parties have a stronger position in parliament than ever before. Of the fifteen governments in western Europe, seven are currently led by Social Democrats (Federal Republic of Germany, Austria, Great Britain, Norway, Sweden, the Netherlands, Finland); Social Democrats are involved in three others (Italy, Ireland, Switzerland). In four countries the government is supported by bourgeois parties (France, Belgium, Luxembourg, Denmark), and in Iceland by a coalition of popular socialists with a bourgeois party.[35]

However, that is not enough to be able to pursue a completely independent policy. Only in Austria does social democracy have a majority in parliament. In the remaining countries there is either a minority government or a coalition with civil groups.

This puts social democracy in a complicated situation. While their success is enough to help shape politics, it is not enough to pursue consistent social democratic policies in most European countries. As a result, it must also bear responsibility for trends in social development that citizens perceive as negative, regardless of whether the party actually had an opportunity to exert influence or not.

Such an ambiguous situation can lead to a loss of trust. But as far as I can see, we have no choice. Social democracy must remain aware of its responsibility for democracy's ability to act. At a time when people perceive the problems as serious and worrying, it would have a devastating effect if the ability of democracies to act were paralysed by party political manoeuvres and petty tactical quibbles. The people do not want a parliamentary deadlock. Rather, they demand action. The Social Democrats cannot therefore avoid responsibility for the ability of parliament to function. It follows that it must be prepared to compromise on various issues, including across the traditional dividing lines, in order to reach any result at all. This applies above all to economic policy, but also to other areas.

Es liegt nichts Negatives darin, Rücksicht zu nehmen, zu Zugeständnissen bereit zu sein. In seinem großen Standardwerk über die Demokratie schreibt der dänische Professor und Sozialist Alf Ross, der Kompromiß sei >>das Wesen der Demokratie<<. Er habe >>nichts zu tun mit Halbheit im Denken und Schwäche im Willen<<. >>Für ein demokratisches Denken<<, fährt er fort, >>liegt nichts Kompromittierendes in Kompromissen, im Gegenteil. Das lautstarke Gerede, parlamentarische Politik sei ein schmutziges Geschäft, ein charakterloser Kuhhandel, ein Schachern und Feilschen und unvereinbar mit Ehrenhaftigkeit und männlicher Gradlinigkeit ... hat durchaus nazistische Züge.<<

Zugegeben, der Kompromiß bringt für die Sozialdemokratie eine besondere Komplikation mit sich. Unsere Partei will die Gesellschaaft von Grund auf verändern, wir wollen diese Veränderung im wesentlichen durch Beschlüsse der Gesetzgebenden Versammlung zustande bringen. Unsere Anhänger setzen große Erwartungen in die Politik. Kompromisse werden von den eigenen Mitgliedern leicht als Verrat an sozialdemokratischen Idealen empfunden, als Zurückweichen vor mächtigen Wirtschaftsinteressen. Für konservative Parteien kann es leichter sein. Sie sind es in vielen Ländern gewohnt, mit verschiedenen Fraktionen und Gruppierungen Kompromisse zu schließen. Uns dagegen kann ein Kompromiß als Defensivtaktik ausgelegt werden, als Nachgeben, um noch Schlimmeres zu verhüten, um trotz allem einigermaßen Ordnung zu wahren. Aber auch für die konservative Seite ist es erfahrungsgemäß schwer, wenn die Frage Zündstoff enthält, vor allem, wenn es um die Machtverhältnisse in der Wirtschaft geht.

Soll die Sozialdemokratie in der jetzigen, für die europäische Demokratie schwierigen Zeit ihre Aufgabe erfüllen, die Handlungsfähigkeit der Demokratie zu bewahren, ohne sich in Kompromisse zu verlieren, die Glaubwürdigkeit und Durchsetzungsvermögen untergraben, ist das nur unter der Voraussetzung möglich, daß wir die programmatische und organisatorische Stärke der Partei zu erhalten suchen. Wenn wir uns über unsere Ziele und unsere Prioritäten im klaren sind und die Identität der Partei bewahren, können wir leichter beurteilen, was in jedem einzelnen Fall erreicht werden kann und muß.

Ist das möglich? Im Grunde bin ich da recht optimistisch.

Die Stärke der Sozialdemokratie liegt in ihrer unverbrüchlich und zäh bewahrten demokratischen Tradition. Sozialdemokratische Parteien haben in ihrer Politik

There is nothing negative in being considerate and being prepared to make concessions. In his major ... work on democracy, the Danish professor and socialist Alf Ross writes that compromise is "the essence of democracy". He has "nothing to do with half-heartedness in thinking and weakness in will". "For democratic thinking," he continues, "there is nothing compromising in compromises ... The strident claims that parliamentary politics is a dirty business, a characterless horse-trading, a bargaining ... incompatible with honour and masculine straightforwardness ... certainly has Nazi traits." [36]

Admittedly, the compromise brings with it a particular complication for social democracy. Our party wants to fundamentally change society; we want to bring about this change essentially through decisions of the Legislative Assembly. Our supporters have great expectations from politics. Compromises are easily perceived by its own members as a betrayal of social democratic ideals and as a retreat in the face of powerful economic interests. It can be easier for conservative parties. In many countries they are used to making compromises with different factions and groups. For us, on the other hand, a compromise can be interpreted as a defensive tactic, as giving in to prevent even worse things from happening, in order to maintain some degree of order despite everything. But experience has shown that it is also difficult for the conservative side when the question contains explosive material, especially when it comes to the balance of power in the economy

If social democracy is to fulfil its task in the current difficult time for European democracy and preserve the ability ... to act without ... compromises that undermine credibility and assertiveness, this will only be possible if we have the programme and ... maintain the organisational strength of the party. If we are clear about our goals and our priorities and maintain the party's identity, we can more easily assess what can and must be achieved in each individual case.

Is this possible? Basically, I'm quite optimistic about it.

The strength of social democracy lies in its democratic tradition. This is unshakeable and tenaciously preserved. Of course social democratic

selbstverständlich Irrtümer begangen. Gewisse Parteien nahmen meiner Meinung nach, gelinde gesagt, eine zeitweilig zweifelhafte Haltung bei der Liquidierung der Kolonialherrschaft ein. Doch das Studium der europäischen Geschichte zeigt, daß die reformistische Arbeiterbewegung für Diktaturen von rechts wie von links immer der eigentliche Hauptfeind war, der um jeden Preis vernichtet werden mußte. In diesem Kampf gegen Diktaturen sind unsere Parteien auch nie ins Wanken geraten. Ihr beide seid Kronzeugen dafür. Der Kampf für die Demokratie während der finsteren Jahre in Mittel- und Osteuropa hat viel Heroismus erfordert. Wir sprechen nur nicht so oft darüber. Aber es handelt sich hier um eine Tradition, die eine außerordentliche Stärke bedeutet, sowohl im Innern bei der Gestaltung der Politik als auch nach außen durch das Vertrauen großer Gruppen von Staatsbürgern.

Die Sozialdemokratie bezieht ferner Stärke aus ihrer Verankerung im Volk. Das Grundmuster ist in den meisten Ländern ähnlich: verhältnismäßig große Mitgliederzahl mit beträchtlicher Aktivät in Arbeitskreisen, Diskussionsgruppen usw.; enge Zusammenarbeit mit der Gewerkschaftsbewegung und anderen Volksbewegungen; ein Potential an Stammwählern von beachtlicher Stabilität, vorwiegend in den großen Lohnempfängergruppen. In Schweden ist die Treue zur Sozialdemokratie eindeutig sehr viel größer als zu allen anderen Parteien. Die Sozialdemokratie vertritt in erster Linie die Interessen der Lohnempfänger-gruppen, die konservativen Parteien hauptsächlich die der Privatwirtschaft.

Die Verankerung im Volk erinnert uns ständig daran, daß die Ergebnisse der Politik am Alltag der Menschen gemessen werden müssen. Wir wollen vor allem die Interessen der großen Lohnempfängergruppen wahrnehmen, ihren Alltag verbessern. Dieser Bezug auf den Alltag stellt eine wirksame Sperre gegen Übertheoretisierung und Überideologisierung dar, die den politischen Sekten zum Verhängnis wurden.

Unsere Politik muß sich mit praktischen, naheliegenden Fragen befassen. Das bedeutet auch, daß die Sozialdemokratie im Alltag lebt, mitten unter den Menschen. Revolutionäre und Reaktionäre pflegen zu sagen, die reformistische Arbeiterbewegung lasse sich mühelos vernichten, wenn man nur die >>verbrecherische Führungsschicht<< beseitige. Dieser Gedanke beunruhigt mich nicht im geringsten. Denn selbst wenn das geschähe, würde die Sozialdemokratie

parties have made mistakes in their policies. In my opinion, for example, certain parties sometimes took a dubious attitude to the cessation of colonial rule. But the study of European history shows that the reformist workers' movement was always the main enemy of dictatorships – whether from the right or the left ... In this fight against dictatorships, our parties have never faltered. You both are key witnesses to that. The fight for democracy during the dark years in Central and Eastern Europe requir- ed much heroism. We just don't talk about it that often. But this is a trad- ition that represents extraordinary strength, both internally in shaping policy and externally through the trust of large groups of citizens.

Social democracy also draws strength from its roots in the people. The basic pattern is similar in most countries: relatively large membership with considerable activity in working groups, discussion groups, etc.; close co-operation with the trade union movement and other popular move- ments; a potential base of regular voters with considerable stability, mainly in the large wage-earner groups. In Sweden, loyalty to social democracy is clearly much greater than to any other party. The social democrats primarily represent the interests of wage-earning groups, the conservative parties primarily those of the private sector.

Being anchored in the people constantly reminds us that the results of politics must be evident in people's daily lives. Above all, we want to look after the interests of the large groups of wage-earners and improve their daily lives. This reference to everyday life is an effective barrier against excessive theorisation and ideology ... - the downfall of political sects.

Our politics must deal with practical, obvious questions. This also means that social democracy affects people's everyday lives. Revolutionaries and reactionaries like to say that the reformist workers' movement can be easily destroyed if only the 'criminal leadership class' is eliminated. This thought doesn't worry me in the least. ... Even if that were to happen, social democracy would continue to live on among the people ... like a

draußen unter den Menschen weiterleben wie der Fisch im Wasser. Sie kann nicht ausgerottet werden, eben weil sie im Volk tief verwurzelt ist.

Die Sozialdemokratie bezieht bei der gegenwärtigen Entwicklung der Industriegesellschaft besondere Stärke aus ihrer programmatischen Grundeinstellung. Davon habe ich bereits gesprochen, ebenso von dem klaren Bezug auf die Interessen der Lohnempfängergruppen. Die Freiheitsidee des demokratischen Sozialismus und sein gleichzeitiges Streben nach vertiefter Gemeinschaft und Solidarität sind dazu angetan, gerade heute bei den Menschen Resonanz zu finden.

Doch Ideen müssen in harter Alltagsarbeit verwirklicht werden. Und wenn wir unsere Möglichkeiten, unsere parlamentarische Stärke dazu nutzen, praktische Ergebnisse zu erzielen, verbessen wollen, müssen wir die Zusammenarbeit zwischen unseren Parteien intensivieren. Es laßt sich leicht feststellen, daß die Erfolge und Mißerfolge unserer Parteien in einer Wechselwirkung zueinander stehen. Wenn wir es selber nicht klar erkennen, brauchen wir nur zu verfolgen, wie eifrig die bürgerliche Presse Mißstände in sozialdemokratisch regierten Ländern aufzuspüren sucht. Als ich im letzten Wahlkampf durchs Land reiste, folgte mir ein Rudel konservativer Journalisten aus Kontinentaleuropa, die alle nach Schweden gekommen waren, um Untergang und Fall des Wohlfahrtsstaates an Ort und Stelle zu studieren. Selten wohl ist jemand enttäuschter zurückgekehrt.

Aber wir beschränken uns viel zu sehr darauf, einander bei festlichen Gelegenheiten zu besuchen, Grußbotschaften auszutauschen und uns gegenseitig Wertschätzung zu bekunden. Vor diesem Hintergrund ist die Feststellung um so erstaunlicher, wie sehr unsere politischen Bestrebungen übereinstimmen. Zwar gibt es national bedingte Unterschiede. Zwar sind wir in unserer Entwicklung ungleich weit gekommen. Dennoch ist die Behauptung nicht übertrieben, daß wir, jeder für sich in seinem Land, ein europäisches sozialdemokratische Programm, das auf den Lohnempfängerinteressen basiert, durchzuführen suchen. Ohne Anspruch auf Vollständigkeit möchte ich diese gemeinsamen Bestrebungen in folgenden Punkten zusammenfassen:

1. Demokratischer Sozialismus. Wir treten fest und unerschütterlich für die Bewahrung der Demokratie ein. Bei der Veränderung der Gesellschaft ist einzig und allein der reformistische Weg vereinbar mit demokratischen Grundwerten,

fish in water. It cannot be eradicated precisely because it is deeply rooted in the people.

In the current state of industrial society, social democracy draws particular strength from its basic beliefs. I have already spoken about this, as well as clearly referring to the interests of wage-earner groups. The idea of freedom of democratic socialism and its simultaneous striving for deeper community and solidarity are likely to resonate with people, especially today.

Bringing ideas to fruition requires hard work everyday. And if we want ... to use our parliamentary strength to achieve practical results, we must intensify co-operation between our parties. It is easy to see that the successes and failures of our parties are inter-related. If we don't understand this fully ourselves, we only need to observe how eagerly the bourgeois press seeks to uncover grievances in countries governed by social democrats. When I travelled around the country during the last election campaign, I was followed by a pack of conservative journalists from continental Europe, all of whom had come to Sweden to study the decline and fall of the welfare state on the spot. Rarely can anyone have left more disappointed.

But we limit ourselves far too much to visiting each other on festive occasions, exchanging greetings and expressing appreciation for one another. Against this background, it is all the more astonishing to realise how closely our political aspirations coincide. There are national differences, of course. It is true that we have developed to different extents. Nevertheless, it is not an exaggeration to claim that ... each of us is trying to implement a European social democratic programme in our own country based on the interests of wage-earners. Without claiming to be exhaustive, I would like to summarise our common efforts in the following points:

1. *Democratic socialism*. We stand firmly and unwaveringly for the preservation of democracy. When it comes to changing society, only the reformist path is compatible with basic democratic values such as free

wie Rede- und Glaubensfreiheit. Sozialismus kann nur verwirklicht werden, wenn sich viele Menschen dafür engagieren und daran mitwirken.

2. *Eine starke Gewerkschaftsbewegung und starke Bürgerinitiativen.* Viele wichtige Gesellschaftsaufgaben können von Bürgerinitiativen besser gelöst werden als durch staatliche oder private Maßnahmen. In den Bürgerinitiativen vereinen sich Engagement und ein breitgestreuter Einfluß auf die gesellschaftliche Arbeit.

3. *Beschäftigung.* Wir betrachten die Vollbeschäftigung als die wichtigste politische Frage. Wir fordern Arbeit für alle. Die Gesellschaft muß eine aktive Rolle spielen, wenn es gilt, neue Arbeitsplätze zu schaffen, Arbeitsplätze regional zu streuen und dem einzelnen auf dem Arbeitsmarkt beizustehen.

4. *Reform des Arbeitslebens.* Um die Industriegesellschaft zu entwickeln, ist es erforderlich, die sozialen Bedingungen des Arbeitslebens zu reformieren. Die einzelnen Arbeiternehmer müssen Einfluß auf Planung und Ausführung der Arbeit erhalten. Die Verhältnisse am Arbeitsplatz müssen unter Mitwirkung der Arbeit-nehmer und ihrer Organisationen verbessert werden. Die Sicherung der Arbeits-plätze ist zu verstärken.

5. *Wir wollen, daß mehr Menschen an den Beschlüssen beteiligt sind.* Den Arbeit-nehmern muß mehr Mitbestimmung im Arbeitsleben eingeräumt werden. Demokratisierung der Ausbildung, in den Wohnsiedlungen und in der engeren Umwelt sind auzustreben, wobei jeder Bürokratisierung entgegenzuarbeiten ist. Der staatliche Einfluß auf die Nutzung von Grund und Boden, von Wasser, Rohstoffen und Energie muß vermehrt werden. Durch die Gesellschaft und die gewerkschaftlichen Organisationen verstärkt sich der Einfluß auf die Kapital-bildung und auf den Ausbau der Wirtschaft.

6. *Dienstleistungen der Gesellschaft.* Viele Bedürfnisse sind so wichtig, daß sie unabhängig von den wirtschaftlichen Möglichkeiten des einzelnen befriedigt werden müssen. Das gilt für Krankenpflege und Ausbildung, für Altenpflege und Kinderbetreuung. Dadurch schafft man auch neue Arbeitsplätze und erreicht mehr Gemeinschaftssinn unter den Menschen.

7. *Lebensqualität, Wohlfahrt.* Wir widersetzen uns der Gefährdung der Arbeits-plätze und der Bedrohung des kulturellen Erbes, der Gemeinschaft und der

speech and freedom of belief. Socialism can only be achieved if many people are committed to it and participate in it.

2. *A strong trade union movement and strong citizens' initiatives.* Many assert that important social tasks can be solved better by citizens' initiatives than by state or private intervention. Citizens' initiatives combine commitment and a widespread influence on social work.

3. *Occupation.* We view full employment as the most important policy issue. We demand work for everyone. Society must play an active role in creating new jobs, diversifying jobs regionally and supporting individuals in the labour market.

4. *Working life reform.* In order to develop industrial society, it is necessary to reform the social conditions of working life. Individual workers must have influence on the planning and execution of their work. Conditions in the workplace must be improved with the participation of workers and their organisations. Job security needs to be strengthened.

5. *We want more people to be involved in decisions.* Employees must be given more say in their working lives. Efforts should be made to demo- cratise education, in residential areas and in the immediate environment, while working against any bureaucratisation. State influence on the use of land, water, raw materials and energy must be increased. Society and trade union organisations are increasing their influence on capital form- ation and the expansion of the economy.

6. *Company services.* Many needs are so important that they must be satisfied regardless of a person's ... ability to pay. This applies to nursing ..., to geriatric care and to child care. This also creates new jobs and creates a greater sense of community among people.

7. *Quality of life, welfare.* We oppose the threat to jobs and the threat to cultural heritage, community and quality of life posed by commercialism.

Lebensqualität durch den Kommerzialismus. Wir setzen uns ein für soziale Sicherheit und Ausgleich, für den Ausbau der sozialen Wohlfahrt, für eine aktive Kultur-, Umwelt- und Verbraucherpolitik. Die Sozialdemokratie stellt den Menschen, sein Bedürfnis nach Selbstverwirklichung und Gemeinschaft in den Mittelpunkt. Deshalb wollen wir diesen Werten vor dem einseitigen Streben nach materiellem Wachstum den Vorrang geben.

8. Gleichberechtigung der Frau. Die Benachteiligungen, denen die Frauen in der heutigen Gesellschaft ausgesetzt sind, müssen beseitigt werden. Wir müssen aktiv daran mitwirken, daß die Frauen in Politik und Gesellschaft größere Entfaltungsmöglichkeiten erhalten. Wichtige Ziele sind: die Vorurteile auszumerzen; auf dem Arbeitsmarkt, in der Ausbildung, in der Sozialgesetzgebung Gleichberechtigung zu schaffen. Künftige Arbeitszeitverkürzungen sind so durchzuführen, daß Familie und Berufstätigkeit leicht miteinander vereinbart werden können.

9. Multinationale Unternehmen. Große internationalisierte Unternehmen erhöhen die private Machtkonzentration und schwächen den demokratischen Einfluß auf zentrale wirtschaftliche Entscheidungen. Eine stärkere Konzentration wird es noch mehr erschweren, Preisstabilität zu erreichen und eine ausgeglichene soziale Entwicklung zu gewährleisten. Soll der demokratische und soziale Einfluß auf die multinationalen Unternehmen erweitert werden, ist eine verstärkte Zusammenarbeit zwischen Regierungen, Parteien, Gewerkschaften und Bürgerinitiativen unbedingt erforderlich.

10. Die Einwanderer. Es ist mit der sozialdemokratischen Grundauffassung unvereinbar, wenn eingewanderte Arbeiter, sogenannte Gastarbeiter, von den Arbeitgebern ausgebeutet werden. Den Einwanderern müssen im Erwerbsleben und in der Gesellschaft die gleichen sozialen Bedingungen garantiert werden wie den Einheimischen. Besonderer Einsatz ist erforderlich, um die Sprach- und Wohnungsprobleme zu lösen und um den Einwandererkindern eine gleichwertige Ausbildung zu ermöglichen. Die Einwanderer müssen das kommunale Wahlrecht erhalten.

11. Internationale Solidarität. Wir schließen uns den Zielen der Vereinten Nationen an, den Bemühungen um Abrüstung und Entspannung in Europa. Unsere Internationale befürwortete bereits in den fünfziger Jahren, einen Beitrag für Entwickslunghilfe bereitzustellen. Wir wollen für nationale Unabhängigkeit, für

We are committed to social security and compensation, to the expansion of social welfare, and to active cultural, environmental and consumer policy. Social democracy focuses on people, their need for self-realisation and community. That's why we want to give these values priority over the one-sided pursuit of material growth.

8. *Equality for women*. The disadvantages that women face in today's society must be eliminated. We must actively ... ensure that women are given greater opportunities to develop in politics and society. Important goals are: to eradicate prejudices; to create equality in the labour market, in training and in social legislation. Future reductions in working hours must be carried out in such a way that family and work can be easily reconciled.

9. *Multinational companies*. Large internationalised companies increase the concentration of private power and weaken democratic influence on key economic decisions. Greater concentration will make it even more difficult to achieve price stability and ensure balanced social development. If democratic and social influence on multinational companies is to be enhanced, increased co-operation between the government, parties, trade unions and citizens' initiatives is absolutely necessary.

10. *Immigrants*. It is not compatible with basic social democracy ... if immigrant workers, so-called guest workers, are exploited by employers. Immigrants must be guaranteed the same social conditions in working life and in society as those born in the country. Special effort is required to solve the language and housing problems and enable immigrant children to receive an equivalent education. Immigrants must be given the right to vote in local elections.

11. *International solidarity*. We endorse the goals of the United Nations, the efforts for disarmament and détente in Europe. The Socialist International, our International, advocated making a contribution to development aid as early as the 1950s. We ... stand ... for national independence, for

das Verfügungsrecht der Nationen über die eigenen Rohstoffreserven und für einen gerechteren Welthandel eintreten, die Freiheitsbewegungen sowie den Kampf gegen Diktaturen unterstützen.

Diese Punkte sind weder vollständig noch präzise, skizzieren aber unsere gemeinsamen Bestrebungen. Haltung und konkrete Stellungnahmen der sozialdemokratischen Partein sind in diesen Fragen unbestreitbar ähnlich. Zusammengenommen markieren sie im heutigen Europa ein sozialdemokratisches Profil. Wenn wir dieses Profil in einer offensiven programmatischen Diskussion verdeutlichen, wenn wir voneinander lernen und Erfahrungen austauschen, wenn wir bei der praktischen Durchführung zusammenarbeiten, könnten wir für unseren Kontinent bedeutsame Ergebnisse erzielen. Das würde für viele Hundert Millionen Menschen in ihrer täglichen Existenz entscheidend viel bedeuten.

Unterstreichen möchte ich, daß es sich um ein offensives Parteiprofil handelt. Wir haben keinen Anlaß, vor Angriffen reaktionärer Kräfte und vor allerlei Irrlehren zurückzuweichen, die keine Wege in die Zukunft weisen. Wenn wir unser tägliches Streben mit unseren Ideen zu einer langfristigen Perspektive vereinen, haben wir die besten Aussichten, Gehör für unsere Politik zu finden.

Weiter möchte ich betonen, daß es vor allem um eine Zusammenarbeit mit Bewegungen geht, die im Volk verankert sind. Dis Sozialdemokratie hat gelernt, Verantwortung zu tragen -- im Reichstag, in Regierungen, in verschiedenen staatlichen und kommunalen Behörden. Aber wir dürfen nie vergessen, daß die Partei und die mit der Partei zusammenarbeitenden Gewerkschaften und Bürgerinitiativen die Basis bilden. Das Engagement der einzelnen Menschen in unseren Organisationen verleiht unserem Handeln in Reichstag und Parlament die Durchschlagskraft. Dort müssen wir unsere Stärke und unsere Identität suchen.

Dieser Brief handelt fast ausschließlich von der Situation der europäischen Sozialdemokratie. Spiegelt sich darin die Absicht, sich zu isolieren und sich nur den Problemen im eigenen Erdteil zu widmen? Nein, keineswegs. Soll jedoch die europäische Sozialdemokratie die Rolle spielen, die sie für die Entwicklung der Welt im großen spielen kann, muß sie sich ihrer eigenen Stärke und ihrer Solidarität bewußt sein, sie mehren und sie verteidigen.

Gespräche mit Vertretern der Dritten Welt haben mir in den letzten Jahren immer wieder bestätigt, daß sie in der heutigen polarisierten Welt einen eigenen Weg

the right of nations to dispose of their own raw material reserves and for fairer world trade, and support freedom movements in their fights against dictatorships.

The above points outline our shared aspirations but are neither complete nor precise. The attitude and ... statements of ... social democratic parties on these issues are remarkably similar. Taken together, they delineate social democracy's profile in today's Europe. If we clarify this profile assertively, if we learn from each other and share experiences, if we co-operate in practical implementation, we could achieve meaningful results for our continent. That would mean a lot to hundreds of millions of people in their daily lives.

I want to emphasise that this is a forward-looking party profile. We have no reason to retreat from attacks by reactionary forces and from ... heresies that don't relate to the future. If we combine our daily efforts with our ideas into a long-term perspective, we have the best chance of having our policies heard.

I would also like to emphasise the primary importance of co-operation with movements that are anchored in the people. Social democracy has learned to bear responsibility - in the Reichstag, in governments, in various state and local authorities. But we must never forget that it is the parties, trade unions and citizens' initiatives that ... form the basis. The commitment of individual people in our organisations gives our actions in the Reichstag and parliament their impact. It is to them that we must look for our strength and our identity.

This letter deals almost exclusively with the situation of European social democracy. Does this reflect an intention to cut oneself off and focus only on the problems in one's own part of the world? No, not at all. However, if European social democracy is to play the role it can ... in the development of the whole world ..., it must be aware of, increase and defend its own strength and solidarity.

My conversations with representatives of the Third World in recent years have repeatedly confirmed ... that they are looking for their own route

suchen. Sie haben Angst vor der zunehmenden Macht der Großmächte, das gilt nicht zuletzt für jene Länder, die einem der Machtblöcke zugerechnet werden. Die meisten von ihnen lehnen sowohl den sowjetischen Kommunismus als auch den amerikanischen Kapitalismus als Vorbild für die Entwicklung ihres Landes ab. Sie wollen einen eigenen Weg finden. Die Stärke der europäischen Sozialdemokratie liegt darin, daß wir für diese Länder kaum eine machtpolitische Bedrohung darstellen. Wir haben keinen Anlaß, ihnen vorzuschreiben, welches Gesellschafts-system sie errichten sollen. Die Verhältnisse sind dazu auch viel zu unterschied-lich. Mir ist es immer schwergefallen, jene zu verstehen, die einstigen Kolonial-ländern eine europäische Tradition aufzwingen wollten, die sich unter gänzlich anderen Voraussetzungen herausgebildet hat. Aber wir haben allen Anlaß, offen und ohne Anmaßung Kontakt und freie Diskussion mit diesen Ländern zu suchen. Unsere Internationale darf keine einseitig auf Europa konzentrierte Organisation werden, wie sie es damals zu werden drohte, als der Atlantikpakt und die EG-Frage die Diskussion völlig beherrschten. Wir müssen vernünftige und unbürokratische Formen finden, um die Internationale zu einem Forum für die Zusammenarbeit und die Diskussion mit Vertretern anderer Erdteile zu machen. Wesentlich ist dabei nicht die vollständige Übereinstimmung der reinen Lehre; wesentlich ist vielmehr ein echtes Gefühl für internationale Solidarität.

Selbstverständlich gibt es Wege zu einem solchen Miteinander. Amilcar Cabral sagte, als er kurz vor seiner Ermordung unseren Parteikongreß besuchte:
>>Solidarität ohne Gleichberechtigung ist nur Wohltätigkeit, und Wohltätigkeit hat noch nie zum Fortschritt der Völker und Menschen beigetragen. Und Sicherheit ohne Gleichberechtigung ist nur autoritäres Patriarchat, Schirmherr-schaft oder direkter Kolonialismus und steht immer im Gegensatz zu jeder wirklichen Befreiung der Völker und Menschen. Es ist das Verdienst Ihrer Partei, diese Wahrheiten verstanden zu haben, begriffen zu haben, daß die Solidarität das notwendige dynamische Element ist, wenn man Gleichberechtigung und individuelle und kollektive Sicherheit verwirklichen will.<<

Man kann davon absehen, daß Cabral in diesem Zusammenhang unsere Partei hervorhob. Seine Worte gelten für die Sozialdemokratie insgesamt und für ihre grundlegenden politischen Ziele.

Herzliche Grüße, O.P.

through today's polarised world. They are afraid of the increasing reach of the great powers, not least for those countries that are assigned to one of the power blocs. Most of them reject both Soviet communism and American capitalism as models for their country's development. They want to find their own way. The strength of European social democracy lies in the fact that we hardly pose a political threat to these countries. We have no reason to tell them what social system they should build. The conditions are also very different. I have always found it difficult to understand those who wanted to impose a European tradition on former colonial countries that developed under completely different conditions. But we have every reason to seek contact and free discussion with these countries openly and without presumption. The Socialist International must not become an organisation with a one-sided focus on Europe, as it threatened to become when the Atlantic Pact and the EC question completely dominated the discussion. We must find sensible and unbureaucratic ways to make the International a forum for co-operation and discussion with representatives from other parts of the world. What is essential here is not the complete agreement of a pure doctrine, but ... a real sense of international solidarity.

Of course there are ways to achieve such co-operation. Amilcar Cabral[37] said when he attended our party congress shortly before his assassination:
"Solidarity without equality is just charity, and charity has never contributed to the progress of either people or peoples. Security without equality is only authoritarian patriarchy, patronage or direct colonialism and is always contrary to any real liberation of peoples and people. It is the merit of your party to have understood this truth, to have understood that solidarity is the critical element if one wants to achieve equality and individual and collective security."

It can be seen that Cabral singled out our party in this context. His words apply to social democracy as a whole and to its fundamental political goals.

Best regards, O.P.

Willy Brandt replies six months later after resigning as West German Chancellor

Willy Brandt Brief vom 19. Oktober 1974

Liebe Freunde,

seit meinem Rücktritt von Amt des Bundeskanzlers sind nun schon mehrere Monate vergangen. Ich habe begonnen -- auch durch eine Anzahl regionaler Konferenzen --, mich ganz auf die Parteiarbeit einzustellen. Es gibt eine gute Chance, daß wir die Bereitschaft zur Einordnung steigern und durch größere Geschlossenheit Terrain gewinnen können, das uns zeitweilig verlorengegangen war.

Vor zwei Jahren konnten wir deutschen Sozialdemokraten den größten Wahlsieg in der Geschichte unserer Partei verbuchen. Seitdem haben wir, was die Zustimmung der Wähler angeht, ernste Rückschläge hinnehmen müssen. Wenn man den Ursachen nachgeht, wird man an eigenen Fehlern und Schwächen nicht vorbeigehen können. Die innerparteiliche Diskussion ist über gewisse Strecken aus dem Ruder gelaufen. Der erfreuliche Zuwachs an neuen Mitgliedern mußte mit dem Preis bezahlt werden, daß unsere Partei zeitweilig an innerer Geschlossenheit einbüßte. Die Möglichkeiten der Reformpolitik, das Ausmaß dessen, was eine Koalitionsregierung unter sozialdemokratischer Führung bei Berücksichtigung massiver Widerstände einseitig interessenbezogener Gruppen im Laufe einer Legislaturperiode vom Tisch kriegen kann, wurden überschätzt. Überzogene Forderungen und wortradikale Überspitzungen haben zu den Vertrauenseinbrüchen beigetragen. Die entscheidende Rolle spielten jedoch die weltwirtschaftlichen Schwierigkeiten, die seit Ende vorigen Jahres von außen auf uns einwirkten und die uns einseitig angelastet wurden.

Hieraus ergibt sich, daß unser Einfluß in den nächsten Jahren in ganz hohem Maße davon abhängen wird, was uns die weltwirtschaftliche Entwicklung an Problemen aufgibt und wie wir ihnen -- ohne ein reformpolitisches Vakuum entstehen zu lassen -- mit internationalen, europäischen und nationalen Maßnahmen beizukommen vermögen. Helmut Schmidt konzentriert sich vor allem auf dieses Gebiet, und er kann sich auf die Unterstützung der Partei verlassen. Ich bin auch sonst nicht pessimistisch. Wir sind dabei, organisatorische Mängel zu beheben. Wir werden es auch an geistigen Anstrengungen nicht fehlen lassen. Die Skizzierung

Willy Brandt letter October 19, 1974

Dear friends,

several months have now passed since I resigned as Federal Chancellor.[38] I have begun to focus entirely on party work - with a number of regional conferences. There is a good chance that we can re-group and, through greater unity, gain ground that was temporarily lost to us.

Two years ago, we German Social Democrats were able to record the biggest election victory in the history of our party. Since then, we have suffered serious setbacks in terms of voter approval. If you investigate the causes, you will not be able to ignore our ... mistakes and weaknesses. The discussion within the party has got out of hand at certain points. The encouraging increase in new members led to our party temporarily losing its internal unity. The possibilities of reform ..., how much legislation a coalition government under social democratic leadership can launch at one time, were overestimated - especially given the massive resistance from ... interest groups. Excessive demands and radical exaggerations have contributed to the decline in trust. However, the decisive factor was ... the global economic turmoil that has affected us from outside since the end of last year and yet has been blamed ... on us.

It follows ... that our influence in the future will depend largely on the problems of global economic development we are faced with and whether we ... overcome them - with international, European and national measures - without neglecting reform ... Helmut Schmidt focuses primarily on this area and he can rely on the party's support. I am not pessimistic otherwise. We are in the process of correcting organisational deficiencies. ... The new version of the 'Orientation Framework '85' out-

unserer mittelfristigen Aufgaben, wie wir sie in der Neufassung des >Orientierungsrahmens '85< -- für den Parteitag im Herbst nächsten Jahres -- versuchen, wird in der innerparteilichen Diskussion eine herausgehobene Rolle spielen.

Ich möchte, daß Ihr richtig versteht, wie wir diese Diskussion einordnen. Es handelt sich nicht darum, unser Grundsatzprogramm durch ein neues zu ersetzen. Der Orientierungsrahmen stützt sich ausdrücklich auf das Godesberger Programm, das vor ziemlich genau fünfzehn Jahren verabschiedet wurde. Aus diesem Anlaß werde ich dieser Tage übrigens auch öffentlich darlegen, was >Godesberg< für uns weiterhin bedeutet. Es hat -- bei aller Schnellebigkeit und ohne Verkennung der neu hinzugekommenen gewichtigen Probleme -- die Voraussetzungen dafür geschaffen, daß sich die deutsche Sozialdemokratie auch unter weithin veränderten Bedingungen als einheitlich wirkende Reformpartei behaupten konnte. Der politische Erfolg unserer Partei in den letzten anderthalb Jahrzehnten ist von >Godesberg< im Sinne seiner grundwertebezogenen, dogmenfreien Zielsetzungen nicht zu trennen. Eine bloß taktierende >Allerweltspartei< sind wir nicht geworden, auch wenn es uns politische Gegner spöttelnd haben andichten wollen. Das Programm von 1959 trennt uns ganz und gar nicht von den großen Zielen der deutschen und internationalen Arbeiterbewegung, die wir im Gegenteil aufgegriffen haben und weiterführen. Es ging darum, den überkommenen und übernommenen Auftrag zeitgemäß zu formulieren. Ihr habt es ja, wenn auch die Worte nicht immer dieselben waren, bei Euren programmatischen Aussagen mit dem gleichen Problem zu tun gehabt.

Ich stimme Olof Palme ausdrücklich zu. Gerade bei der gegenwärtigen Entwicklung der Industriegesellschaft bezieht die Sozialdemokratie ihre besondere Stärke aus ihrer programmatischen Grundeinstellung. Als die historische Partei der arbeitenden Bevölkerung bleibt die Sozialdemokratie aber auch eine Partei, der es nicht um die enge Vertretung von Interessen einer Gruppe geht, sondern um die menschliche Gestaltung der Gesellschaft überhaupt. Es bedeutet kein Abweichen vom Pfad der sozialistischen Tugend, wenn wir offen sind für Selbständige im Handel, in der gewerblichen Wirtschaft, in der Landwirtschaft, für die geistig Schaffenden und für Angehörige der sogenannten freien Berufe, zumal auch für die immer wichtiger werdende technische Intelligenz. Im Interesse der großen Mehrheit des Volkes wollen wir die Gesellschaft schrittweise im Geiste unserer Grundwerte zum Besseren verändern, und dabei bleibt uns der Widerstand von Bevorrechtigten und ihren Hilfstruppen nicht erspart.

lines our medium-term tasks for the party conference in autumn next year and will play a prominent role in the internal party discussion.

I want you to really understand how we intend to explain this. It is not about replacing our basic programme with a new one. The orientation framework is explicitly based on the Godesberg Programme that was adopted almost exactly fifteen years ago. ... I will also ... explain what 'Godesberg' continues to mean to us these days: ... without ignoring the serious new problems that have arisen since, it created the conditions for German Social Democracy to ... assert itself as a reform party for all ... The political success of our party over the last decade and a half cannot be separated from 'Godesberg' in the sense of its fundamental values-based, dogma-free objectives. We have not become a mere tactical 'everyday party', even if political opponents have mockingly tried to tell us so. The 1959 programme does not separate us at all from the major goals of the German and international workers' movement, which, on the contrary, we have taken up and are continuing. It was about formulating the ... mission we inherited in a contemporary way. ... the words weren't always the same, but the issues to be tackled were.

I strongly agree with Olof Palme. ... At the current stage in industrial society, social democracy draws its ... strength from its basic programmatic attitude. As the historic party of the working population, social democracy ... is not concerned with the narrow representation of the interests of a particular group, but with the re-shaping of human society in general. It does not mean deviating from the path of socialist virtue if we are open to the self-employed in trade, in the commercial economy, in agriculture, to the intellectually creative and to members of the so-called liberal professions, especially to the increasingly important technical intelligentsia. We want to gradually change society for the better in the interests of the vast majority of the people, in the spirit of our basic values, and in doing so we are not spared the resistance of the privileged and their supporters.

Angesichts der verwirrenden Umwälzungen, die das weltweite Geschehen und die wissenschaftlich-technischen Neuerungen mit sich bringen, gibt es bei einem Teil unserer Freunde, nicht nur der jüngeren, wieder eine gewisse Sehnsucht nach der >einheitlichen Sicht< und manchmal auch nach möglichst >einfachen< Antworten. Ich gebe meiner eigenen Partei den dringenden Rat, die klare Absage an jeden Dogmatismus nicht rückgängig zu machen, dafür aber die Verständigung auf Grundwerte und auf Grundforderungen um so wichtiger zu nehmen. Mit anderen Worten: neue Tatsachen nicht zu übersehen, dabei aber die grundsätzliche Orientierung nie aus dem Auge zu verlieren. Ich hatte Euch berichtet, daß es meiner Meinung nach notwendig sei, die Grundwerte zu durchdenken und zu vertiefen. Diese Arbeit ist durch eine von unserem Parteivorstand eingesetzte Kommission erst langsam in Gang gekommen, aber ich halte es für möglich, daß unserem übernächsten Parteitag ein gewichtiger Beitrag zu dieser Thematik unterbreitet werden kann.

Nun machen wir in der Bundesrepublik die interessante Erfahrung, daß unser innenpolitischer Gegner, die CDU, die Grundwerte -- Freiheit, Gerechtigkeit, Solidarität -- auch entdeckt hat und für sich in Anspruch nimmt. Dies ist nur ein Teil des Versuchs, unser Vokabular zu besetzen und es in schön klingende Leerformeln abzuwandeln. Er ist ärgerlich, kann aber auch, wenn wir uns richtig darauf einstellen, zu einer Belebung der Auseinandersetzungen um grundsätzliche Fragen führen. So wird sich der Streit darüber, was unter demokratischer Freiheit und Verantwortung zu verstehen ist, neu entfalten. Von rechter Seite wird erneut und verstärkt vorgebracht, der egalitäre Anspruch der Demokratie und das Postulat der individuellen Freiheit stünden in einem unversöhnlichen Gegensatz zueinander. Mehr Demokratie in mehr Bereichen müsse deshalb notwendigerweise zu einer Beschränkung der Freiheit des einzelnen führen. Aus einem fruchtbaren Spannungsverhältnis von Demokratie und Freiheit wird also ein widersprüchliches Verhältnis konstruiert.

Ich halte diese Konstruktion für eine gefährliche, letztlich sogar systemsprengende Verkürzung des Freiheitsbegriffs. Es ist das Freiheitsverständnis der Rückwärtsgewandten. Sie sehen das sozialstaatlich verstandene Prinzip der mitbürgerlichen Gleichheit als Einschränkung individueller Freiheit und wollen nicht wahrhaben, daß Freiheit ohne Gleichheit der Lebenschancen allzu leicht zum Privilegien-

... Global events and scientific and technical innovations bring with them confusing upheavals, and there is again a certain longing among some of our friends, not just the younger ones, for the 'unified view' and sometimes also for the 'simple' ... answer. But I urge my party ... not to reverse its clear rejection of all dogmatism, but to ... agree on basic values and basic demands. In other words, not to overlook new facts, but never to lose sight of the basic orientation. I told you that, in my opinion, it was necessary to think through and deepen the basic values. This work has only recently begun through a commission set up by our party executive, but I think it possible that an important contribution on this topic can be made to our next but one party conference.

... In the Federal Republic we are having the interesting experience that our domestic political opponent, the Christian Democratic Union, has also discovered the basic values of freedom, justice, solidarity and is claiming them for itself. This is just part of their attempt to capture our vocabulary and transform it into nice-sounding yet empty formulae. It is annoying, but if we properly prepare for it, it can also ... increase debate about fundamental questions. This is how the dispute about what is meant by democratic freedom and responsibility will unfold again. The right-wing is ... increasingly arguing that the egalitarian claims of democracy and ... individual freedom are in irreconcilable opposition to one another. More democracy in more areas must therefore necessarily lead to a restriction of individual freedom. A contradictory relationship is constructed from a fruitful tension between democracy and freedom.

I consider this analysis to be dangerous, ... even denying the concept of freedom. It is the understanding of freedom by those who look backwards. They see the principle of equality between citizens as understood by the welfare state as a restriction on individual freedom and do not want to accept that freedom without equality of life chances all too

schutz verkümmert. Aus sozialdemokratischer Sicht geht konkrete Freiheit über die staatsbürgerliche Gleichstellung hinaus. Der freie Bürger muß zunehmend die Chance erhalten, nicht überwiegend Objekt von Weisungen, sondern mehr und mehr Subjekt von Entscheidungen zu sein. Dieses Freiheits-verständnis steht nicht im Gegensatz zur Demokratie, sondern ist Voraussetzung für wahres demokratisches Bewußtsein. Denn demokratisches Bewußtsein der Bürger gedeiht nur in einer Gesellschaft, in der freie Selbstverantwortung und gesellschaftliche Verpflichtung in allen relevanten Bereichen gelten. So ist unsere Forderung nach Mitbestimmung in der Wirtschaft und anderen Bereichen der Gesellschaft für uns auch kein Vorwand, hinter dem sich ein raffiniertes Machtkalkül verbirgt, sondern Einsicht in die Bedingungen einer freiheitlichen Existenz aller. So, wie die Freiheit eine Voraussetzung für die Demokratie ist, so schafft mehr Demokratie erst den Raum, in dem Freiheit praktiziert werden kann.

Demokratie ist mit anderen Worten mehr als eine Sammlung von Spielregeln für den Bereich des staatlich-politischen Lebens. Für uns ist Demokratie Weg und Ziel in einem: Sie kann nicht auf den engen staatlichen Raum beschränkt bleiben. Sie ist zu verstehen, wie es das Godesberger Programm sagt, als >>die allgemeine Staats- und Lebensordnung, weil sie allein Ausdruck der Achtung vor der Würde des Menschen und seiner Eigenverantwortung ist<<. Hier ist die entscheidende Kluft gegenüber konservativ-rückwärtsgewandten und altliberalen Auffassungen. Die ist auch mit faulen Kompromissen nicht zu überbrücken. Demokratische Verhältnisse im Staat und demokratische Strukturen der Gesellschaft sind für uns zwei Seiten ein und derselben Medaille.

Vielleicht müssen wir noch deutlicher machen und noch überzeugender darstellen, als es uns zuweilen gelungen ist, daß die Sicherung der Freiheit des Individuums gesellschaftlicher Voraussetzungen bedarf. Man kann sich nicht auf das freie Spiel der Kräfte verlassen, wenn es um das Recht, die Sicherheit und die Freiheit des Bürgers geht, vor allem der Schwachen und Benachteiligten. Wenn Freiheitsrechte nicht nur auf dem Papier stehenbleiben sollen, müssen die Bürger von ihnen Gebrauch machen können. Hier kommt nun immer wieder -- bei uns in Deutschland verstärkt -- die gegnerische Unterstellung, wir meinten mit Demokratisierung, daß überall und immer formale Mehrheitsentscheidungen gelten sollten. Deshalb ist es wichtig klarzustellen, daß wir nicht daran denken, Sachverstand, Funktion und differenzierte Verantwortung außer Kraft zu setzen. Selbstverständlich ist es nur die vernünftig verstandene und sachgerechte

easily degenerates into the protection of privileges. From a social democratic perspective, real freedom goes beyond civic equality. The free citizen must increasingly be given the opportunity not to be ... the object of instructions, but rather to be ... the subject of decisions. This understanding of freedom is not in opposition to democracy, but is a prerequisite for true democratic consciousness. ... Citizens' democratic consciousness only thrives in a society in which free personal responsibility and social obligations apply in all relevant areas. For us, our demand for co-determination in the economy and other areas of society is not an excuse behind which a sophisticated power calculation is hidden, but rather an insight into the conditions for a free existence for all. Just as freedom is a prerequisite for democracy, more democracy creates the space in which freedom can be practised.

In other words, democracy is more than a collection of rules ... For us, democracy is a path and a goal in one: it cannot be confined to relations with the state; it is to be understood, as the Godesberg program says, as 'the general state and life order, because it alone expresses respect for human dignity and personal responsibility'. This is the key difference with conservative, backward-looking and old-liberal views. It cannot be bridged by lazy compromises. For us, democratic conditions in the state and democratic structures in society are two sides of the same coin.

Perhaps we need to make it even clearer, and demonstrate even more convincingly ..., that securing the freedom of the individual requires social certainties. One cannot rely on the free play of forces when it comes to the rights, security and freedom of citizens, especially the weak and disadvantaged. If civil liberties are to be real, citizens must be able to exercise them. But it is increasingly assumed (even here in Germany) ... that the opposite applies: democratisation means formal majority decisions should apply everywhere and always. It is therefore important to be clear that we do not intend to override expertise, function and differentiated responsibility. Of course, it is only an appropriate democracy that can protect and strengthen the freedom of the individual against the oppressive power of economic interests, anonymous organ-

Demokratie, die unter den Bedingungen der modernen Industrie- und Dienstleistungsgesellschaft die Freiheit des einzelnen gegen die erdrückende Macht wirtschaftlicher Interessen, anonymer Organisationen und bürokratischer Bevormundungen schützen und stärken kann.

Die Gegner von mehr Demokratie wissen, daß der Entscheidungsraum der wenigen eingeengt würde. Deshalb die oft unsachlichen, aufgeregten und bewußt unrichtigen Angriffe gegen sozialdemokratische Theorie und von Sozialdemokraten gestaltete Politik. Auch wo hart gegengehalten werden muß, darf sozialdemokratische Politik niemals auf die Kriterien Sachlichkeit, Klarheit und Wahrhaftigkeit verzichten. So komplex und schwer durchschaubar die Zusammenhänge unserer politischen und gesellschaftlichen Existenz heute auch geworden sind, es wäre schrecklich, wenn aus den politischen Auseinandersetzungen dieser Zeit eine Sache der bloß propagandistischen Technik werden würde. Es ist auch das ein wesentliches, vielleicht sogar das wesentliche Element von Demokratisierung: politische Entscheidungsprozesse durchschaubarer, Zusammenhänge verstehbarer zu machen. Das ist eine wesentliche Begründung für Mitbestimmung und Mitwirkung. Das ist aber auch eine Vorbedingung für Immunisierung der Bürger gegen bloße Propaganda, semantische Tricks und das Schüren *diffuser Ängste*. Gerade wir Sozialdemokraten waren oft genug -- und sind es noch -- Opfer falscher Verdächtigungen. Durch Appelle an Furcht und tiefer liegende Ängste sollen die Menschen verunsichert werden. So mußten wir immer wieder erleben, daß man uns durch Ineinssetzung mit den kommunistisch regierten Staaten einen falschen >Sozialismus<- Stempeel aufzudrücken versuchte. Leider haben nicht selten unausgegorene und in einer unverständlichen Sprache vorgetragenen Äußerungen aus den eigenen Reihen dazu beigetragen, uns mit Erscheinungen und Perspektiven zu identifizieren, die mit demokratischem Sozialismus nichts zu tun haben.

So werden auch unsere Vorstellungen von mehr Gerechtigkeit und einer größeren Solidarität in ein Streben nach Gleichmacherei, Vermassung und Zerstörung des >Leistungsprinzips< umgefälscht. Tatsache ist: Unsere Zielsetzung beschränkt sich nicht allein auf die Gleichheit der *Start*chancen, damit alles andere um so ungehemmter unter das Beutewort >Jeder ist seines Glückes Schmied< gestellt werden kann. Der Grundwert der Gerechtigkeit zielt nicht auf Gleichmacherei, aber auf Gleichheit, wo immer sie verwirklicht werden kann, nämlich auf das erreichbare Maß an Gleichheit der *Lebens*chancen. Und der Grundwert der

isations and bureaucratic tutelage under the conditions of the modern industrial and service society.

Those against increasing democracy know that this restricts the room for decision-making of others. This explains the rash of ... excited and deliberately incorrect attacks against social democratic theories and policies ... Even when tough opposition is required, social democratic politics must never undermine the values of objectivity, clarity and truthfulness. ... Complex and complicated though the connections between our political and social lives have become today, it would be terrible if the political disputes of this time were to become a matter of mere propaganda ... It is also an essential, perhaps even the essential, element of democratisation, thereby making political decision-making processes more transparent and connections between them more understandable. This is the essential justification for co-determination and participation. But it is also a prerequisite for immunising citizens against ... propaganda, semantic tricks and the fomenting of ... fear. ... Social Democrats in particular have often been - and still are - victims of false suspicions. Appeals to anxiety and deeper fears are intended to unsettle people. We experienced again and again how people tried to pin a false label of 'socialism' on us because of our association with communist countries. Unfortunately, ill-thought-out statements from our own ranks, delivered in incomprehensible language, have often led to us being identified with ... viewpoints that have nothing to do with democratic socialism.

In this way our ideas of more justice and greater solidarity are being distorted into a ... destruction of the 'performance principle'. The fact is our objective is not limited to equality of starting chances, so that everything else can be explained by ... the slogan 'everyone is the master of their own luck'. Basic ... justice is not aimed at equality per se, but at ... equality of life chances. Similarly, basic solidarity is not aimed at reducing individuality, but rather at the willingness to stand up for others and put one's own advantages aside.

Solidarität zielt nicht auf Abbau von Individualität, sondern auf die Bereitschaft, für den anderen einzustehen und eigene Vorteile hintanzustellen.

Solidarität, wie Sozialdemokraten den Begriff verstehen, ist das Bindeglied zwischen Freiheit und Gerechtigkeit, denn nur durch solidarisches Verhalten kann das Streben nach möglichst viel Gerechtigkeit in unserer Gesellschaft in Einklang gebracht werden mit dem Bedürfnis nach möglichst viel individueller Freiheit. Solidarität ist also die bewußte Bereitschaft, durch Selbstbeschränkung die Freiheit aller zu mehren; sie kann nicht verordnet, wohl aber muß sie geweckt und motiviert werden. Das ist eine unserer wichtigsten Aufgaben. Gleichzeitig gilt es zu verhindern, daß den Menschen mit >solidarischen< Redensarten eine konflikt-freie Welt vorgegaukelt wird. Demgegenüber fordern die >Randgruppen< der modernen Gesellschaft -- und noch mehr die schwer benachteiligten Völker dieser Erde -- zur Solidarität in neuen Dimensionen heraus.

>Godesberg<, wenn ich daran noch einmal erinnern darf, hat unser positives Verhältnis zum Staat beschrieben, und der >Orientierungsrahmen< wird dies präzisieren. Dabei sollten wir davon ausgehen, daß unsere Staatswesen künftig mancherlei Belastungsproben im Konflikt zwischen den Bedürfnissen der Allgemeinheit und den mehr oder weniger rücksichtslosen Ansprüchen von Schlüsselgruppen und mächtigen Organisationen ausgesetzt sein werden. Wir haben unseren demokratischen Staat davor zu bewahren, daß er ohnmächtig wird unter dem Diktat von derartigen Gruppen. Dazu gehört Bereitschaft zum Konflikt, und es gehört dazu die permanente Anteilnahme einer aufgeklärten Öffentlichkeit.

Wir müssen Politik mit den Menschen machen, damit nicht Politik gegen sie gemacht werden kann. Von hier aus erhalten Informationspolitik, Medienpolitik, Darstellung des Wirkens und der Zielsetzung unserer Parteien eine Bedeutung, die über das hinausgeht, was mit diesen Begriffen bisher zumeist gemeint war. Ohne geduldige Aufklärungs- und Überzeugungsarbeit ist alle theoretische Einsicht vergebens. Wir wissen seit den Anfängen der Arbeiterbewegung, daß theoretische Einsichten nutzlos sind, wenn sie nicht durch die praktischen Erfahrungen der Menschen bestätigt werden und wieder in neue erfahrbare Politik einmünden. Die Zeit der schrecklichen Vereinfacher ist noch nicht vorbei. Die soziale und politische Realität ist für viele Bürger noch so undurchschaubar, daß hier gefährliche Voraussetzungen für eine propagandistische Mobilisierung von Unbehagen an Staat und Gesellschaft liegen.

Solidarity, as Social Democrats understand the term, is the link between freedom and justice, because only through solidarity can the pursuit of as much justice as possible in our society accompany the need for as much individual freedom as possible. Solidarity is therefore a conscious willingness to increase the freedom of all through self-restraint. It cannot be prescribed, but it must be awakened and motivated. This is one of our most important tasks. At the same time, it is important to prevent people ... being deluded that there is a conflict-free world where 'solidarity' is inevitable. In contrast, the 'marginal groups' of modern society - and even more so the severely disadvantaged peoples of the world - call for new approaches to solidarity ...

Godesberg, if I may remind you again, described our positive relationship with the state. ... The 'Orientation Framework' will make this more precise. We should assume that in the future our political systems will be exposed to various stress tests in the conflict between the needs of the general public and the more or less ruthless demands of key groups and powerful organisations. We have to protect our democratic state from becoming powerless under the dictates of such groups. This requires a willingness to engage in conflict and ... the permanent sympathy of an enlightened public.

We have to make politics with people so that politics cannot be used against them. From this point information policy, media policy, and the presentation of the work and objectives of our parties take on a meaning that goes beyond what previously was usually meant by these terms. Without patient explanation and persuasion, all theoretical insight is in vain. We have known since the beginning of the workers' movement that theoretical insights are useless unless they are confirmed by people's practical experiences and lead to new tangible politics. The time for terrible simplifications is not over yet. The social and political reality is still so incomprehensible for many citizens that there are dangerous conditions for propaganda that generates unease towards the state and society.

Laßt mich hier noch eine Bemerkung anschließen, die sich auf die gegenwärtige weltwirtschaftliche Lage bezieht. Diese Lage (die sich ja durchaus noch verschlimmern kann) könnte den Irrtum aufkommen lassen, als habe wertorientierte Politik jedenfalls vorübergehend hinter sachzwanggebundener Politik zurückzutreten. Ich sage >Irrtum<, weil Wirtschaftspolitik natürlich immer auch Gesellschaftspolitik ist. Bei allen, hoffentlich zu einem guten Teil nur vorübergehenden Schwierigkeiten darf niemals das Mißverständnis um sich greifen, als fänden sich Sozialdemokraten damit ab, daß Menschen, die arbeiten wollen, nicht arbeiten dürfen. Über das wirtschaftspolitische Instrumentarium wird es schon deshalb neue Diskussionen geben, weil wir mit einem einfachen Wiederanknüpfen an die Periode fast automatischer Zuwachsraten nicht rechnen können und weil den internationalen Entwicklungen mit Lobgesängen auf die freie Marktwirtschaft nicht beizukommen ist. Vor allem aber hielte ich es für bedenklich, wenn wir uns jetzt von *isoliert* ökonomischen Aspekten leiten ließen. Gerade in einer Zeit wie dieser muß den Menschen deutlich gemacht werden, was über den Tag hinausführt. Es gibt immer wieder Bereiche, in denen mehr Freiheit und Gerechtigkeit verwirklicht werden können, ohne daß die öffentlichen Finanzen wesentlich berührt werden. Und man wird mündigen Bürgern auch ohne Gefahr die Frage stellen können, ob und wo sie durch momentanen Verzicht daran mithelfen wollen, daß morgen alle sicherer leben können.

Gemeinsame programmatische Positionen hat Olof Palme in seinen elf Punkten treffend beschrieben, wenn sich auch zu diesem oder jenem etwas anmerken ließe. Deutlich wird -- und darauf kommt es mir im Zusammenhang meiner Überlegungen an --: Die reformerischen Anstrengungen dürfen nicht aufhören. Stabilität ist nicht garantiert, wenn man Veränderungen aus dem Wege geht. Wer zum Kampf gegen Reformen bläst, bewahrt nicht, sondern verspielt unsere Zukunft. Das ist das, was viele derer, die wieder mit einer >konservativen< Tendenz kokettieren, noch nicht verstanden haben: Gerade wer das Bewahrenswerte bewahren will, muß verändern, was der Erneuerung bedarf. Er muß also zur Erneuerung bereit sein. Genau das entspricht der Haltung von Sozialdemokraten, gerade auch in dieser Zeit.

Mit herzlichen Grüßen, W.B.

Let me add a comment here regarding the current global economic situation. This situation (which can certainly get worse) could give rise to the mistaken impression that value-oriented politics should, at least temporarily, give way to politics based on practical constraints. I say 'mistaken' because economic policy is of course always social policy. Despite all the difficulties, ... hopefully ... only temporary, it must never become the general view that Social Democrats are resigned to ... people who want to work ... not being allowed to. There will have to be fresh discussions about economic policy ... because we cannot expect a simple return to the period of almost automatic growth rates, and because international developments cannot be addressed by lauding the free market ... Above all, I think it would be worrying if we were now guided by *single* economic approaches. Especially at a time like this, people need to be made clear about what the future holds. There are always areas in which more freedom and justice can be achieved without significantly affecting public finances. And there will be no risk in asking responsible citizens ... whether and where they want to help ensure that everyone can live more safely tomorrow by temporarily doing without.

Olof Palme has aptly described common programme positions in his eleven points, although something could be said about this or that. It is clear - and this is what is important to me in the context of my considerations - that reform efforts must not stop. Stability is not guaranteed if you avoid change. Anyone who calls for a fight against reforms is not preserving our future, but rather gambling it away. This is what many of those who are once again flirting with a 'conservative' tendency have not yet understood. If we want to preserve what is worth preserving, we must change what is in need of renewal. So we must be ready for renewal. This is exactly what the outlook of social democrats should be, especially at this time.

Kind regards, W.B.

More than six months later

Bruno Kreisky Brief vom 15. April 1975

Lieber Willy, lieber Olof!

Ich habe mir allzuviel Zeit gelassen mit meinem dritten Brief. Das ist bedauerlich, hat aber wiederum den Vorteil, daß ich bei einigen Fragen anknüpfen kann, die ich angedeutet habe und die inzwischen reale Bedeutung erlangt haben, so z. B. bei dem, was ich damals über jene Methoden zur Bewältigung der Preisproblematik sagte, >>die unweigerlich zur Arbeitslosigkeit, zur Stagflation führen müssen<<.

Es mag sein, daß es sich bei der gegenwärtigen wirtschaftlichen Entwicklung in den demokratischen Industriestaaten um eine mehr oder weniger lange dauernde, mehr oder weniger tiefgreifende Rezession handelt. Man kann aber, ebenso wie manche Nationalökonomen, Wirtschaftsjournalisten und Bankiers es auch tun, von einer Krise reden, die ähnlich schwer sein wird wie die Ende der zwanziger und Anfang der dreißiger Jahre. Die Nobelpreisträger Hajek und Myrdal sowie der Bankier Sigmund Warburg behaupten es jedenfalls.

Nun gilt für Prognosen in wirtschaftlichen Dingen das gleiche wie für Prognosen insgesamt. Es steckt ein gut Teil *self-fulfilling prophecy* in ihnen. In diesem Zusammenhang möchte ich daran erinnern, daß im Dezember 1929, also einige Monate nach dem berüchtigten Börsenkrach, bei einer Veranstaltung der *American Economic Association* zahlreiche bekannte Nationalökonomen die Konjunktursituation diskutierten und zu der Meinung gelangten, daß alles im Februar 1930, spätestens aber im August 1930 vorüber sein werde.

Ich möchte nicht die Frage stellen, ob wir es heute mit einer ähnlichen Entwicklung wie 1929 zu tun haben. Einzig sinnvoll scheint mir die Frage zu sein: Was tun wir Sozialdemokraten für den Fall, daß die weitere Entwicklung den Pessimisten recht gibt? Gelingt es nämlich der europäischen Sozialdemokratie nicht, darauf eine Antwort zu geben, brauchen wir uns über vieles andere den Kopf nicht zu zerbrechen. Mit der tröstlichen Erkenntnis, daß wir heutzutage über ein Instrumentarium verfügen, das uns erlaubt, Krisen wirksamer zu bekämpfen als seinerzeit, wird es nicht getan sein. Auf die Frage der Krise in der modernen

Bruno Kreisky letter April 15, 1975

Dear Willy, dear Olof!

I have taken too much time in writing this, my third letter.[39] This is unfortunate, but it does have the advantage that I can continue with some of the questions that I mentioned and which have now acquired real significance, for example: in what I said at the time about the methods of dealing with the price problem [then referred to as 'price developments'] 'which must inevitably lead to unemployment and stagflation'.

It may be that the current economic situation (in the democratic industrialised countries) is a more or less long-lasting, a more or less severe, recession. But ... some economists, business journalists and bankers ... talk about a crisis that will be as severe as the one in the late 1920s and early 1930s. At least that's what the Nobel Prize winners Hayek and Myrdal and the banker Sigmund Warburg claim.[40]

Now the same applies to forecasts in economic matters as to forecasts in general. There is a good deal of self-fulfilling prophecy in them. In this context, I would like to remind you that in December 1929, a few months after the infamous stock market crash, numerous well-known economists discussed the economic situation at an event organised by the American Economic Association and came to the conclusion that everything would be over in February 1930, or at the latest August 1930.

I don't want to ask the question whether we are dealing with a similar development today as in 1929. The only question that seems sensible to me is: what do Social Democrats do in the event that further developments prove the pessimists right? If European social democracy fails to provide an answer to this, we won't have to worry about much else. The ... realisation that we now have more effective instruments ... to combat crises than we did in the past will not be enough. We have to provide a social democratic answer to the question of the crisis in modern industr-

Industriegesellschaft haben wir eine sozialdemokratische Antwort zu geben. Wir sind uns sicher einig, worauf auch Willy Brandt noch einmal hingewiesen hat, daß wertorientierte Politik nicht hinter sogenannter sachzwanggebundener Politik zurücktreten darf.

Es soll hier nicht der unzulängliche Versuch unternommen werden, Kriterien einer sozialdemokratischen Wirtschaftspolitik zur Verhinderung der Krise anzuführen. Richtiger scheint mir zu sein, die ganze ökonomische Intelligenz, über die sozialdemokratische Parteien und die ihr nahestehenden Gewerkschaftsbewegungen verfügen, einzusetzen, wobei ich der Meinung bin, daß man sich auch jener Ökonomen bedienen sollte, die sich selber nicht als Sozialdemokraten verstehen oder deklarieren, sich aber partiell zu unseren wirtschaftlichen Ideen bekennen. Diese so versammelte ökonomische Intelligenz müßte bereit sein, da es sich um dringende Probleme handelt, Richtlinien für ein praktisches ökonomisches Programm für die europäischen sozialdemokratischen Parteien auszuarbeiten. Ich weiß um die Schwierigkeiten, Wissenschaftler auf eine Linie zu bringen, gehört es doch zum Wesen ihres Wirkens, sich derartigen Bestrebungen zu widersetzen. Aber dieser Wille zur Erarbeitung eines Programms muß -- so glauben wir -- Wirtschaftspolitiker der Sozialdemokratie von anderen unterscheiden.

Eine zweite Frage, von der ich glaube, daß sie besondere und brennende Aktualität besitzt: Welche Antwort geben wir auf die Fragen der Energiepolitik? Das scheint mir ein internationales Problem im allgemeinen, ein europäisches im besonderen zu sein; denn hier liegt der fundamentale Unterschied: Die USA sind zu 28 Prozent von ausländischem Öl abhängig, Westeuropa zu 98 Prozent. Das schafft auf jeden Fall und auf lange Sicht unweigerlich andere Voraussetzungen. Gewiß, es fehlen den europäischen Industriestaaten die meisten Rohstoffe, aber nirgends ist die Situation gleich katastrophal wie beim Öl.

Gibt es nun eine sozialdemokratische Rohstoffpolitik, die mit unseren Grundsätzen vereinbar und gleichzeitig realistisch ist?

Jedenfalls genügt es nicht, über die teuren Ölpreise zu klagen, wenn man bisher die teuren Industriegüter vor allem den Ländern der Dritten Welt verkauft hat.

ial society today. As Willy Brandt has again pointed out, we are of the same view that value-oriented politics must not take a backseat to so-called fact-based politics.

The aim ... is not to ... formulate criteria for a social democratic economic policy to prevent the crisis. I think it would be more appropriate to use all the economic intelligence that social democratic parties and the assoc-iated trade union movements ... have at their disposal. But I believe ... that one should also make use of those economists who do not see themselves or declare themselves as social democrats but partially commit to our economic ideas. This combined economic intelligentsia should be asked ... to urgently draw up guidelines for a practical economic programme for the European social democratic parties. I am aware of the difficulties in bringing scientists into line, as it is part of the nature of their work to resist such efforts. But the will to develop a programme must, we believe, distinguish social democratic economic politicians from others.

A second question that I believe is urgent and particularly relevant concerns ... energy policy. This seems to me to be both an international problem in general and a European problem in particular. This is because ... the USA is 28 percent dependent on foreign oil and Western Europe 98 percent dependent. Of course, the European industrialised countries lack most raw materials, but nowhere is the situation as catastrophic as with oil. This definitely creates different conditions in the long-term.

Is there ... a social democratic raw materials policy that is compatible with our principles and at the same time realistic?

But, in any case, it is not enough to complain about high oil prices when ... industrial goods have been sold at inflated prices, primarily to third world countries.

Wie sieht ein einigermaßen gerechtfertigter Ölpreis aus? Welche *terms of trade* sind anzustreben? Ich behaupte, wenn es möglich wäre, beim Erdöl zu einem funktionierenden Mechanismus zu kommen, wird es leichter sein, bei allen anderen Rohstoffen ähnliche Lösungen zu finden. Im Hinblick auf die besondere Situation der Rohware Erdöl ergibt sich eine Reihe von neuen Voraussetzungen für die Beurteilung wichtiger politischer Fragen, so z.B. für die Überwindung des wirtschaftlichen und industriellen Rückstands der erdölproduzierenden Länder. Niemals hätte die Entwicklungshilfe europäischer Staaten für die arabischen jenes Ausmaß erlangen können, das ihnen die Preisveränderungen beim Erdöl bringen. Ich weiß aus eigener Erfahrung um das Bedürfnis nach sozialdemokratischen Alternativen in der arabischen Welt, denn bisher werden arabische Sozialisten nur konfrontiert mit kommunistischen oder konservativ-kapitalistischen Alternativen. Daß es ein Drittes gibt, wäre für sie geradezu die Befreiung aus einem Dilemma. Aufgrund einer immerhin langjährigen Beschäftigung mit diesem Problem wage ich die Behauptung, daß im gleichen Maße, in dem es uns gelingt, eine Zusammenarbeit zwischen der europäischen Sozialdemokratie und den fortschritt-lichen Bewegungen in den arabischen Staaten herbeizuführen, sich auch die realen Chancen für ein friedliches Nebeneinander der arabischen Staaten und Israels vergrößern. Den fortschrittlichen Kräften in den arabischen Staaten läßt sich durchaus begreiflich machen, daß ein haltbarer Friede im Mittleren Osten auch eine sehr intensive Zusammenarbeit mit dem sozialdemokratischen Europa ermöglichen würde. Ganz neue Aspekte eröffnen sich für die Länder der sogenannten Vierten Welt. Hier könnte ein Konzept für die Zusammenarbeit zwischen den europäischen Industriestaaten und den erdölproduzierenden Ländern im Mittleren Osten ungeahnte Resultate erbringen. Von den nachgewiesenen Weltreserven an Erdöl lagen 1972 in den arabischen Ländern 56 Prozent, in den USA 11,9 Prozent und im Iran weitere 9,5 Prozent, in Westeuropa dagegen nur 2,2 Prozent. (Die Sowjetunion verfügt über 31,6 Prozent der Erdgasreserven der Welt.)

>>Nur wenn die Deviseneinkommen der Förderländer für Investitionsgüter im Rahmen einer gesamtwirtschaftlichen Strategie der Überwindung von Unterent-wicklung eingesetzt werden, kann Westeuropa seine Erdölimporte aus dem Nahen und Mittleren Osten bezahlen. Jede Erdölpolitik westeuropäischer Regierungen muß eingebettet sein in eine Strategie zur Überwindung von Unterentwicklung in den Förderländern<<, schreibt Hartmut Elsenhans in >Erdöl für Europa<.

What does a reasonable and justifiable oil price look like? Which terms of trade should we strive for? I argue that if it were possible to arrive at an agreed mechanism for petroleum, it would be easier to find similar solutions for all other raw materials. With regard to the special situation around ... petroleum, a number of new requirements arise for the assessment of important political questions, such as overcoming the economic and industrial backwardness of the oil-producing countries. Development aid from European countries to the Arab states could never have had the impact that the increases in the oil price have ... I know from my own experience about the need for social democratic alternatives in the Arab world, because so far Arab socialists have only been confronted with communist or conservative-capitalist alternatives. ... A third option would remove a dilemma for them. Having dealt with this problem for many years, I dare to assert that to the same extent that we succeed in bringing about co-operation between European social democracy and the progressive movements in the Arab states, the real chance of peaceful co-existence between the ... Arab states and Israel also increases. The progressive forces in the Arab states can certainly be made to understand that a lasting peace in the Middle East would also enable very intensive co-operation with social democratic Europe. Completely new aspects are opening up for the countries of the so-called Fourth World. ... Co-operation between the European industrialised countries and the oil-producing countries in the Middle East could yield unimagined results. In 1972, 56 percent of the world's proven oil reserves were in the Arab countries, 11.9 percent in the USA and a further 9.5 percent in Iran, while only 2.2 percent were in Western Europe. (The Soviet Union has 31.6 percent of the world's natural gas reserves.)

In 'Petroleum for Europe' Hartmut Elsenhans writes
'Only if the foreign exchange income of producing countries is used for capital goods as part of an overall economic strategy to overcome under-development, can Western Europe pay for its oil imports from the Near and Middle East. Every oil policy of Western European governments must be embedded in a strategy to overcome under-development in the producing countries.'[41]

In diesem Zusammenhang muß sich doch für Sozialdemokraten auch die Frage stellen, inwiewelt es zu innerkontinentalen Vereinbarungen mit anderen europäischen Öl- und Energierohstoffproduzenten kommt, mit denen in Ost- und neuerdings mit denen in Nordeuropa.

Angeblich wäre zwischen 1980 und 1990 eine jährliche Erdölförderung aus der Nordsee in Höhe von etwa 170 Millionen Tonnen möglich, wozu noch 30 Millionen Tonnen aus anderen Lagerzentren Westeuropas kämen, was allmählich einen Versorgungsgrad von 15 bis 20 Prozent sichern würde.

Und ganz nebenbei: Man ist derart hypnotisiert durch die Erdölprobleme, die sich aus dem Mittleren Osten ergeben, daß man die anderen einfach übersieht, die sich für die Europäische Gemeinschaft dadurch stellen werden, daß große Erdöl-xploitationsgebiete in Europa liegen. Auch aus diesem Grund -- sogar auf relativ kurze Sicht gesehen -- gibt es keinen Anlaß, Europa als >Gefangenen der Ölscheichs< zu betrachten.

Und zum dritten:
Dem, was Olof Palme über Supermächte schreibt, folge ich in weiten Teilen. Aber es bleibt doch unbestritten, daß sich aus der Gleichgewichtssituation der Super-mächte und der mit ihnen Verbündeten ein hohes Maß an relativer Entspannung ergeben hat. Hierbei hat die deutsche Sozialdemokratie, die Politik Willy Brandts für die Entspannung die Wirkung eines Katalysators gehabt.

Ich sprach zuvor einschränkend von relativer Entspannung. Die Lage in Südosteuropa, im Mittelmeerraum ist prekär, und niemand vermag heute zu sagen, ob sich Griechenland und Portugal zu Demokratien entwickeln werden. Die Situation der herrschenden Diktatur in Spanien ist labil, die Gegensätze zwischen der Türkei und Griechenland sind ernst. Wird die Entspannungspolitik also auch den europäischen Mittelmeerbereich erfassen?

Ein weiteres Gebot der Stunde, und zwar eines, das sich uns Sozialdemokraten mit aller Dringlichkeit stellt, ist, ob wir in der Lage sind, unsere Politik für Sicherheit und Zusammenarbeit in Europa so zu artikulieren, daß sie eine brauchbare Alternative zur Politik der Kommunisten und Konservativen darstellt.

Nach der erfolgreichen europäischen Außenpolitik des *containments* kam es zu einer Stabilisierung in den Demokratien, die es den sozialdemokratischen Parteien

In this context Social Democrats must also ask themselves to what extent intra-continental agreements will be reached with other European oil and energy raw material producers, with those in Eastern and, more recently, with those in Northern Europe.

Between 1980 and 1990, apparently, annual oil production of around 170 million tons from the North Sea would be possible. With another 30 million tons from other storage centres in Western Europe, this would gradually ensure a supply level of 15 to 20 percent.

By the way: people are so hypnotised by the oil problems in the Middle East that they simply overlook others that will arise for the European Community because large oil exploitation areas are located in Europe. For this reason too - even in the relatively short-term - there is no reason to view Europe as a 'prisoner of the oil sheikhs'.

And thirdly:
I largely follow what Olof Palme writes about superpowers. But there can be no dispute that the equilibrium ... between the superpowers and their allies has resulted in a high degree of ... détente. ... German social democracy and Willy Brandt's policy for détente have been a catalyst.

... The situation in south-eastern Europe and the Mediterranean region is precarious, and no one can say today whether Greece and Portugal will develop into democracies. The ... ruling dictatorship in Spain is unstable, and the differences between Turkey and Greece are serious. So will the policy of détente also affect the European Mediterranean region?

Another key issue is whether as Social Democrats we are able to articulate our policy for security and co-operation in Europe in such a way that it represents a viable alternative to the policies of the communists and conservatives.

After the successful European foreign policy of *containment*, the democracies stabilised, ... allowing the social democratic parties to raise

erlaubte, sich auch programmatisch stärker zu profilieren. Unsere drei Parteien und zahlreiche andere gaben sich neue Programme: Wien im Mai 1958, Godesberg im November 1959, Stockholm im Juni 1960. Eine Reihe neuer Formulierungen, geprägt von den sozialdemokratischen Parteien Europas, erlaubte es, zu einer neuen Öffnung jenen Schichten gegenüber zu kommen, die ich als politisch heimatlose Liberale bezeichnen möchte. Ein Kernstück unserer Programme, jedenfalls im Godesberger und im Wiener Programm, z. B. war das Auf-Distanz-Gehen zu allen Fragen der Weltanschauung. Das erlaubte ein neues Verhältnis vor allem zur Religion, was von besonderer Bedeutung im Hinblick auf den doch immer stark zum Konservativismus neigenden Katholizismus zu sein schien. Aber im Katholizismus selber kam es zu bemerkenswerten Entwicklungen, die für alle Zeiten mit dem Namen von Papst Johannes XXIII und seinem Konzil verbunden bleiben.

Diese Distanzierung von allem Weltanschaulichen und dieses sich Reduzieren auf eine politische Gesinnungsgemeinschaft scheinen mir jedoch in der Zwischenzeit obsolet geworden zu sein. Müssen wir auch heute erst recht an dieser Öffnung gegenüber dem Weltanschaulichen, an einem reibungslosen Verhältnis zu den Religionen festhalten, so ist doch vieles komplizierter geworden. In der Wissenschaft gab es eine atemberaubende Entwicklung, die alles bis dahin Erreichte in den Schatten rückte. Gleichzeitig stellte sie ihr Lebenselement, ihren nahezu unbegrenzten Enticklungsoptimismus in Frage. Kunststoffe ersetzen etwa zwei Drittel der herkömmlichen Materialen.

Laserstrahlen werden für Nachrichten- und Energieübertragung verwendet, es gibt die kontrollierte thermonukleare Kernfusion. Was ist alles geschehen in der Gen- und Gehirnzellenforschung, in der Steuerungs- und Raketentechnik, in Weltraum- und Umweltforschung! In diesem Zusammenhang bekam die These vom unweigerlichen Herannahen des *turning point* in unserer Umwelt allgemeine wissenschaftliche und politische Aktualität. Und zu alldem gewannen wir neue Erkenntnisse über die Begrenzung unseres Lebensraumes über die Grenzen, die unseren Ressourcen, der Erzeugung von Energie, Lebensmitteln und Rohstoffen gesetzt sind. Ursprünglich gab man auf alle sich stellenden Fragen die einfachste aller möglichen Antworten: das Wirtschaftswachstum sei schuld. Und alle Vorstellungen in dieser Richtung kulminierten im ominösen Nullwachstum. Eines hat sich in dieser Zeit abermals gezeigt: daß die einfachste Antwort -- so bestechend sie war -- die falscheste ist. Es ergab sich, daß das Problembewußtsein sich rascher entwickeln konnte als unsere Fähigkeit, Antwort darauf zu geben, was

the profile of their programmes. Our three parties and numerous others gave themselves new programmes: Vienna in May 1958, Godesberg in November 1959, Stockholm in June 1960. A series of new formulations, coined by the social democratic parties of Europe, made it possible to reach a fresh rapprochement with those who I would like to describe as politically homeless liberals. A core part of our programmes, at least in the Godesberg and Vienna ones, for example, was the deliberate absence of all questions of world-view. This allowed for a new relationship, especially with religion, which seemed to be of particular importance in view of Catholicism, which always tended towards conservatism. But in Catholicism itself there were remarkable developments that will forever be associated with the name of Pope John XXIII and remain connected to his council.

However, this distancing from everything ideological and this reduction to a political community of opinion seems to me now to be obsolete ... Even today we have to be open to a variety of world-views and to a smooth relationship with religions, but many things have become more complicated. There was a breathtaking development in science that overshadowed everything that had been achieved up to that point. ... Plastics replace around two-thirds of conventional materials.

Laser beams are used for communication and energy transmission, there is controlled thermonuclear fusion. What has happened in genetic and brain cell research, in control and rocket technology, in space and environmental research! In this context, the thesis that the *turning point* is inevitably approaching in our environment gained general scientific and political acceptance. And on top of all this, we gained new knowledge about the limitations of our living space beyond the limits set by our resources, the production of energy, food and raw materials. Originally, the simplest of all possible answers was given to all questions that arose: economic growth was to blame. And all ideas in this direction culminated in the ominous zero growth. One thing has become clear again during this time: that the simplest answer, as convincing as it was, is the wrong one. It turned out that awareness of the problem could develop more quickly than our ability to provide answers to what should become of 'our world'.

aus >unserer Welt< werden soll. Und so erhebt sich vor uns aufs neue die Frage
nach der Weltanschauung, und sie wirft einen breiten Schatten auf den Weg der
Sozialdemokratie in die Zukunft. Will die Sozialdemokratie die große gesell-
schaftsreformierende Kraft bleiben, muß sie diesen Anspruch durch ein viel
deutlicheres Problembewußtsein rechtfertigen, muß sie abermals Menschen um
sich versammeln, nicht aus einem Land, sondern aus mehreren, nicht nur Sozialdemokraten der Parteizugehörigkeit nach, sondern soziale Demokraten der
Gesinnung nach. Menschen, die ihr durch ihre Erkenntnisse helfen, sich dort, wo
sie sich allzusehr verstrickt zu haben scheint, aus der Politik des Alltags zu lösen,
das aber gleichzeitig mit jenem kritischen Bewußtsein zu tun, das verhindert, daß
die Probleme durch allgemeine und nicht verpflichtende Formulierungen
verwässert werden. Für alles das braucht man keine jahrelange Vorbereitung, das
alles wird täglich gedacht, wird täglich analysiert, versucht man täglich zu beantworten. Es kommt auf die organisierte und konzentrierte Sachkenntnis an. Die
Menschen, die heute Fragen stellen, müssen nicht nur das Gefühl bekommen,
sondern die Gewißheit erlangen, daß wir uns um eine Antwort bemühen und nicht
aus Angst, weil wir die richtige nicht wissen, bereit wären, eine zu geben, die
keine ist. Die Gesellschaft, in der wir leben, muß in Frage gestellt werden, ohne
das, was an großen politischen Errungenschaften in ihr enthalten ist, über Bord zu
werfen. Es scheint mir also nicht darum zu gehen, auf alles eine Antwort zu
wissen oder eine geben zu wollen, sondern sich um eine zu bemühen, die dann
eben Gegenstand der politischen Auseinandersetzung wird. Denn auf die muß es
uns letzten Endes ankommen.

Ich weiß, das ist ein durchaus unbefriedigender Beitrag, er scheint konturlos zu
sein, aber die Horizonte, die es einmal gab, haben sich verschoben, und der Bogen
der Politik spannt sich eben vom Kampf um den gerechten Arbeitsertrag über den
Platz des einzelnen in der Gesellschaft bis hin zur Frage nach dem Überleben des
Menschengeschlechts. Und die Zeit scheint kurz bemessen zu sein. Werden unsere
Ideen diese Größe haben, werden sie uns auch die geistigen Voraussetzungen
bieten, die uns erlauben, Bekenner und Zweifler in einem zu sein? Ein Vorteil
unseres Briefwechsels scheint mir unter anderem der zu sein, daß wir Probleme
aufwerfen, und so möchte ich eben noch auf einen Gedanken kommen, der mit zu
denen gehört, die wir neu durchdenken müssen. Viele glauben, daß die Sozialistische Internationale durch Beschluß angebe, welche Partei im Besitz der reinen
Lehre sei. Wir stellten sozusagen Kriterien auf dafür, was demokratischer Sozialismus sei, und gingen von einem starren Demokratie-Modell aus.

And so the question of world-view arises before us again, and it casts a broad shadow over the future direction for social democracy ... If social democracy wants to remain the great social-reforming force, it must justify this claim through a much clearer awareness of the problem; it must once again gather people around itself, not from one country, but from several, not just social democrats in terms of party affiliation, but social democrats in terms of attitude. People who, through their insights, help others to free themselves from the politics of everyday life ..., but at the same time ... do this with a critical appraisal that prevents problems from being reduced to general and misleading ones. Formulations are watered down. You don't need years of preparation for all of this, you think about it every day, analyse it every day, try to answer it every day. It's all about organised and focused expertise. The people who ask questions today must not only have the feeling, but also the certainty, that we are trying to find an answer ... The society in which we live must be questioned without throwing overboard what great political achievements it contains. So it seems to me that it's not about knowing an answer to everything or wanting to give one, but rather trying to find one, which then becomes the subject of the political debate. Because that's what ultimately matters to us.

I know that this is a completely unsatisfactory contribution, for it seems to have no boundaries and the horizons that once existed have shifted; ... the arc of politics stretches from the fight for fair earnings to the place of the individual in ... society right up to the question of the survival of the human race. And time seems to be short. Will our ideas be this broad and will they also offer us the spiritual conditions that allow us to be believers and doubters in one? One of the advantages of our correspondence seems to me to be that we can raise problems, and so I would like to come up with an idea that is one of those that we need to address. Many believe that the Socialist International decides which party has the pure doctrine. We established criteria, so to speak, for what democratic social-ism was and assumed a rigid model of democracy.

Die Demokratie in Europa hatte in ihrer sehr differenzierten Entwicklung manchmal sogar weltweit spürbare Rückschläge aufzuweisen - etwa in Italien, in Deutschland, in Österreich. Nicht überall hat sich die Demokratie so ruhig und folgerichtig entwickelt wie die britische und die skandinavische.

Es gibt daneben Diktaturen mit mehreren Parteien. So haben einige kommunistische Staaten nominell verschiedene Parteien, und auf anderen Kontinenten gibt es Länder mit nur einer zugelassenen Partei; innerhalb dieser Partei aber entfalten sich Richtungen und soziale Gruppierungen, und aus ihrem Widerstreit kann sehr wohl eine demokratische Entwicklung resultieren. Denn das scheint mir das Kriterium der Demokratie zu sein, daß es Richtungen, soziale Gruppierungen gibt, zwischen denen die Auseinandersetzung um Staat und Gesellschaft stattfindet.

Spätestens seit dem Tode Allendes, für manche schon viel früher, scheint es zweifelhaft, ob die Massen in Lateinamerika und in anderen Regionen, wo soziales Unrecht neben grenzenlosem Reichtum und extrem entwickelten Plutokratien besteht, zu jener geschichtlichen Geduldsprobe bereit und fähig sind, die eine demokratische Entwicklung erfordert. Um es ganz klar und deutlich zu sagen: Es kann in manchen Staaten Asiens, Afrikas und Lateinamerikas Volksbewegungen geben, die durchaus Gesprächspartner sozialdemokratischer Parteien sein können, ohne daß wir deshalb an sie die strengen Maßstäbe anlegten, die in unseren Satzungen enthalten sind. Allein zu prüfen wäre doch hier, ob in einem Land die Voraussetzungen für die Demokratie gegeben sind, inwieweit in einem Land ein Regime sich mit Methoden behauptet, die zu tolerieren wir nicht bereit sind, die unseren demokratischen Grundanschauungen widersprechen. Ich glaube, daß wir uns diese aufgeschlossene Haltung grundsätzlich zu eigen machen müßten, wenn wir in lebendigem Kontakt mit der Entwicklung in anderen Kontinenten bleiben wollen.

Für uns ist ein immer höheres Maß an Demokratie, an Demokratisierung der Gesellschaft der Inbegriff unserer politischen Zielsetzung. In Afrika, Asien und Lateinamerika aber gibt es Entwicklungen, die weit unterhalb der politischen Demokratie beginnen, Länder, in denen die politische Demokratie nicht unbedingt die erste Phase der Demokratisierung der Gesellschaft darstellt. Auch wenn wir das alles einbeziehen, muß eines maßgebende Richtlinie bleiben: Daß Sozialdemokraten sich nicht mit Kräften des Terrors und der Gewalt assoziieren

Developing differently in different countries, democracy in Europe has sometimes even had noticeable setbacks ... - for example in Italy, in Germany, in Austria. Democracy has not developed everywhere as calmly and consistently as it has in Britain and Scandinavia.

There are also dictatorships with several parties. Thus, some communist states have nominally different parties, and on other continents there are countries with only one permitted party. However, within this party, trends and social groups develop, and democratic development can very well result from their conflict. ... That seems to me to be the criterion for democracy: that there are ... social groups between which the debate about state and society takes place.

Since at least Allende's death ..., but for some much earlier, it seems doubtful whether, ... in Latin America and other regions where social injustice coexists with limitless wealth and well-developed plutocracies, people generally [the masses] are ready and capable of the historical test of patience that democratic ... development requires. To put it bluntly: There may be popular movements in some countries in Asia, Africa and Latin America that can be interlocutors of social democratic parties without ... applying to them the strict standards contained in our statutes. Assuming the conditions for democracy are present in a country, the only thing that needs to be examined is whether and to what extent a regime in a country asserts itself using methods that we are not prepared to tolerate and that contradict our basic democratic views. I believe that we must ... adopt this open-minded attitude if we want to remain in real contact with developments on other continents.

For us an ever-increasing level of democracy and the democratisation of society is the epitome of our political objective. In Africa, Asia and Latin America, however, there are developments ... that don't amount to full political democracy, countries in which political democracy does not necessarily represent the first phase of the democratisation of society. Even if we take all of this into account, one thing must remain the guiding principle: that social democrats cannot associate themselves with forces

können, die alles das ignorieren, was uns wesentlich für das Zusammenleben der Menschen in der Gesellschaft erscheint.

Herzlich Grüße, B.K.

of terror and violence that ignore everything that seems to us to be essential for people to live together in society.

Best regards, B.K.

Gespräch in Wien am 25. Mai 1975

Auf Einladung von Bruno Kreisky trafen die drei Parteivorsitzenden am 24. und 25. Mai erneut zu einem Meinungsaustausch zusammen. Ein Teil des Gesprächs, das einige im Zusammenhang mit diesem Briefwechsel stehende Fragen behandelte, wurde festgehalten.

Willy Brandt:

Bruno hat in seinem letzten Brief die Befürchtung geäußert, ein weltweiter wirtschaftlicher Zusammenbruch könne nicht mehr mit Sicherheit ausgeschlossen werden. Wir sollten uns heute über die Veränderungen unterhalten, die seit Ende 1973 eingetreten sind. Die Frage ist: Wie beurteilen wir als Sozialdemokraten die zutage getretenen Strukturveränderungen? Welche Schlüsse ziehen wir daraus? Und was sagen wir zur These von der internationalen Krise des Kapitalismus?

Olof Palme:

Sicher gibt es zur Zeit eine Krise der kapitalistischen Systems, zahlreiche Grundwerte dieser kapitalistischen Gesellschaft werden in Frage gestellt. Viele lehnen den Kapitalismus moralisch und ideologisch rundheraus ab. Viele werden unruhig, haben nur noch Angst. Dann besteht die Gefahr, daß diese Angst zu einer Art faschistoider Entwicklung führt.

Gewissermaßen leben wir Sozialisten ja in einer Symbiose mit dem Kapitalismus. Die Arbeiterbewegung ist als Antwort auf den Kapitalismus entstanden. Seit nunmehr über 100 Jahren hat man sich um die Probleme der Verteilung und der Macht usw. gestritten. Aber in bestimmten Fragen hat man das gleiche gewollt wie der Kapitalismus: den industriellen Ausbau, weil Industrialisierung Arbeit schafft, effektivere Produktionsformen, weil das Wohlstand schafft. Man hat also die Infrastruktur der Industriegesellschaft gewollt. Die derzeitige Krise der Kapitalismus ist zugleich eine Krise des Industriegesellschaft. Und es ist unsere Aufgabe, die Industriegesellschaft zu retten.

Bruno Kreisky:

Das hat man schon in den dreißiger Jahren gesagt.

Conversation in Vienna on May 25, 1975

At the invitation of Bruno Kreisky, the three party leaders met again on May 24th and 25th to exchange views. Part of the conversation, which dealt with questions relating to their exchange of letters, was recorded.

Willy Brandt:

In his last letter Bruno expressed the fear that a global economic collapse could no longer be ruled out with certainty. Today we should talk about the changes that have occurred since the end of 1973. The question is: How do we as social democrats assess the structural changes that have emerged? What conclusions do we draw from this? And what do we say to the thesis of the international crisis of capitalism?

Olof Palme:

There is certainly a crisis in the capitalist system at the moment, and many of the fundamental values of this capitalist society are being called into question. Many reject capitalism outright - both morally and ideologically. Many people become restless and are just afraid. Then there is the danger that this fear will lead to a kind of fascist development.

In a sense we socialists live in symbiosis with capitalism. The labour movement emerged as a response to capitalism. For over 100 years now people have been arguing about the problems of distribution and power, etc. But on certain issues they wanted the same thing as capitalism: industrial expansion because industrialisation creates work, more effective forms of production because that creates wealth. So people wanted the infrastructure of industrial society. The current crisis of capitalism is at the same time a crisis of industrial society. And it is our job to save industrial society.

Bruno Kreisky:

That was already said in the thirties.

Olof Palme:

Heute aber müssen wir die Industrigesellschaft nicht nur verteidigen, sondern sie auch fortentwickeln und vertiefen. Auch wenn man den Kapitalismus abschaffte, bliebe ja die Industriegesellschaft bestehen, allerdings mit veränderten Eigentums-verhältnissen. Genauso wie die Industriegesellschaft in den kommunistischen Staaten fortbesteht. Ich meine, wir können diese Gesellschaft, die uns aus der Armut herausgeholfen hat, nicht kurzerhand abtun. Wir müssen sie jedoch hinter uns lassen, sie konstruktiv weiterentwickeln. Für die Zukunft, für die junge Generation ist das entscheidend.

Worum geht es? Nehmen wir das Beispiel Energiepolitik. Wir wissen, ohne Energie kann diese Industriegesellschaft nicht existieren. Da wurde nun seit langem die Energieversorgung geplant, meistens von privaten Gesellschaften. Und das ist auch lange ohne größere Schwierigkeiten gutgegangen. Neu an der heutigen Situation ist: Zum einen besteht Mangel an Energie, zum anderen weiß man, daß der Energieverbrauch zahlreiche negative Folgeerscheinungen hat: Umweltverschmutzung, Sicherheitsrisiken, vieles, was die Menschen beängstigt. Deshalb sind wir ja zu dem Schluß gekommen, daß man nicht nur die Energie-versorgung planen muß, sondern auch den Energieverbrauch. Das geht nur durch langfristige Planung.

Es genügt aber nicht, wenn man die besten Sachverständigen heranzieht und sie beauftragt, einen Plan zu entwerfen. Die Planung muß vielmehr unter demokrat-ischer Kontrolle und unter aktiver Teilnahme der Bevölkerung stattfinden. Sie muß öffentlich zur Diskussion gestellt werden. In der öffentlichen Diskussion werden dann aber häufig die widersprüchlichsten Ansichten und Forderungen vorgebracht. Hier spielen die sogenannten Meinungsmacher eine erhebliche Rolle. Manchmal kommen sie mir wie Spatzen vor, die auf einem Telegraphenmast sitzen und das Für und Wider eines Problems diskutieren. Dann fliegt der ganze Spatzenschwarm zum nächsten Telegraphenmast und diskutiert das nächste Problem. Das geht so lange, daß es dem einzelnen kaum noch möglich ist, sich ein klares Bild zu machen.

Und deshalb haben wir uns in Schweden gesagt: Die Menschen müssen von einem Gesamtbild ausgehen, wenn sie zu den Problemen Stellung nehmen sollen. So haben allein in der schwedischen Arbeiterbewegung 45 000 Personen in Zehner-gruppen Abend für Abend diskutiert und Fragebogen ausgefüllt. Das Ergebnis war relativ eindeutig: Es wurde empfohlen, beim Energieverbrauch strikte Zurück-

Olof Palme:
Today, however, we not only have to defend industrial society, but also develop and deepen it. Even if capitalism were abolished, industrial society would remain, albeit with changed ownership relationships - just as industrial society persists in communist states. I mean we can't dismiss out of hand this society that helped us out of poverty. However, we have to leave it behind ... and develop it constructively. This is crucial for the future, for the younger generation.

What is it about? Let's take energy policy as an example. We know that this industrial society cannot exist without energy. The energy supply has been planned for a long time, mostly by private companies. And this worked well for ages without any major difficulties. What is new about today's situation is that, on the one hand, there is a lack of energy, and on the other ... we know that energy consumption has numerous negative consequences: environmental pollution, safety risks, many things that frighten people. That's why we came to the conclusion that we not only have to plan the energy supply, but also the energy consumption. This is only possible through long-term planning.

But it is not enough to bring in the best experts and commission them to come up with a plan. Rather, planning must take place under democratic control and with the active participation of the population. It must be opened to public discussion, where the most contradictory views and demands are often put forward .... The so-called opinion-makers play a significant role here. Sometimes they seem like sparrows sitting on a telegraph pole discussing the pros and cons of a problem. Then the whole flock of sparrows flies to the next telegraph pole and discusses the next problem. This goes on for so long that it is hardly possible for the individual to get a clear picture.

And that's why we in Sweden said to ourselves: people have to understand the overall picture if they are to take a position on the problems. In the Swedish labour movement alone, 45,000 people discussed things in groups of ten, evening after evening, and filled out questionnaires. The result was relatively clear: it was recommended that strict restraint be

haltung zu üben und jede Erhöhung so zu dosieren, wie es zur Sicherung von Beschäftigung und Wohlstand erforderlich ist. Das würde einen vorsichtigen Ausbau von Wasser- und Kernenergie bedeuten. In diesem speziellen Fall ging es um Energiepolitik. Grundsätzlich wichtig dabei aber war, daß wir versuchten, eine langfristige Planung unter aktiver Beteiligung der Bevölkerung zu formulieren. Es reicht nicht mehr, nur die Experten, das Kapital und den Markt zu mobilisieren; man muß vor allem die Menschen aktivieren. Denn es gilt, durch demokratische Methoden Vertrauen für die Industriegesellschaft zu schaffen. Das könnte den Kapitalisten kaum gelingen, vielleicht aber uns.

Die alte Parole >Abschaffung des Kapitalismus< ist an und für sich gar nicht mehr sonderlich interessant. Es läßt sich nichts so leicht sagen wie: >>Schaffen wir den Kapitalismus ab.<< Interessant und wichtig ist, daß der Kapitalismus die Probleme nicht lösen kann. Das müssen wir durch die Gesellschaft und mit den Menschen tun. Das bedeutet allerdings, daß die Macht des Kapitalismus abgebaut wird. Wenn man vor zehn Jahren über Planung oder Planwirtschaft diskutierte, hatte man alle Konservativen gegen sich. Wenn wir jedoch heute sagen, wir müssen planen, was Umwelt, was Energie, was Nutzung der Naturvorräte angeht, werden wir fast einhellige Zustimmung ernten. Wir leben in einer Schwächeperiode des Kapitalismus. Schlimmstenfalls kann das zum Verfall der Industriegesellschaft führen. Da wir aber auch von ihr abhängig sind, müssen wir die Industriegesellschaft entwickeln. Und zwar dadurch, daß wir die Machtverhältnisse in der Gesellschaft verändern und durch praktische Arbeit Vertrauen schaffen in die Fähigkeit der Industriegesellschaft, ihre Probleme zu lösen.

Unter eben diesem Gesichtspunkt legen wir auch in unserem neuen Parteiprogramm so großes Gewicht auf die ökonomische Demokratie, sowohl durch planmäßiges Haushalten unter demokratischer Kontrolle als auch durch Demokratie am Arbeitsplatz. Denn Demokratie ist nicht nur ein absoluter Wert, sondern auch der einzig mögliche Weg, die Probleme der Industriegesellschaft zu lösen.

Bruno Kreisky:
Es ist sehr interessant, wie eine ähnliche historische Situation zu ähnlichen Schlüssen führt. Eine der umstrittensten Reden der deutschen und der österreichischen Sozialdemokratie war die, die Fritz Tarnow auf einem Parteitag der deutschen Sozialdemokraten gehalten hat.

exercised in energy consumption and that any increase should be set at the level necessary to secure employment and prosperity. That would mean a cautious expansion of hydro- and nuclear energy. In this particular case it was about energy policy. What was fundamental ... was that we tried to formulate long-term planning with the active participation of the population. It is no longer enough to simply mobilise experts, capital and the market; above all, you have to activate people. It is important to create trust for industrial society through democratic methods. The capitalists could hardly succeed in this, but perhaps we could.

The old slogan 'abolition of capitalism' is no longer particularly interesting in itself. It's not as easy to say as: "Let's abolish capitalism". What's critical is that capitalism cannot solve the problems. We have to do this through society and with people. ... This means that the power of capitalism is being reduced. Ten years ago, if you discussed planning or a planned economy, you had all the conservatives against you. However, if we say today that we have to plan for the environment, for energy, for the use of natural resources, we will receive almost unanimous agreement. We are living in a period of weakness for capitalism. In the worst case, this can lead to the collapse of industrial society. But since we are also dependent on it, we have to develop industrial society. We do this by changing the balance of power in society and through practical work creating confidence in the ability of industrial society to solve its problems.

It is precisely from this perspective that we place so much emphasis on economic democracy in our new party programme, both through planned budgeting under democratic control and through democracy in the workplace. This is because democracy is not only an absolute value, but also the only possible way to solve the problems of industrial society.

Bruno Kreisky:
It is very interesting how a similar historical situation leads to similar conclusions. One of the most controversial speeches of the German and Austrian social democrats was that given by Fritz Tarnow at a party conference of the German Social Democrats.[42]

Willy Brandt:

Das war der Leipziger Parteitag im Jahre 1931.

Bruno Kreisky:

Eine Rede, die in die Geschichte eingegangen ist: >>Der Arzt am Krankenbett des Kapitalismus.<< Eine Rede, die zwar heftig von allen Linken bekämpft wurde, die aber deshalb nicht weniger zutreffend war. Er versuchte zu zeigen, daß die Industriegesellschaft, wie du, Olof, jetzt sagst, wertneutral ist. Der Kapitalismus sei nicht imstande, die Probleme der Industriegesellschaft zu lösen. Also müsse das die Sozialdemokratie tun. Solange alles glatt lief, hat man für diese kapitalistische Ordnung den Ausdruck soziale Marktwirtschaft gefunden, und die sozialdemokratischen Parteien hatten es überaus eilig, sich auch unter dieses Dach der sozialen Marktwirtschaft zu flüchten und zu sagen: Wir wollen eigentlich das gleiche, nur besser. Eben weil in dieser Zeit ein Entideologisierungsprozeß stattgefunden hat, halte ich das, was wir hier diskutieren, für wichtig. Ich halte dieses ganze Infragestellen der Gesellschaftsordnung auch für einen richtigen Ansatzpunkt. Die Frage ist nur, wie glaubwürdig wir dabei bleiben.

Aphoristisch formuliert: So, wie es für Harold Wilson die Gnome von Zürich waren, die ihm das Pfund ruiniert haben, so sage ich, wenn wir Wirtschaftspolitik von Bankdirektoren machen lassen, kann man nicht glaubwürdig sein! Wir müssen, glaube ich, jetzt, da die Leute an der Überlegenheit unserer Wirtschaftsordnung zu zweifeln beginnen, eine Antwort geben. Wir müssen den Menschen ein neues Sicherheitsgefühl vermitteln, ein progressives, nicht dieses konservative.

Willy Brandt:

Manche Probleme, über die wir jetzt reden, blieben mehr theoretischer Art, solange es, von kleineren Schwankungen abgesehen, eine expansive Entwicklung gab. Mehr zufällig abgeschlossen durch das, was wir Ölpreiskrise nennen. Es fällt in etwa zusammen mit diesem Zeitpunkt 1973, wenn man die Länder insgesamt nimmt. Jetzt stellen sich viele Fragen neu, was den Kapitalismus anbelangt. Allerdings, ob man das, was wir heute haben, noch als den gleichen Kapitalismus sieht, der mal beschrieben worden ist, das ist eher zu bezweifeln, es ist jedenfalls eine besondere Frage.

In jedem Falle sehen Sozialdemokraten vieles anders als die Sozialisten im vorigen Jahrhundert. Heute, so glaube ich zumindest, sind unsere Parteien der Meinung, der Eigentumstitel -- und nicht erst seit heute, das hat sich in den letzten

Willy Brandt:
That was the Leipzig party conference in 1931.

Bruno Kreisky:
A speech that has gone down in history: "The doctor at the bedside of capitalism." A speech that was fiercely opposed by all leftists, but which was no less accurate for that. He tried to show that industrial society, as you now say, Olof, is value-neutral. Capitalism is unable to solve the problems of industrial society, so the social democrats have to do that. As long as everything was going smoothly, the expression 'social market economy' was used for this capitalist order, and the social democratic parties were in a hurry to take refuge under this umbrella ... and say: We actually want the same thing, only better. Precisely because a de-ideologisation process took place at this time, I think what we are discussing here is vital. I also think this whole questioning of the social order is an appropriate starting point. The only debating point is how credible we remain.

... Just as it was the gnomes of Zurich that ruined the pound for Harold Wilson,[43] I say that if we let bank directors make economic policy, we can't be credible! In my view an answer now is required as people are beginning to doubt the superiority of our economic system. We have to give people a new sense of security, a progressive one, not a conservative one.

Willy Brandt:
Some of the problems we are talking about now remained largely theoretical as long as ... there was growth and expansion of the economy ... Many new questions are now being asked about capitalism. However, whether one sees what we have today as the same capitalism as previously is rather doubtful; in any case it is a singular question.

In any case, social democrats see many things differently to the socialists of the last century. Today, or so I believe, our parties are of the opinion that owning property ... no longer plays the central role that it did in

Jahrzehnten durchgesetzt -- spiele nicht mehr die zentrale Rolle, die ihm unsere sogenannten Klassiker zuwiesen. Wir haben in unseren Parteien in den zurückliegenden Jahren gesagt, wir wollten die Marktkräfte sich entfalten lassen, dort, wo sie sich vernünftigerweise entfalten könnten zum Wohle der Menschen, für die gewirtschaftet wird. Wir wollten, daß die öffentliche Hand für die Gesamtheit dort planend eingreife, wo dies erforderlich sei. Oder, wie wir in unserem Grundsatzprogramm sagten: Wettbewerb soweit wie möglich. Planung soweit wie nötig. Das war damals leichter gesagt als jetzt, da es praktiziert werden muß, in einer Zeit, in der wir wahrscheinlich für eine Reihe von Jahren nur mit geringen Wachstumsraten rechnen können. Das eine oder andere Land lebt in diesem Jahr 1975 mit einem Negativwachstum, andere werden mit plus minus Null durchkommen, auch wenn sie sich ein etwas besseres Ergebnis erhofften. Da wird nun die Frage der planenden Komponenten wichtiger, Bloß, sind wir weit genug? Wie steht es zum Beispiel mit den Instrumenten?

Bruno Kreisky:
Wir verfügen heute - so sagt man - über ein hervorragendes Instrumentarium im Unterschied zu den dreißiger Jahren. Wir registrieren früher, wir sind früher informiert, wir können früher eingreifen.

Ich erinnere noch einmal an den Streit der amerikanischen Ökonomen 1929, ob der wirtschaftliche Einbruch im Frühjahr oder erst im Herbst 1930 vorüber sein werde. Daraus entstand die erste Krise des Kapitalismus. Nur ein Bankier hat merkwürdigerweise damals gesagt: Das ist die Krise des Kapitalismus. Ich empfinde also ein begreifliches Unbehagen, wenn ich die sogenannten Fachleute höre. Immer wenn man fragt, was veranlaßt sie zu dieser negativen oder zu dieser positiven Prognose, so gibt es eigentlich für das eine wie für das andere nur sehr wenige Anhaltspunkte.

Die Menschen werden sich der Unfähigkeit dieser Gesellschaftsordnung, Probleme zu lösen, erst bewußt, wenn sie es unmittelbar am eigenen Leib spüren. Und in einer solchen Situation muß man sich rechtzeitig freimachen von dem Glauben an die in der kapitalistischen Ordnung wirkenden Kräfte. Ich behaupte: Es waren niemals die im Kapitalismus wirkenden Kräfte, die Krisen überwanden. Diesmal müßten wir meiner Meinung nach, sofern wir das erforderliche Instrumentarium haben, es auch einsetzen, müßte der entscheidende Anstoß aus der politischen Verantwortung der Sozialdemokratie kommen. Bei der letzten Weltwirtschaftskrise hatten wir nicht soviel politische Verantwortung wie heute,

those so-called 'classical times' .... In discussions in recent years we have said that we wanted to allow market forces to develop where they could reasonably develop for the benefit of the people for whom business is being conducted. We wanted the public sector to intervene in planning for the whole where it was necessary. Or, as we said in our policy progr-amme: as much competition as possible, planning as necessary. That was easier said then than it is now, when ... we can probably only expect low growth rates for a number of years. One country or another is living with negative growth in 1975, others will get by with plus or minus zero, even if they hoped for a slightly better result. The question of planning ... now becomes more important. But are we far enough along? What about the instruments, for example?

Bruno Kreisky:
It is said that today we have an excellent set of instruments at our disposal, unlike in the 1930s. We register earlier, we are informed earlier, we can intervene earlier.

I remind you once again of the argument among American economists in 1929 as to whether the economic slump would be over in the spring or not until the autumn of 1930. This gave rise to the first crisis of capitalism. Strangely enough, only one banker said at the time: "This is the crisis of capitalism." So, understandably, I feel uneasy when I hear the so-called experts. Whenever you ask what causes them to make this negative or positive prognosis, there is actually very little evidence one way or the other.

People only become aware of the inability of this social order to solve problems when they feel it first-hand. And in such a situation one must free oneself in good time from belief in the capitalist forces .... I maintain that it was never the forces at work in capitalism that overcame the crisis. This time, in my opinion, if we have the necessary instruments, we should also use them, and the decisive impetus would have to come from the Social Democrats' sense of political responsibility. During the last global economic crisis, we did not have as much political responsibility as we do today, when, one way or another, we are in government in almost all

wo wir in fast allen europäischen Staaten irgendwie in der Regierung sitzen. Wenn wir jetzt nicht den zündenden Funken auslösen, sondern warten, dann wird das sehr, sehr lange dauern, fürchte ich. Also machen wir uns zu Wortführern einer Bewegung, die sagt: Wir diskutieren nicht darüber, ob die Entwicklung so verlaufen wird wie seinerzeit, das interessiert uns nicht. Wir handeln, wir ergreifen die Maßnahmen, die uns notwendig erscheinen.

Und wir müßten jetzt eine Reihe solcher Maßnahmen finden. Dazu gehört eine überdimensionierte Verschuldung des Staates. Sie müßte kurzfristig aufgebaut sein, so daß sie nur immer für ein, für ein halbes Jahr oder für ein dreiviertel Jahr gilt. Ferner wäre eine Riesenanstrengung für die Entwicklungsländer zu unternehmen, was ja auch politisch in unser Konzept paßt. Auch das wäre wiederum nur durch eine Verschuldung des Staates möglich, jedenfalls eine verstärkte Entwicklungshilfe. Und weiter würde ich sagen: Jetzt muß eben für öffentliche Aufgaben investiert werden, wenn die Pferde nicht saufen. Jetzt werden wir in die Gesellschaft investieren. Wir haben heute die Möglichkeit, das mit ein paar Milliarden zu tun. Unternehmen muß man unbedingt etwas. Und damit beantwortet sich auch die Frage: Soll man jetzt Reformen machen? Gerade jetzt muß man Reformen machen. Es kommt nur darauf an, welche. Wenn wir jetzt die Sozialpolitik sehr ausbauen, können wir das wahrscheinlich gar nicht finanzieren. Also muß man den Mut haben und sagen, es gibt keine neue Sozialpolitik, solange wir sie nicht finanzieren können. Hingegen gibt es Reformen im Umweltbereich, gibt es Reformen in Dutzenden von Bereichen.

Willy Brandt:
Eine Randbemerkung zu dem, was du über Sozialpolitik sagst: Ich glaube, das ist richtig. Mit der einen Ergänzung: Wenn es wahr ist, daß wir, wenn auch hoffentlich nicht mit Nullwachstum über mehrere Jahre, aber doch mit geringen Zuwachsraten rechnen müssen, dann wird nicht nur der Verteilungskampf in den Gesellschaften und zwischen den ökonomischen Einheiten in der Welt allgemein noch schwieriger, sondern dann werden soziale Maßnahmen für Randgruppen wohl dringender und sogar eine zunehmende Rolle spielen, auch wenn man für das allgemeine System der sozialen Sicherheit nicht sehr viel mehr Mittel wird aufbringen können. Weil Randgruppen bisher doch nur zum Teil durch die generellen Regelungen der sozialen Sicherheit erfaßt worden sind. Aber ganz besonders wird uns das Thema Arbeitslosigkeit beschäftigen. Und das der Preissteigerungen.

European countries. If we don't ignite the spark now and instead wait, then I'm afraid it will take a very, very long time. So we are becoming spokesmen of a movement that says: 'We don't discuss whether developments will go the way they did back then, we're not interested in that. We act and take the measures that seem necessary to us.'

... We ... now have to find a series of such measures, including excessive government debt. This would have to be structured in the short-term, so that it only applies for one year, half a year or nine months. Furthermore, a huge effort would have to be made for the developing countries, which meets our objectives politically. This, too, would only be possible through the state's indebtedness, or at least through increased development aid. And I would also say: ... Now we will invest in society. Today we have the opportunity to do that with a few billion. We definitely have to do something. And this also answers the question: which reforms should be made right now? If we now greatly expand social policy, we probably won't be able to finance it at all. So we have to have the courage and say that there will be no new social policy as long as we cannot finance it. On the other hand, there are reforms in the environmental sector and there are reforms in dozens of areas.

Willy Brandt:
An aside to what you say about social policy: I think that's right. With one addition: If it is true that we must expect low growth rates, though hopefully not zero growth, for several years, then not only will the ... struggle in societies (and between economic units across the world) for a share be more difficult, but social measures for marginalised groups will probably become more urgent, even play an increasing role, though it will not be possible to raise much more money for the general social security system. But marginalised groups have only been partially covered by the general social security regulations so far. We will be particularly concerned with the issue of unemployment and that of price increases.

Olof Palme:

Fragen der Arbeitslosigkeit und Preissteigerungen werden uns die nächsten Jahre in erheblichem Umfang beschäftigen. Bei den inflationären Erscheinungen meine ich, daß ein oder zwei Prozent mehr oder weniger nicht die entscheidende Rolle spielen. Langfristig wichtiger ist die Frage der Beschäftigung. Das geht vor allem uns Sozialdemokraten an. Weil der Eindruck enstehen kann, daß Sozialdemokraten auf einen Kern ihrer Programmatik verzichten: daß die Menschen arbeiten wollen und daß die Arbeit im Mittelpunkt ihres Lebens steht. Und es wird auf die Dauer nicht helfen, ihnen zu sagen: Wenn du auch keine Arbeit hast, wirst du doch ein gutes Auskommen haben, so daß du trotzdem anständig leben kannst. Das akzeptiert der Mensch für kürzere Zeit. Das kann jedem passieren. Aber wenn ich für längere Zeit gänzlich aus dem Arbeitsprozeß ausgeschaltet bin, beeinflußt das mein Selbstvertrauen und meine Persönlichkeit, die ganze Atmosphäre in der Gesellschaft. Es gilt deshalb, durch eine vernünftige Wirtschaaftspolitik, den Menschen Arbeit zu geben. Das ist eine der Hauptaufgaben sozialdemokratischer Politik in der Krise.

Bruno Kreisky:

Darf ich dazu etwas sagen? Das Problem der Krise ist nicht nur ein wirtschaftliches. Es hat sicher auch wirtschaftliche Ursachen. Vor allem aber ist es ein psychologisches, ein politisches Problem. Die Arbeitslosigkeit ist ein so gravierender Zustand, daß er gesellschaftlich zu einer politischen Katastrophe werden kann. Ähnlich, wie wir sie erlebt haben. Die Konsequenzen sind sehr gefährlich.

Gerade weil wir Sozialdemokraten zum Problem der Arbeit eine besondere Grundeinstellung haben; gerade weil das der zentrale Wert für die Würde der Persönlichkeit und für alles andere ist; weil es richtig ist, was man in Schweden in den dreißiger Jahren gesagt hat: >>Wir sind nicht reich genug, um Arbeitslosigkeit zu tolieren<<; gerade deshalb müssen wir ein halbes oder ein Jahr vor einer möglichen Krisenentwicklung sagen, was Sozialdemokraten tun, um einer solchen Entwicklung vorzubeugen. Und da glaube ich nun, das können nicht allein die Volkswirtschaftler beantworten. Die Frage, wieviel Haushaltsdefizite sich ein Staat politisch leisten kann, ist keine wirtschaftliche, sondern eine Frage der politischen Beurteilung.

Olof Palme:

Questions of unemployment and price increases will keep us busy in the coming years. When it comes to inflation ..., I doubt that one or two percent more or less is decisive. In the long-term, the question of employment is more important. This concerns us Social Democrats in particular because the impression can arise that we are foregoing a core part of our programme: that people want to work and that work is at the centre of their lives. It won't help in the long run to tell them: even if you don't have a job, you will still be able to live decently. People accept this for a short period of time and that unemployment can happen to anybody. But if they become completely disconnected from the work process for a long time, it affects self-confidence and personality, indeed the whole atmosphere in society. It is therefore important to give people work through sensible economic policy. This is one of the main tasks of social democratic politics in the crisis.

Bruno Kreisky:

Can I say something about that? The problem of the crisis is not just economic. Certainly there are economic factors, but above all it is a psychological and a political problem. Unemployment is such a serious condition that it can become a social and political catastrophe. Similar to what we experienced [in Austria]. The consequences are very dangerous.

We Social Democrats have a special and deep-seated, underpinning attitude towards the problem of work; precisely because work is critical ... for a person's dignity ... and everything else. It is true what they said in Sweden in the 1930s: "We are not rich enough to tolerate unemployment". That's precisely why we have to say six months or a year before a possible crisis develops what Social Democrats are doing to prevent such a development. And I don't think economists alone can answer that. The question of how much budget deficit a state can ... afford is not an economic question, but rather a question of political judgment.

Ich frage mich nur eines: Wir sind bereit, uns für Zwecke der Rüstung und des Krieges gigantisch zu verschulden. Das haben die letzten Kriege auch in den neutralen Ländern gezeigt. Was sollte es für Hinderungsgründe geben, sich zur Vermeidung einer Krise ebenfalls zu verschulden? Je früher wir uns dazu entschließen, desto weniger groß wird die Verschuldung sein. Desto eher werden wir sie zu einem Teil verhindern können. Dann kommen weitere Fragen: Wofür verwendet man das Geld? Wie verwendet man es? Wie macht man es wirtschaftlich wieder nutzbar?

Willy Brandt:

Das sind in der Tat gewichtige Fragen. Auch dann, wenn man die große internationale Krise für weniger wahrscheinlich hält und eher davon ausgeht, daß die schwere Rezession in absehbarer Zeit überwunden werden kann. Es bedarf jedenfalls einer möglichst breit angelegten Perspektive sozialdemokratischer Politik.

Wir deutschen Sozialdemokraten stehen seit zwei Jahren in einer vorbereitenden Diskussion über die mittelfristige Orientierung unserer Politik. Beim >Orientierungsrahmen '85< gehen alle wesentlichen Gruppierungen in der Partei von der Überzeugung aus, daß öffentliche Verantwortung in dem vor uns liegenden Jahrzehnt ohne jeden Zweifel sehr viel größer geschrieben werden muß. Die Diskussion ist anspruchsvoll, wenn auch die praktischen Empfehlungen, die gegeben werden, nur zum Teil überzeugen. Zu einem erheblichen Teil geht es, auch bei den Gewerkschaften, um die Zweckmäßigkeit und Praktikabilität von alten und neuen Instrumenten der Wirtschaftspolitik. Also auch darum, ob und wie Investitionen durch direkte bzw. indirekte Lenkung und Kontrolle beeinflußt werden sollen. Die damit verbundenen Schwierigkeiten sind nicht so neu, wie mancher glaubt. Auch bei uns ist schon in der Vergangenheit in vielfältiger Weise in die Wirtschaftsstrukturen eingegriffen worden. Die Frage ist, ob die vorhandenen Instrumente ausreichen. Was wir jedenfalls nicht brauchen können, ist eine fortlaufende Sozialisierung von Verlusten bei unverminderter Privatisierung der Gewinne. Wie gesagt, die Notwendigkeit der wachsenden öffentlichen Verantwortung für einen sinnvollen wirtschaftlichen Strukturwandel ist über die ganz aktuellen Probleme hinaus ein zentrales Thema geworden, mit dem wir uns zunehmend befassen.

Ich möchte noch einige Bemerkungen machen über die Beziehungen zwischen allgemeiner Politik und Wirtschaftspolitik.

I just ask myself ...: As we are prepared to go into gigantic debt for the purposes of armaments and war (even in neutral countries as the last wars have also shown), what ... obstacles prevent us going into debt to avoid a crisis? The sooner we decide to do this, the less debt there will be. ... Then come more questions: What to use the money for? How to use it? How to make it economically viable again?

Willy Brandt:
These are indeed important questions, even if one considers a major international crisis to be less likely and assumes rather that the severe recession can be overcome in the foreseeable future. In any case, there is a need for the broadest possible perspective on social democratic politics.

We German Social Democrats have been in initial discussions about the medium-term orientation of our politics for two years. In the '85 Orientation Framework', all major groups in the party are convinced that public responsibility must undoubtedly be given much greater priority in the decade ahead. The discussion is demanding, even if the practical recommendations ... are only partially credible. It is largely about the appropriateness and practicability of old and new economic policy instruments, including the trade unions. It also concerns whether and how investments should be influenced through direct or indirect guidance and control. The difficulties involved are not as new as some believe. Our economic structures have also been amended in a variety of ways in the past. The question is whether the existing instruments are sufficient. In any case, what we don't need is the continued socialisation of losses while the privatisation of profits continues unabated. As I said, the need for increasing public responsibility for meaningful economic structural change has become, beyond the ... current problems, a central issue with which we are increasingly concerned.

I would like to make a few comments about the relationship between general politics and economic policy.

Erstens: Bruno hat eben die Rüstungspolitik angetippt. Ich meine, wir müssen alles tun, um die Rüstungen so weit unter Kontrolle zu halten, daß es nicht zu einer Katastrophe kommt. Aber wir Sozialdemokraten müssen die Frage der Rüstungsminderung auch als eine Frage der vernünftigen Verwendung von Ressourcen sehen und ins öffentliche Bewußtsein rücken.

Zweitens: Wir müssen uns aktiver einschalten in das Verhältnis von Rohstoffproduzenten und Rohstoffverbrauchern. Auch, weil unsere inländische Entwicklung in hohem Maße von den neuen Relationen zwischen Rohstoffpreisen und Preisen von Industrigütern abhängt.

Drittens: Bei all unseren Überlegungen dürfen wir die Sowjetunion und Osteuropa nicht übersehen. Bei den Rohstoffen, glaube ich, liegt es auf der Hand, aber es gilt auch für andere Fragen des Welthandels. Ich bin in diesem Zusammenhang dafür - ohne Verwischung sonstiger Unterschiede -, die sogenannten sozialistischen Länder für mehr Zusammenarbeit zu gewinnen. Ich glaube, das liegt in ihrem wohlverstandenen Interesse, aber auch in unserem. Wir dürfen jedenfalls nicht so tun, als ob diese Länder, vor allem die Sowjetunion, nicht bereits ein Faktor in der internationalen Ökonomie wären.

Bruno Kreisky:
Zur Zusammenarbeit Ost/West: Beginnen wir beim Energieproblem. Der europäische Osten ist heute bereits der größte europäische Energielieferant für den europäischen Westen. Gas aus der Sowjetunion, Kohle aus Polen. Laßt uns das einmal ganz systematisch angehen und uns ein europäisches Verbundnetz schaffen, woran wir zum Beispiel mit den Polen arbeiten und ihr in der Bundesrepublik auch. Wenn wir das erreichen, haben wir innerhalb von zwei Jahren eine Integrationsaufgabe erfüllt, die nicht so zufällig ist wie der Warenverkehr zwischen dem Osten und dem Westen.

Und von da aus sehe ich dann einen zweiten Weg: Die Sowjetunion möchte genau so wenig wie wir diese hohen Rüstungsausgaben tragen. Sie will zweitens aber auch nicht allein ihre gesamte Entwicklungsarbeit finanzieren. Hier könnte man ebenfalls ganz konkrete Vorschläge machen, von denen ich weiß, daß sie manche der zum Ostblock gehörenden Staaten sofort aufgreifen würde: Polen, Bulgarien, Rumänien. Das halte ich für durchaus möglich und auch für realisierbar innerhalb kurzer Zeit.

First: Bruno just touched on arms policy. I think we must do everything we can to keep armaments under control so that a catastrophe does not occur. But we Social Democrats must also see the issue of arms reduction as about the sensible use of resources and raise public awareness to that end.

Second: We must become more actively involved in the relationship between raw material producers and raw material consumers. Not least because our domestic development depends largely on the new relationships between raw material prices and prices of industrial goods.

Third: In all our considerations we must not overlook the Soviet Union and Eastern Europe. When it comes to raw materials this is obvious, but it also applies to other issues of world trade. In this context, I am in favour - without blurring other differences - of convincing the so-called socialist countries to work together more. I believe this is in their best interests, but also in our's. In any case, we must not act as if these countries, especially the Soviet Union, were not already a factor in the international economy.

Bruno Kreisky:
On East/West co-operation: Let's start with the energy problem. The European East is already the largest ... energy supplier to the European West: gas from the Soviet Union, coal from Poland. Let's approach this very systematically and create a European network, one we are working on, ... If we achieve this, we will have completed an integration task within two years that is not as random as the movement of goods between East and West.

And from there I see a second path: the Soviet Union doesn't want to bear its high level of military spending any more than we do our's. Secondly, it does not want to finance all of its development work alone. One could ... make very specific suggestions here, which I know would be taken up immediately by many of the states belonging to the Eastern Bloc: Poland, Bulgaria, Romania. I think that is entirely possible and can be achieved within a short period of time.

Willy Brandt:

Fußnote: Wir sind dabei, mit der Sowjetunion auch auf dem Gebiet der Kernenergie ein größeres Projekt in Gang zu setzten. Mich beschäftigt seit vielen Jahren die Perspektive eines gesamteuropäischen Stromverbunds. Die Ost/West-Achse ist eine Komponente. Etwas anderes sollte uns darüber hinaus beschäftigen: Ich meine nicht nur die Beziehungen zwischen Rohstoffproduzenten und Rohstoffverbrauchern, sondern auch das Verhältnis von diesen zu den Habenichtsen, also den Entwicklungsländern, die nicht einmal über Rohstoffe verfügen.

Olof Palme:

Die rohstoffproduzierenden Länder wissen, daß sie ihren Lebensstandard nur durch Industrialisierung heben können. Und diese industrielle Entwicklung wollen sie durch eine Zusammenarbeit mit dem Westen erreichen. Die Bedingungen sind durch die angehobenen Rohstoffpreise sehr verbessert worden. Ich kenn überhaupt kein Argument, warum wir nicht kräftig bei diesen Bestrebungen mitwirken sollten. Denn es ist ja für den Frieden nur förderlich, wenn diese Staaten etwas erreichen. Und ebenso ist es für die Stabilität unserer Wirtschaft von Vorteil. Mit den anderen Rohstoffproduzenten geht es um die Grundfrage: Sind wir bereit zu einer Politik der Kooperation, oder wollen wir eine Politik der Konfrontation? Ich habe an verschiedenen Konferenzen teilgenommen, auf denen man gegen die rohstoffproduzierenden Länder moralisierte, was mir immer zwecklos erscheint. Man muß doch aus diesem ganzen Konfrontationsdenken herauskommen. Und das ist ja nicht so einfach. Denn es stellt auch Anforderungen an die reichen Länder, zum Beispiel: Wie stehen wir zu den Forderungen nach einer neuen Weltwirtschaftsordnung, die auf der außerordentlichen Vollversammlung der Vereinten Nationen im September 1975 als Hauptfrage zur Diskussion steht? Es ist so leicht zu sagen, dies entspricht nicht unserem Interesse, und jenes entspricht nicht unserem Interesse. Man muß die Gesamtkonzeption sehen. Und obwohl unsere Untersuchungen noch nicht abgeschlossen sind, habe ich den Eindruck, daß das allermeiste von den Vorschlägen der 77 Staaten durchaus akzeptiert werden kann.

Willy Brandt:

Du meinst jetzt auch die UN-Charta über die ökonomischen Rechte und Pflichten. Davon war bei meinen Besuchen in Mexiko und Caracas viel die Rede.

Willy Brandt:

Footnote: We are in the process of setting up a larger project with the Soviet Union in the field of nuclear energy. The prospect of a pan-European electricity network has concerned me for many years. The East/West axis is one component. Something else should also concern us: I don't just mean the relationships between raw material producers and raw material consumers, but also the relationship between these and the have-nots, i.e., the developing countries that don't even have raw materials.

Olof Palme:

The countries that produce raw materials know that they can only raise their living standards through industrialisation. And they want to achieve this industrial development through co-operation with the West. The conditions have improved greatly due to increased raw material prices. I don't know of any argument at all why we shouldn't be actively involved in these efforts. ... It is only conducive to peace if these states achieve something. And it is also beneficial for the stability of our economy. With the other raw material producers, the basic question is: are we ready for a policy of co-operation, or do we want a policy of confrontation? I have attended various conferences where people moralised against the resource-producing countries, which always seems pointless to me. One has to get out of this whole confrontational mindset. And that's not that easy. It also places demands on the rich countries, for example: how do we respond to the demands for a new world economic order, which was the main question discussed at the extraordinary general assembly of the United Nations in September 1975? It is so easy to say this is not in our interests and that is not in our interests. You have to see the overall picture. And although our investigations have not yet been completed, I have the impression that the vast majority of the 77 states' proposals can certainly be accepted.

Willy Brandt:

Now you also mean the UN Charter on Economic Rights and Duties. There was a lot of talk about this during my visits to Mexico and Caracas.

Olof Palme:

Ja, wir waren fast das einzige Industrieland, das der Charta über die ökonomischen Rechte und Pflichten zugestimmt hat, außer der Resolution, wie man die Entschädigung bei Vergesellschaftungen festsetzten soll. Eine Durchführung dieser Politik verlangt von den reichen Industrieländern gewiß auch Opfer und bewirkt eine Machtverschiebung in der internationalen Gesellschaft zugunsten der Dritten Welt. Ein entscheidendes Problem stellen die Länder dar, die nichts haben. Für diese Länder wird die Entwicklungshilfe auch weiterhin eine große Rolle spielen, obwohl sie in finanzieller Hinsicht zur Zeit leider stark zurückgeht. Zusammenfassend: Ich bin für einen Ost/West-Handel im Klima der Entspannung, für eine Haltung der Kooperation und der Solidarität gegenüber den Rohstoff-produzenten der Dritten Welt, für Hilfe für die Allerschwächsten. Das sollte sozialdemokratische Politik beinhalten. Und wichtig ist natürlich auch eine grundsätzliche politische Stellungnahme zu den Befreiungsbewegungen und zu Fragen der nationalen Unabhängigkeit. Es ist doch selbstverständlich, daß die Befreiungsbewegungen echte, also auch wirtschaftliche Unabhängigkeit anstreben. Sie wollen nicht, daß ihre Rohstoffvorkommen und ihre Industrien von ausländischen Interessentengruppen ausgebeutet werden. Hier wird von einer konsequenten sozialdemokratischen Poltik Solidarität gefordert.

Willy Brandt:

Ich habe Verständnis für die Grundhaltung, die von den rohstoffproduzierenden Ländern heute eingenommen wird, wenn auch einiges noch etwas schematisch ist und anderes mit Illusionen verbunden sein mag. Und ich bin dafür, um das ganz deutlich zu sagen, daß sich die Industrieländer zu einer neuen Haltung durch-ringen.

Ich komme zu einer etwas anderen Beurteilung bei der Entwicklungshilfe. Wahr ist, daß leider die finanziellen Hilfen insgesamt zurückzugehen scheinen, aber dies geschieht in einer Zeit, in der neue Modelle möglich sind. Wir sehen, daß wir in einer Reihe von Ländern technische Hilfe beträchtlich ausbauen können, ohne daß uns dies zusätzliche Mittel abverlangt. Das gilt für jene Länder, die neuerdings viel Geld haben, denen aber das Know-how fehlt. Darüber hinaus gibt es schwache Ansätze für Dreieckskooperationen, die eine ganz neue Dimension eröffnen können: nämlich die Koppelung des technischen Know-how eines Industrielandes mit den Mitteln eines öl- oder rohstoffproduzierenden Landes zugunsten eines dritten, das gar keine Rohstoffbasis hat.

Olof Palme:

Yes, we were almost the only industrialised country that approved the Charter on Economic Rights and Responsibilities, except for the resolution on how to determine compensation for socialisation. Implementing this policy will certainly require sacrifices from the rich industrialised countries and will result in a shift in international power in favour of the Third World. A crucial problem is the countries that have nothing. Development aid will continue to play a major role for these countries, although unfortunately it is currently declining sharply in financial terms. In summary: I am for East/West trade in a climate of detente, for a stance of co-operation and solidarity towards the raw material producers of the Third World, and for help to the very weakest. That should include social democratic politics. And of course it is also important to take a fundamental political stance on the liberation movements and on questions of national independence. It goes without saying that the liberation movements strive for real independence, including economically. They do not want their raw material deposits and their industries to be exploited by foreign interest groups. Solidarity is required here from a consistent social democratic policy.

Willy Brandt:

I understand the basic attitude taken by the raw material producing countries today, even if some ... are still somewhat tentative and others are fuelled by illusions. And to make it very clear, I am in favour of the industrialised countries coming to a new position.

I come to a slightly different assessment of development aid. Unfortunately, it is true that overall financial aid appears to be declining, but this is ... at a time when new approaches are possible. We ... can significantly increase technical assistance in a number of countries without ... additional resources. This applies to those countries that ... have a lot of money but lack ... know-how. In addition, there are ... approaches to triangular co-operation that can open up a whole new dimension: namely the coupling of the technical know-how of an industrial country with the resources of an oil or raw material producing country for the benefit of another third country that has no raw material base at all.

Wir haben dies kürzlich zum Beispiel mit unseren Freunden in Venezuela erörtert, im übrigen auch mit dem einen oder anderen arabischen Staat. Ich glaube, das ist eine Linie, die man weiterverfolgen sollte, wenn man trotz finanziell begrenzter Mittel mehr erreichen will, als bisher erreicht werden konnte.

Ganz dringend brauchen wir weiterhin ein überzeugendes Konzept, um den Hunger in der Welt zu bekämpfen, wenn nicht Millionen von Menschen in den nächsten Jahren einfach zugrunde gehen sollen. Das ist zum einen unsere selbstverständliche mitmenschliche Pflicht. Zum anderen kann ich mir schwer vorstellen, wie unsere eigenen Gesellschaften und die nachwachsende junge Generation heil durchkommen sollen, konfrontiert mit vielen Millionen hungernder Menschen in anderen Teilen der Welt. Wir dürfen es uns nicht erlauben, mit noch so guten humanitären Bemühungen kurzfristig unser Gewissen zu beruhigen. Wir müssen weit über das hinausgelangen, was in Rom auf der Welternährungskonferenz beschlossen worden ist.

Bruno Kreisky:
Ich komme zu folgendem Schluß: Die jetzige Entwicklungshilfepolitik, und so soll man sie nennen, denn so war sie gedacht, ist eigentlich gescheitert. Sie hat nicht das gebracht, was man vor ungefähr zehn bis fünfzehn Jahren erwartete. Trotz Aufbietung relativ großer Mittel. Zum zweiten gibt es die positive Entwicklung gegenüber den ölproduzierenden Staaten, die sich selber finanzieren können und die auch entschlossen sind, den anderen zu helfen, aber nur für eine gewisse Zeit. Man sollte sich da keinen Illusionen hingeben. Diese Länder werden in dem Maße, in dem sie industrialisiert werden, anders denken.

Ich unterstreiche das, was Willy gesagt hat. Diese neuen Modelle der Dreieckskooperation, die halte ich für ausbaufähig.

Das zweite, was mir wichtig erschiene, wäre ein europäischer Plan, der durch einen großen Fonds gespeist wird, der ausschließlich gewissen infrastrukturellen Zielen dient.

Ich kann mir vorstellen, daß die Bewässerung und Elektrifizierung Afrikas ein für die europäische Wirtschaft hochinteressantes Vorhaben ist, das sich auch finanzieren läßt. Es muß allerdings dafür ein Teil Konsumverzicht geleistet werden, über eine Art von internationaler Staatsverschuldung. Das könnte man in ein, zwei Jahren in Gang setzen, unter Umständen sogar zusammen mit dem

We recently discussed this with our friends in Venezuela, for example, and also with one or two Arab states. I believe that this line should be pursued if one wants to achieve more than has been managed so far despite limited financial resources.

We still urgently need a convincing method of combatting hunger in the world if millions of people are not to ... perish in the next few years. On the one hand, this is our natural duty as human beings. On the other hand, I find it difficult to imagine how our own societies and the younger generations ... can come through unscathed when confronted with millions of starving people in other parts of the world. We must not allow ourselves to become complacent in the short-term ... no matter how good our humanitarian efforts are. We must go far beyond what was decided in Rome at the World Food Conference.[44]

Bruno Kreisky:
I come to the following conclusion: The current development aid policy, and that's what we should call it because that's how it was intended, has actually failed. It hasn't delivered what was expected about ten to fifteen years ago. Failed, despite the deployment of relatively generous resources. Secondly, there is the positive development towards the oil-producing countries, which can finance themselves and which are also determined to help others, but only for a certain time. You shouldn't have any illusions about it. These countries will think differently as they become industrialised.

I would underline what Willy said. I think these new models of triangular co-operation can be expanded.

The second thing that would seem important to me would be a European plan supported by a large fund dedicated exclusively to clear infrastructure objectives.

I could imagine ... the irrigation and electrification of Africa is a highly relevant project for the European economy and can also be financed. To achieve this, however, some consumption must be sacrificed, through a kind of international national debt. This could be set in motion in a year

europäischen Osten. Bewässerungsprobleme, Staudämme, Stromtransport, das bewältigt man doch mindestens so gut wie wir, manchmal sogar viel besser. Bei all diesen Dingen glaube ich immer wieder, daß Postulate der Sozialdemokratie zum Gegenstand der praktischen Politik gemacht werden können.

Olof Palme:
Nur müßte dazu eine ähnliche Zusammenarbeit auf der afrikanischen Seite erfolgen. Das ist nicht so einfach.

Bruno Kreisky:
Richtig. Wie wäre es, wenn wir uns entschließen könnten, diese Zusammenarbeit, die wir im politischen Bereich haben, auf den staatlichen auszudehnen? Das wirkt jetzt sehr kühn. Wenn man meint, es gehe so nicht durch, entschließen wir uns, ein deutsch-schwedisch-österreichisches Gemeinschaftprojekt zu machen, etwa im Bereich der Bewässerung oder des Kraftwerkbaus. Praktisch denke ich mir das so: Die drei Staaten zahlen in einen entsprechenden Fonds ein Prozent ihres Brutto-sozialprodukts ein, und damit werden dann solche Projekte finanziert. Stellen wir also fest, daß eine Milliarde Mark benötigt wird, teilen wir diese Summe unter uns auf. Das ist ein Stück Planwirtschaft, zugegeben. Aber ich kann mir gerade heute nicht vorstellen, daß die großen Elektrokonzerne darauf verzichten würden, hier mitzuwirken. Sie arbeiten doch heute schon eng zusammen. Man könnte jedenfalls damit einen Testfall schaffen. Und dann weitere Länder auffordern. Nun noch rasch eine Bemerkung zum Ölpreis. Die größte politische Lüge, die gegenwärtig im Schwange ist, ist die vom Ölpreis. Es ist falsch, immer wieder die Ölländer dafür verantwortlich zu machen, denn gemessen an der Bedeutung dieses Rohstoffes ist der Ölpreis in Wirklichkeit gar nicht hoch. Das behaupte ich immer wieder.

Willy Brandt:
Daran ist viel Richtiges. Abrupte Erhöhungen bleiben trotzdem ein Übel. Man muß zu neuen Regelungen kommen, die die Interessen beider Seiten berücksichtigen. Sonst werden immer neue wirtschaftsstrukturelle Schwierig-keiten produziert. Brunos Vorschlag ist interessant. Wir sollten ihn prüfen lassen. Allerdings kann man, was die Bundesrepublik angeht, die Assoziationsregelungen zwischen den afrikanischen Staaten und der Europäischen Gemeinschaft nicht außer Betracht lassen.

248

or two, possibly even in conjunction with Eastern Europe. Irrigation problems, dams, electricity transmission, they deal with them at least as well as we do, sometimes even much better. In all of these things, I always believe that the claims of social democracy can be made the subject of practical politics.

Olof Palme:
However, similar co-operation would have to take place on the African side. That's not that easy.

Bruno Kreisky:
Correct. What if we could decide to extend this co-operation that we have in the political sphere to the governmental ...? Now that seems very bold. If you think it won't work, we decide to do a German-Swedish-Austrian joint project, for example in the area of irrigation or power plant constr-uction. In practical terms, I think of it like this: The three states pay one percent of their gross national product into a corresponding fund, and this is then used to finance such projects. So if we determine that a billion marks are needed, we will divide this sum between us. Admittedly, this is a bit of a planned economy. But I can't imagine ... the big electrical comp-anies would forego being involved ..., especially today. They already work closely together ... and in any case, you could create a test case with it, and then ask other countries to join in. Now a quick comment about the price of oil: the biggest political lie currently circulating is the price of oil. It is wrong to keep blaming the oil countries for this because, compared to the importance of this raw material, the price of oil is actually not high at all. I keep saying that.

Willy Brandt:
There's a lot that's right about that. Abrupt increases still remain an evil. We have to come up with new regulations that take the interests of both sides into account. Otherwise, new economic structural difficulties will continue to be created. Bruno's suggestion is interesting. We should have it checked. However, as far as the Federal Republic is concerned, one cannot ignore the Association regulations between the African states and the European Community.

Olof Palme:

Wir haben bisher auf recht bescheidenem Niveau gearbeitet. Die ganz großen Projekte haben andere gemacht, wie zum Beispiel Assuan oder Cabora Bassa. Aber an und für sich erscheint mir der Vorschlag sehr interessant.

Willy Brandt:

Wir sollten nicht auseinandergehen, ohne unsere Meinungen dazu festzuhalten, wie die Kooperation zwischen Sozialdemokraten und in etwa gleichgerichteten Kräften in verschiedenen Teilen der Welt verbessert werden kann. Unsere Internationale ist dazu nur sehr bedingt in der Lage. Wir brauchen keine schematische, sondern eine elastische Zusammenarbeit mit Kräften in anderen Teilen der Welt, die natürlich ihre eigenen Voraussetzungen haben, aber mit denen es Berührungspunkte gibt. Die europäischen Sozialdemokraten insgesamt und vor allem die starken Parteien müssen dies in einer praktischeren Form angehen. Zum Teil geschieht das ja auch schon bilateral.

Also nehmen wir einmal das Beispiel Zentralamerika. Da gibt es mehrere Länder mit Parteien, die dem sehr nahekommen, was wir demokratischen Sozialismus nennen. Aber sie passen nicht in so einen starren, ja stark traditionsbestimmten Rahmen wie die Internationale. Also müßte man eine Form finden, um zwischen unseren Parteien und einer Gruppierung von Parteien dort zu einem Meinungs-austausch zu kommen. Man könnte und müßte über grundsätzliche Fragen, aber auch über ganz praktische Themen reden. Die Doktrin der Internationale erschwert zum Beispiel den Kontakt mit den Parteien vieler Länder - wie etwa Schwarzafrikas -, weil ihre insoweit richtigen Grundsätze nicht mit dem Phänomen der Monopolparteien zu vereinbaren sind.

Bruno Kreisky:

Marokko hat viele Parteien.

Willy Brandt:

Aber es gibt zahlreiche andere Länder mit Einparteiensystem. Und nun existieren dort oft Gliederungen innerhalb ein und derselben Partei, von denen man sagen kann, sie könnten woanders auch in unterschiedlichen Parteien organisiert sein. Warum also nicht befreundete Kräfte, sozialistisch sich empfindende und tatsächlich so eingestellte Parteien oder Parteigruppierungen in Afrika dazu bringen, daß sie allein oder in einer Gruppierung mit den sozialdemokratischen und sozialistischen Parteien in Europa nicht nur ad hoc, sondern mit einer

Olof Palme:

So far we have worked at a fairly modest level. Others did the really big projects, such as Aswan or Cabora Bassa dams.[45] But in and of itself the suggestion seems very interesting to me.

Willy Brandt:

We should not end this discussion without stating our views on how to improve co-operation between social democrats and similar movements elsewhere in the world. Our international team is only able to do this to a very limited extent. We ... need ... an elastic co-operation with like-minded groups in other parts of the world. They, of course, will have their own requirements but ... there are points of contact. The European social democrats as a whole, and especially the stronger parties, need to address this in a more practical form. In some cases this is already happening bilaterally.

So let's take Central America as an example. There are several countries with parties that come very close to what we call democratic socialism. But they do not fit into such a rigid, even strongly traditional, framework as the [Socialist] International. So we would have to find a way to exchange opinions between our parties and a group of parties there. One could and should talk about fundamental questions, but also about very practical topics. The International's doctrine, for example, makes contact with the parties of many countries, such as sub-Saharan Africa, more difficult because its ... principles are not compatible with the phenomenon of single party systems.

Bruno Kreisky:

Morocco has many parties.

Willy Brandt:

But there are numerous other countries with a one-party system. Yet there are often divisions within one ... party that could ... be organised into different parties elsewhere. So why not encourage friendly parties or party groups in Africa that feel socialist and actually have that attitude, to work alone or in a group with the social democratic and socialist parties in Europe, not just on an ad hoc basis, but with a certain regularity? The same applies to the Arab world. We should initiate an exchange of

gewissen Regelmäßigkeit zusammenarbeiten? Ähnliches gilt für die arabische Welt. Man sollte einen Informationsaustausch einleiten, eine Zusammenarbeit in lockerer Form.

Bruno Kreisky:
Man muß sich in die Lage unserer arabischen Freunde versetzen. Für sie gibt es auf der einem Seite die Kommunisten, auf der anderen die Amerikaner. Wenn wir als Europäer, das heißt als europäische Sozialdemokraten, ihnen Kooperation anbieten, werden sie diese Chance nicht ausschlagen. Das ist meine feste Überzeugung. Denn ist ja für sie wichtig, auch für ihre politische Entwicklung. Das wäre eine wirkliche Aufgabe, die die Konservativen gar nicht übernehmen könnten.

Olof Palme:
Grundsätzlich müssen wir aber bei all diesen Parteien berücksichtigen, daß unsere Politik auch ihre nationalen Forderungen einbezieht. Das gilt nicht nur für die arabischen Staaten, sondern für die Dritte Welt insgesamt. Wenn wir solche Kontakte haben wollen, müssen wir Befreiungsbewegungen unterstützen können. Wir müssen akzeptieren, daß sie ihre nationale Unabhängigkeit anstreben. Wir müssen ebenso akzeptieren, daß sie die ökonomische Macht in ihren eigenen Ländern übernehmen und international eine größere Rolle spielen wollen.

Willy Brandt:
Ich möchte zu bedenken geben, daß wir unsere internationale Arbeit um eine wesentliche Komponente erweitern sollten. Wir haben die Sozialistische Internationale, deren vermittelnde und anregende Aktivitäten zweifellos verbessert werden könnten. Dabei haben sich die Konferenzen der Parteivorsitzenden recht gut bewährt. Wir haben die besonderen Formen unserer westeuropäischen Zusammenarbeit, die nicht auf die Länder der Gemeinschaft beschränkt bleiben sollte und erheblich angereichert werden muß, wenn sie dem heutigen Einfluß unserer Parteien in den einzelnen Ländern einigermaßen entsprechen soll.

Was wir aber zusätzlich brauchen, ist so etwas wie ein internationales Kontaktbüro, das auf unserer Seite, auch um Kosten zu sparen, personell mit der Internationale verbunden sein könnte. Dieses Kontaktbüro sollte den Informationsaustausch und die Zusammenkünfte mit solchen Parteien und Gruppierungen organisieren, über die wir eben gesprochen haben. Dazu gehören natürlich auch Gruppierungen in Asien und nicht zuletzt in den Vereinigten

information and co-operation in a relaxed form.

Bruno Kreisky:

You have to put yourself in the shoes of our Arab friends. For them there are the communists on one side and the Americans on the other. If we as Europeans, that is as European Social Democrats, offer them co-operation, they will not turn down this opportunity. That is my firm belief. ... It is important for them and for their political development. That would be a real task that the conservatives could not take on.

Olof Palme:

In principle, however, we must recognise and accept that, for all these parties, our policies also take into account their national demands. This applies not only to the Arab states, but to the Third World as a whole. If we want to have such contacts, we must be able to support liberation movements. We must accept that they seek national independence. We must also accept that they want to take over economic power in their own countries and play a larger role internationally.

Willy Brandt:

I would like to point out that we should add an essential component to our international work. We have the Socialist International, whose mediating and stimulating activities could undoubtedly be improved. The conferences of the party leaders have proven to be quite successful. We have special forums of our Western European co-operation, which should not be limited to the countries of the Community and must be significantly enriched if it is to correspond to the current influence of our parties in the individual countries.

But what we also need is something like an international contact office, which ... could be staffed alongside the International ... to save costs. This contact office should organise the exchange of information and meetings with the parties and groups that we have just discussed. Of course, this also includes groups in Asia and ... in the United States, namely those that are close to us and yet do not easily fit into a framework shaped by the

Staaten, und zwar solche, die uns nahstehen und die doch in einen durch die europäischen Sozialdemokraten geprägten Rahmen nicht leicht hineinpassen. Wir müssen flexibel genug sein, um den Meinungsaustausch mit diesen Kräften so zu führen, daß die Unterschiede von Programmaussage und politischer Struktur nicht verwischt werden und doch Felder gemeinsamen Handelns abgesteckt werden können - eine Aufgabe aller europäischen Sozialdemokraten.

European Social Democrats. We must be flexible enough to exchange views with these groups in such a way that the differences in programme statement and political structure are not blurred but areas for joint action can still be defined - a task for all European Social Democrats.

NOTES

[1] Willy Brandt (1913-1992) He was Mayor of Berlin from 1957, chairman of the West German Social Democratic Party (SPD) from 1964 to 1987, and Chancellor of West Germany from 1969 until he resigned in 1974. He had won the Nobel Peace Prize in 1971. He was president of the Socialist International from 1976 and chaired the North-South Commission. Biography | Bundeskanzler Willy Brandt Stiftung (willy-brandt.de) - accessed 28 December 2021

Bruno Kreisky (1911-1990) Leader of the Austrian Social Democratic Party and Chancellor of Austria 1970-1983. Bruno Kreisky - Bruno Kreisky Forum for International Dialogue (kreisky-forum.org) - accessed 28 December 2021

Olof Palme (1927-1986) Leader of the Swedish Social Democratic Party 1969-1986 and Prime Minister of Sweden 1969-1976 and 1982-1986 when he was assassinated. Olof Palme International Center » About Olof Palme (palmecenter.se) - accessed 28 December 2021

[2] According to GHDI - Document (ghi-dc.org) - accessed 28 December 2021:
'The Godesberg Programme of November 1959 represented a fundamental change of course from the "party of the working class to a party of the people" – the SPD no longer stood for socialism of the Marxist variety. Private property and free market principles were acknowledged, and the role of the state was limited to general tasks involving planning and guidance. The program was rounded out by the affirmation of the importance of national defence and socio-political demands, such as co-determination in the workplace, equality for women and improved educational opportunities.'

[3] Willi Eichler (1896-1971) was a journalist and SPD politician.

[4] Max Adler (1873-1937) was an Austrian politician and social philosopher.

[5] Edouard Herriot (1872-1957) was a Radical politician, Prime Minister of France on three occasions and President of the National Assembly from 1947-1954.

[6] First published as a special edition of *The Ecologist* in January 1972, it was later published in book form as a Penguin Special and went on to sell over 750,000 copies.

[7] This pre-figures by about 40 years the Beyond GDP agenda promoted by Joseph Siglitz, the OECD and others. See https://www.economics.utoronto.ca/gindart/ 2018-12-03%20-%20Beyond%20GDP.pdf - accessed 6 August 2024.
The Wellbeing Economy Alliance, was established in 2018 to consider the societal and environmental implications of economics, not just growth in GDP. See https://weall.org/about-weall - accessed 6 August 2024.

[8] Dom Helder Camara (1909-1999), a Brazilian bishop often in conflict with the military rulers of Brazil from 1964 and an early advocate of liberation theology.

[9] Kurt Schumacher (1895-1952) revived the SPD after World War II, becoming its chairman from 1949 and then leader of the SPD opposition in the Bundestag.

[10] See, for example, Joe Brydon, '1974 - A World in Flux', Gretton Books, 2020, p77

[11] Ostpolitik was Brandt's policy of peaceful co-existence between East and West. See, for example, https://www.willy-brandt-biography.com/politics/ostpolitik/ - accessed 7 August 2024

[12] Walter Scheel (1919-2016) was Chairman of the Free Democratic Party (FDP), Brandt's Deputy Chancellor and Foreign Minister, all 1968-1974. He was subsequently President of West Germany 1974-1979.

[13] According to https://dbpedia.org/, Gerhard Weisser (1898-1989) 'was a social scientist, university teacher, Social Democrat and expert policy adviser. He [helped] relaunch the political centre-left in West Germany [through the Godesberg Programme in 1959].'

[14] Eduard Bernstein (1850-1932), Karl Kautsky (1854-1938) and August Bebel (1840-1913) were all political theorists closely associated with Marx and Marxism, though Bernstein's was of the revisionist variety and in the early 20th century he was at odds with Kautsky and Bebel.

[15] Ignaz Auer (1846-1907) was a Bavarian member of the Socialist Workers Party who received an obituary ('Ignaz Auer, the Socialist, Dead') in the *New York Times* in April 1907

[16] Auguste Blanqui (1805-1881) was a revolutionary French socialist who spent more than 33 years in prison. Significant at the time of the Paris commune in 1870, he believed (as did his followers the Blanquists) that only a small group could seize power. See Auguste Blanqui | French socialist | Britannica - accessed 15 December 2022

[17] Or 'the great crashing mess' as Auguste Bebel called the failure of revolution in Germany. Generally, 'a great noise'.

[18] The Club of Rome, a multidisciplinary group formed to address the major crises facing mankind and the planet, published a landmark report 'The Limits to Growth' in March 1972. This report was 'the first to model our planet's interconnected systems and to make clear that if growth trends in population, industrialisation, resource use and pollution continued unchanged, we would reach and then overshoot the carrying capacity of the Earth at some point in the next one hundred years'. The report's predictions were re-examined fifty years on in 2022. See https://www.clubofrome.org/ltg50/ - accessed 8 August 2024

[19] The impact of this conference was recalled fifty years on at Beekeepers and communists: how environmentalists started a global conversation | Climate crisis | The Guardian - accessed 20 December 2022

[20] Oskar Pollak (1893-1963) died of a heart attack aged 70. *Arbeiterzeitung*, the newspaper of which he was chief editor, was closely linked to the Austrian Socialist Party. His wife Marianne, a well-known Socialist and member of the Austrian Parliament, committed suicide the day after his death according to Obituaries - Jewish Telegraphic Agency (jta.org)- accessed 4 January 2023

[21] Lucien Goldmann (1913-1970) was a French philosopher and Marxist theorist. André Gorz (1923-2007) was an Austrian/French philosopher and journalist, co-founding *Le Nouvel Observateur* in 1964.

[22] One of the most diverse, multi-cultural districts in Vienna.

[23] This is similar to arguments of Joseph Stiglitz and other economists that we should be thinking *beyond GDP* and take the well-being of people and the planet into account as well.

[24] See p69 above

[25] A former Prime Minister of Sweden and Social Democrat (1901-1985).

[26] One example of which is described as 'retail therapy' today.

[27] Erhard Eppler (1926-2019) was a member of the SDP and in the Bundestag from 1961 to 1976, serving in both Kiesinger and Brandt governments as Federal Minister of Economic Co-operation 1968-1974.

[28] The UK had joined the European Community six months before at the start of 1973 (along with Ireland and Denmark). Ted Heath's Conservative government was still in power and this may be a reference to Labour Party scepticism over Europe at that time.

[29] Heinz Oskar Vetter (1917-1990) was chairman of the DGB (German Confederation of Trade Unions) for twenty years between 1969 and 1989 and as such was an important associate of Brandt.

[30] In the Darmstadt area of Hesse in Germany.

[31] Widespread views in the 1970s, but ones that were effectively ignored for fifty years until the energy shock of 2022.

[32] By contrast, a view that has yet to be widely accepted let alone acted on.

[33] Veikko Vennamo (1913-1997) founded the Finnish Rural Party. A populist with an autocratic style he stood for President of Finland on three occasions.
Mogens Glistrup (1926-2008) was a tax lawyer, then a tax protester and eventually a Danish politician, founding the Progress Party in 1972. It won 28 seats at the 1973 election, making it the second largest party. Anders Lange (1904-1974) was a Norwegian politician whose party (named after him) won seats at the 1973 election.

[34] Although Richard Nixon was still four months from resigning as President rather than be impeached, the fall-out from the Watergate cover-up had been bubbling away for over a year. Added to the trauma of the Vietnam War and the revelations in the Pentagon Papers, published by the *New York Times* in 1971 but detailing US duplicity over decades, it led many Americans to question their democratic system and the integrity of their politicians. See Brydon, '1974 - A World in Flux', pp47-52.

[35] In the sense of middle-class and conservative.

[36] Alf Ross (1899-1979) a Danish jurist 'served as a judge at the European Court of Human Rights from 1959 to 1972'. See biographical sketch at *European Journal of International Law*, 2003 438.pdf (ejil.org) - accessed 15 December 2023

[37] Amilcar Cabral (1924-1973) was founder and secretary-general of the African Party for the Indepence of Guinea and Cape Verde. He helped lead Guinea-Bissau to independence.

[38] After Gunter Guillaume (1927-1995) on Brandt's staff had been exposed as an East German spy.

[39] Kreisky's previous letter was written in May 1973, almost two years earlier. See pp74-95 above.

[40] Friedrich Hayek (1899-1992) and Gunnar Myrdal (1898-1987) won the Nobel Prize for economics jointly in 1974. Sigmund Warburg (1902-1982) was managing director of the English merchant bank SG Warburg & Co.

[41] Hartmut Elsenhans (1941-2024) was then in Paris and would become Professor of International Relations at the University of Leipzig. He was an expert on the middle east and the developing world generally.

[42] Fritz Tarnow (1880-1951) was chairman of the German wood worker's federation in the Weimar Republic 1920-1933. He was in exile 1933-1946 and was a close associate of Brandt during his exile in Sweden. After WWII he was Secretary of the Trade Union Council 1947-1949.

[43] Harold Wilson (1916-1995) was leader of the Labour party 1963-1976 and British Prime Minister 1964-1970, 1974-1976, retiring voluntarily. His deputy George Brown had called Swiss bankers "the little gnomes of Zurich" and a book with this title was published in 1966.

[44] This was the first World Food Conference convened by the United Nations in Rome 5-16 November 1974. It was initiated as a result of the devastating Bangladesh famine in the previous two years. The Universal Declaration on the Eradication of Hunger and Malnutrition (1974) was ageed at the conference and a report is available as a pdf at Report of the World Food Conference, Rome, 5-16 November 1974 (un.org) - accessed 23 September 2024.

[45] The Aswan (High Dam) was completed in 1970 and lies on the Nile between Egypt and Sudan. Designed by West Germany and France, it was built by the USSR.
The Cabora Bassa dam in Mozambique was completed in December 1974. It supplies hydroelectric power to South Africa and is now owned

mostly by Mozambique (Portugal having sold down its share since independence).